北北

著

涨跌之间

文汇出版社

自 序

又是岁阑。2020是特殊的一年,新冠肺炎疫情席卷全球。和很多人一样,我在这一年里经历了很多糟糕事,但有一件事令我欣喜,即文汇社能出版我的第一部小说,就是此刻你拿起的这本。

我是个文字爱好者,从前写博客,后来写公众号,所写的文章多为散文随笔,抒发生活感悟。经历了各个平台的网络写作,在写了十几年豆腐干文章后,我想把一些碎片化的感悟形成系统,于是我想,挑战一下,写本小说吧。

我最初想写《股票时期的爱情》,以致敬我所偏爱的——加西亚·马尔克斯的《霍乱时期的爱情》。但想归想,没启动,因为我觉得,"爱情"这个词日渐式微,连年轻人也不买账了。

2015年,我开始做产学研项目,接触了金融公司和金融圈,看到了金融圈和高校圈之大不同,高校人大多四平八稳,而金融人则不乏跌宕起伏:他们有的突然暴富,又旋即破产;有的从破产边缘起步,起死回生;有的一直高薪,也一直单身……我看到了金融圈的浮华,也看到了浮华背后的些许真实。都说金融人不相信爱情,但我看到了他们所相信的爱情和摆脱了物质困扰的婚姻。这些故事触动了我,在这些故事中有金钱和美女、名利与诱惑，在这些故事中有中国各阶层的碰撞，在阶层碰撞的背面是多元价值观的冲突。这些故事不仅是个体的故事，也是中国现代社会转型的缩影。我想写他们，于是我从2017年开始落笔，将这些人生故事写出来，写人们面临诱惑的选择、写各种人生际遇、写中年危机、也写爱情和婚姻。但落笔之际才发现，不要说写故事，就是写清楚一件事，都很难。历时四年，前后六稿，在一些朋友的帮助下故事终于成型，最终我将小说定名为《涨跌之间》，希望通过小说人物的视角看财聚财散、人去人回；也希望读到这些故事的人能从中照见自己，看见他人。

自1996年来上海求学，我在这座城市已学习、生活了二十余年，我热爱这座城市的海纳百川、精致小资，也深知在这个摩登都会打拼的不易。特别值得一提的是，这座城市的女性非常优秀，她们给了我很多创作灵感。因此我把小说的主要背景放在上海，也将主要人物冠以上海籍。所以这本书从某种意义上而言，是一本献给上海的书。

从最初在公众号"北北看剧"发表的《左手股票，右手爱情》的故事雏形，到如今成稿的20万字，这本小说见证了书中各个人物命运的变化，也是我人生感悟的镜像。然笔力有限，直到定稿我依然感觉笔端所书只是心中所感之冰山一角，不足之处，还望读到此书的你能海涵。

北北
2020年12月于上海

目录

（1）上天埋雷　　1
（2）道殊相援　　11
（3）峰回路转　　19
（4）当机立断　　25
（5）股市无情　　34
（6）秀色可餐　　40
（7）攻心为上　　51
（8）红颜多坎　　63
（9）相思无益　　75
（10）新朋旧友　　83
（11）生死一线　　89
（12）志在八方　　96
（13）他乡故知　　105
（14）心意难平　　114
（15）抉择之难　　121
（16）孤独之苦　　134
（17）琴瑟相鸣　　141
（18）逸响风流　　150
（19）按部就班　　155

（20）光怪陆离　　　165

（21）枝叶横生　　　174

（22）电闪雷鸣　　　182

（23）不赌天意　　　192

（24）不猜人心　　　198

（25）三杯两盏　　　205

（26）乍暖还寒　　　211

（27）待价而沽　　　215

（28）同病相怜　　　220

（29）浮沉各异　　　225

（30）危在旦夕　　　232

（31）放下拿起　　　241

（32）重装上阵　　　247

（33）春江水暖　　　252

（34）一波三折　　　263

（35）人去财留　　　273

（36）财聚人散　　　280

（37）诺诺誓言　　　293

（38）潋潋秋波　　　299

（39）乘风而去　　　305

（40）重逢于巅　　　316

致谢　　　328

（1）上天埋雷

资本市场上没有好人。过去没有,现在没有,将来也不会有。尔虞我诈深入每个人的骨髓。

左彬怔怔地看着屏幕上的股票走势图。已经半个多小时,他保持着罗丹著名的雕像"思想者"的动作,一动不动,仿佛成了一座有温度的雕像。

那张走势图并没有什么奥妙,一字跌停,毫无波动。

这已经是玉龙医药连续第五个一字跌停。

从上周到现在,左彬每天晚上都失眠,脑子里算过无数次几个跌停后他还会剩下多少资产。到今天他账户上的钱刚够还掉配资的负债,本金所剩无几。而他的本金,除了他所有的现金资产,还有他抵押了三套房子向银行借的钱。

他曾幻想好一点的结局。所谓好一点的结局并不是能赚钱出场,那是天方夜谭了,他希望能在第一个跌停板或第二个跌停板就逃出来,少亏一点,能在还清配资的负债后还留一点东山再起的本钱。

但是理智告诉他那是不太可能的。玉龙医药虽然已经跌了五个跌停，股价从20块跌到11.81元，但以它现在的业绩，还是不值这个价。

"该来的总会来。"左彬想着。跌停板上的封单又多了200多万股，从5800万股增加到了6000多万股。按这个样子，明天继续跌停是没悬念的。自己的本金肯定是没了，欠配资公司的钱怎么还？

左彬算过，如果再跌五个跌停，就算把他的房子都卖了也还不起银行贷款和配资的负债。到时候该怎么办？他第一个念头就是配资的钱不还了，反正那也是法律的灰色地带，打官司他未必会输。一瞬间他想到了自己的两个孩子，他是不是应该立刻离婚和妻子分割财产，保住一部分房子留给两个孩子？

左彬天生就喜欢金融，不，应该说喜欢博弈游戏。他是有那么一点赌性，但绝不是个赌徒，他只喜欢胜券在握时才下注，所以很少有失手的时候。他高考时第一志愿是复旦大学金融系，可惜差了两分落到了第二志愿，上海第一医科大学。因为是第二志愿，也没能进最热门的临床医学专业，而是进了相对冷门的药剂学专业。人的命运就是这样离奇，在左彬毕业的前一年，上海第一医科大学并入了复旦大学，成为复旦大学医学院。高考没考上复旦，可四年以后还是从复旦毕业了。

药剂学的毕业生一部分去医院当药剂师，一部分去药厂，更多的去当了医药代表。而左彬对这三个方向都没有兴趣。他的兴趣还是在金融。他当时的选择是考国内的金融学研究生还是出国读金融学硕士，后来为了一个女孩，他去美国留学了。

留学回来后，易圆通基金公司正招聘医药行业的分析员，左彬凭借着复旦大学医学院本科和美国知名大学金融学硕士这两块金字招牌学历成功进入了基金公司，从基层的分析员做起，到行业研究员，一直做到基金经理，两年前辞职出来干私募基金。十几年的证券投资生涯，到现在陷入了最困难的时刻，他从来没有这么沮丧过。

这一切还得从半年前说起。半年前，左彬的私募公司发行了一期新基金，新基金成立以后的第一件事就是找一家证券公司开户。

证券公司，也叫券商，是投资者进入证券市场的门。很多人分不清"证券公司"和"证券交易所"的区别，其实它们是不同类型的机构。全中国重要的"证券交易所"就两家：上海证券交易所和深圳证券交易所，而"证券公司"有几百家。它们的关系有点像"淘宝网"和"淘宝店"——证券交易所是"淘宝网"，而证券公司是"淘宝店"。在"淘宝网"上买东西总要找家"淘宝店"。

小散户，也就是普通的个人投资者，在哪家证券公司开户都差不多。证券公司为了招揽生意，时常会搞开户送油送米之类的活动。而像左彬这样的私募基金经理，专业投资者，自然不会"为五斗米折腰"，他更看重的是证券公司提供"信息"的能力。

在证券市场上信息的重要性怎么强调都不过分。谁拥有更快、更准、更全面的信息，谁就能在市场上占据绝对的优势。于是左彬想到了他在当公募基金经理时的老相识——白石通。

左彬和白石通并不熟，只见过两三次，跳槽以后就没联系过，但是却很知道他的名声。白石通是一家证券公司的营业部经理，人称"百事通"，证券市场上大大小小的事没他不知道的。他交友广泛，又天生爱打听，自然而然建立起了庞大的"情报网"。不过白石通的朋友三教九流都有，信息也是五花八门真的假的都有。

左彬想多一些信息总是好的，他相信自己的分辨力。他从一堆名片中翻出了白石通的名片，打了个电话。白石通告诉左彬他也从证券公司辞职了，自己开了一家配资公司。所谓"配资"就是借钱给客户炒股。但是他还是热心地向左彬推荐了证券公司的朋友，同时他还热情地邀请左彬参加一个饭局，加入他的朋友圈。

左彬虽然并不喜欢那些热闹的场合，但他找白石通原本就是为了多些获取信息的渠道，而饭局正是中国人交换信息的集市，他想可以去见识见识白石通的朋友圈。而见识了一次就让他觉得没白去——并不是白石通的朋友们有什么特别，而是他认识了肖虹——白石通的助理。

第一眼见到肖虹，左彬就有些心动，因为肖虹的眼神像极了他的初恋。左彬想多见她，因此成了白石通饭局上的常客，饭局后通常是他送肖虹回家。三个多月前的一个饭局有些特别，白石通告诉左彬玉龙医药的董事会秘书叶善武会参加那个饭局，左彬立刻兴奋起来。因为玉龙医药是一家他长期关注的公司。三年前，还在公募基金的时候，他管的基金就买过这只股票。当时的股价只有5块钱，盘子很小，也没什么人关注。没想到买进去以后不久，这家公司就宣布研发一种治疗阿尔茨海默病的新药，股价一路从 5 块涨到了 20 块。那一年股市行情平平淡淡，而左彬管理的基金硬是凭借着玉龙医药这一只股票的疯涨排到了全市场业绩前三名。他一下子成了公司的明星基金经理。

公司里都传左彬靠内幕消息买了玉龙医药，其实真没有。如果有的话，他不会只买 3% 的仓位，而会买到 10% 的上限，这样他就是当年妥妥的冠军了。左彬对一般的内幕消息是不屑一顾的。在证券市场里混了那么久，每天能听到的内幕消息没有十条也有八条。那些所谓某某庄家要拉升某只股票的消息，他都只当明星八卦听听。但是对玉龙医药他倒希望有内幕消息。公司的新药研发得怎么样了？成功还是失败？如果研制成功的话，那将是全世界首个治疗阿尔茨海默病的新药。那玉龙医药的股票能值多少钱呢？左彬算过，即使只有十分之一的中国患者用这个药，股价上 100 块都算便宜的。但如果失败，现在的股价 20 块也是不值的。他实地去考察过公司，见到了董秘叶善武。但这样的官方调研其实什么收获也不会有，只能得到公开信息。在担任公募基金经理的时候他是不能给叶善武打电话的，他知道自己的电话是受监控的，如果打电话就更增加了他有玉龙医药内幕消息的嫌疑。正是这份不自由让他从公募基金辞职，加入了老朋友的私募公司担任合伙人。

三年来，玉龙医药没有进一步的消息，只是例行的公告说研发工作正常进行中。股价也一直在 20 元左右徘徊，十分平静。平静到左彬几乎要把它忘记了。

那次饭局在场的还有几个证券公司的领导、基金公司的领导，但没有人关注玉龙医药，至少没有人像左彬那么关注。在饭局上，大家轮番敬酒，叶善武似乎不胜酒力。喝到痛快时，他不经意地说："我们公司的新药已经成了，三个月之内就会公告。"边上的人都没在意这句话，当成耳旁风一样吹过去了。只有左彬感觉心都要跳出来了，借着酒劲，觉得浑身发热。翻五倍的机会就在眼前。左彬恨不得股市马上就开盘，他把自己所有的钱都买成玉龙医药。但他毕竟还是个稳妥的人。他特意找个机会，坐到叶善武的旁边，想再多套出一些话。他知道，他重仓买进玉龙医药后，就不能再给叶善武打电话了。叶善武的舌头已经不太灵便，说话也有些语无伦次，但还是解开了左彬很多的疑惑。他说研究新药的团队负责人是他们公司董事长崔玉龙的同学，长期从事这方面的研究，在国际上也有很好声誉的。前两年理论研究取得了突破性的进展，但是要做成产品实现产业化就需要投入大量的资金，于是就找到了崔玉龙。崔玉龙颇有战略眼光，看到了这项技术巨大的潜力，于是分了一部分公司股份给研究团队将他们招致麾下。白石通看出来左彬的心思，悄悄在左彬耳边说："你买吧，他们自己都想找我配资呢！"

那时左彬和肖虹已经关系不错了，左彬甚至都觉得肖虹是自己人了，所以当晚饭局以后，左彬在送她回家的时候还特意向她求证。肖虹证实了白石通的话，她确实陪着白石通接待了叶善武，叶善武还提出要配资什么的。后来白石通还建议她也可以跟着买点。左彬相信肖虹不会骗他。借着酒劲，他在送她到楼下告别时搂过她，在她的额头上吻了一下，肖虹芳心乱跳地逃掉了。

一切的迹象，一切可靠的消息来源都指向玉龙医药的新药研制会取得成功。然后，按照左彬的分析，股价会暴涨至少五倍。

左彬开始大量地买入玉龙医药的股票。他把自己的钱都买进了玉龙医药，可是还嫌不够。他把家里的房子抵押给银行，借了几百万贷款，也买进了玉龙医药，可是依然嫌不够。这么确定性的机会，应该狠狠地赚一笔。

白石通似乎看穿了左彬的心思，反复撺掇着左彬从他那配资。"这么好的机会，干一票就多赚几套房。"左彬其实并不缺房子，市中心有两套，郊区还有一套，光房产，就是几千万的身家，还有上千万的可支配资金。但如果你看到钱都在天上飘了，能不想它落下来吗？有了几千万就想上亿，上了亿就想几十个亿……人的欲望是无止境的。左彬似乎看到很多很多钱都在天上飘，只要伸手，唾手可得，为什么不伸手呢？谁不想过上更好的生活，富贵险中求，不冒点险，哪来的大富贵？

俗话说"男人有钱就变坏"。左彬虽然和肖虹关系暧昧，但始终没捅破最后那层窗户纸，左彬想着自己还没彻底"变坏"，大概就是因为他还不够有钱。有一个发大财的机会在眼前，让他可以放心"变坏"的机会在眼前，没有理由不去抓住。

于是他从白石通那里配了资。

然而没想到，上周公司突然停牌，发公告说研发失败。

左彬一下子就颓了。

他把自己的一家一当都押了上去。他管的私募基金也重仓玉龙医药。可这次的赌局，现在却面临着不可收拾的局面。因为有着肖虹这个内线，他总觉得，事情完全在自己的控制之中。

谁知道，事情的结果居然是南辕北辙。他非常怀疑白石通和叶善武联合设计了这个圈套来坑害他，但肖虹也在坑害他吗？这个涉世未深的小姑娘难道上演了无间道？这对她有什么好处呢？

现在回想起来，他总共买进了上亿的资金，但买得这么顺利，没有把价格抬起来，总是源源不断地有人卖给他，似乎就是个警讯。可人在顺境之中，谁会去想那么多，当时他只当是上市公司的保密工作做得好。当时的他以为这一切都是上天的恩赐，怎么一切都那么顺利，回头看，其实一切都是上天埋的雷啊！

上周看到公告的那一刻，他几乎晕倒在厕所。他想过给白石通打电话，但又按捺住了，他知道那是自取其辱。一个明星基金经理买股票亏了钱去怪一个做配资的，就像一个打了败仗的将军把责任推给伙夫。他宁可站着死去，也不想和白石通这样的下三烂纠缠。他懊悔极了。

上周玉龙医药的公告发出后，每天他的电话都会被打爆。并不是有很多人给他打电话，而是一个人每天打很多个电话。那是他的好朋友，中学同学赵小虎。

"我怎么办？"接通电话后赵小虎每次都是同样的问题。

"挂跌停板卖出去！"左彬前两天都是同样的回答。

但到今天，左彬已经没有勇气再接赵小虎的电话。一连三个赵小虎的电话，左彬都没有接。左彬想如果赵小虎再打来第四个电话他就立马从窗口跳下去。赵小虎没有再打电话来。

收盘了。玉龙医药的股价仍躺在跌停板上，上面压着的

6000万股卖单仿佛是压在左彬身上的一座大山,就像是压住了孙猴子的五指山。左彬觉得胸口发闷,他闭上眼,想让自己的大脑从眼前的灾难中逃避一会儿。

可是手机又响了。这次不是赵小虎,而是配资公司打来的。左彬摇了摇头,越想逃避的时候越有人像催命鬼一样盯着自己。他接起电话,里面传来了配资公司业务员的声音。

"左彬先生,您的配资账户已到预警线,请您尽快追加资金,如果您明天开盘前不追加资金,我们将执行强行平仓操作……"

左彬不耐烦地回了一句"我知道了",便挂断了电话。他心情极差,也顾不得什么礼貌。

电话那头的业务员叫小胡,和他素未谋面,只是之前因为配资业务通过一次电话。一个多月前,左彬在和配资公司签了配资合同后,按约定他把自己的本金划给配资公司,配资公司给左彬一个证券账户,他的本金和配资借的钱都放在那个账户里,由左彬操作。那个账户并不是左彬的名字,小胡打电话把账户的交易密码告诉左彬,并且再三关照他不要修改密码,因为配资公司那边也要随时登录账户进行风险控制,在达到平仓线的时候配资公司会执行强行平仓。

左彬很熟悉这一套规矩。刚才接到的电话也是规矩之一,配资公司在强行平仓前先提醒客户一声,表面上看是提醒客户追加资金,可是那些已经借了钱来赌博的人哪里还能有闲钱来追加?实际的作用是"勿谓言之不预",让客户死得明白。

左彬才挂断,电话又响起,还是小胡打来的。左彬心想,那家伙真是不依不饶,不逼着自己强平不罢休。他不想去接,可手机铃声就像催命符一样响个不停,他索性把手机调成了静音。此时他想起股票市场上的一句谚语:"贪婪是死罪。"自己沦落到如此境地就是因为一时的贪婪。这次就是死了,也算是罪有应得。但他死前还想见一个人,许湘。

（2）道殊相援

在资本市场上，如果有人好心帮你，你的第一反应不该是谢谢，而是他为什么要帮我。

许湘是他的大学同学，也是他的红颜知己。周围的人都以为他俩早已曲径通幽，其实并没有，他们从没越界。最有可能的一次是许湘和她的同居男友分手了，找左彬喝酒，说着说着就哭了，左彬却只是搂过她来好生安慰，搂着她时他有些心疼，三十岁的女人了，这么成熟的一个金融女，在感情上怎么还像个二十出头的小姑娘。但是除了心疼，他无法给她更多，他那时已经有了妻子顾怡云。

那一晚，许湘也只是需要一个温暖的怀抱。七年的初恋未果，三年的同居无终，对于感情，她终于不抱希望了。她喜欢同龄人，觉得有共同语言，而这个年龄的男人，情感世界已不那么纯粹了。简言之，好的不忠诚，忠诚的不好。虽说成年人的世界里总有灰色，但在她的感情世界里，她不想有灰色。爱情的结局无非是"一见钟情、再见陌路"。到现在，她没力气也不想谈恋爱了。对于左彬这个老同学，她就当他是哥们，有事叫一声能来，可以一起喝个小酒，也能一起喝个大酒。

左彬一个电话，许湘就来了。因一直未婚，虽然三十多了，远看还像个小姑娘，但坐下来，也是掩不住的疲惫。

"你看上去很累。"左彬说。

"别提了，最近我的业务进展不太顺利，公司里的人际关系现在也变得复杂多了。你说，我们这些奔四的中年人是不是该退休了？"在左彬面前，许湘一向很坦白。

"我恐怕是活不到退休了，我这次死定了。"左彬叹道。

"出了什么事？"许湘心想，果然出了大问题。

"哎，说来话长。"左彬把事情从头到尾简述了一下。

"你一直是很稳妥的投资风格，这次怎么会？"许湘很不解。

看着坐在对面的左彬，许湘有些出神。是否有更高等的生物在用消灭"爱情"——这个高等生物才有的情感体验——的方式去慢慢地毁灭人类？人类会用生物学的方式让害虫失去寻找异性的嗅觉，无法找到交配对象而慢慢走向灭绝；人类自己不也一样，越来越不相信爱情，就算坐在对面，明知是同类，却并不相吸。

许湘能明显感到这三年左彬的变化。从前的他，从穿着到开的车到投资方式，都是保守型，而这几年，穿得时尚了，开的车从帕萨特变成了保时捷，投资也激进了。都说酒壮人胆，其实不是的，钱才壮人胆，尤其是男人。许湘知道，这三年，左彬发财了，也变了。

许湘面对此刻憔悴的他有些莫名心疼，原来男人脆弱起来真像个孩子。真的碰到大事,不能和妻子说,怕妻子担心;也不能和情人说,怕情人离开;只能找安全的知己说。

左彬说着说着,也让自己对整个事件看得更清楚了,他经不起诱惑,信错了人,本想把包养费赚出来,现在却有了被包养的心,但谁能包养他,又能出多少钱包养他?想在半年前,自己是多么意气风发,那个时候,金钱美女,都以他意想不到的速度流向他,挡也挡不住。或许,太过顺利就是上天给的信号,人在飘飘然之际最容易头脑发热。

弄清了来龙去脉,许湘问:"事到如今,还有什么办法?"

左彬苦笑着说:"今天跌停板上压着6000万股。除非有不怕死的进来把这6000万股吃掉。"

许湘说:"我可帮不了你,你去问问你的哪个老相好吧。"

左彬说:"老相好?我哪有什么老相好?"

许湘说:"那些跟你称兄道弟的人呢?总有人会出手相助的吧。"

"股票市场哪有真兄弟,所有的人都在为自己搏杀,是对手还差不多。之所以能称兄道弟,是因为参与这场搏杀的人足够多,两个认识的人之间搏杀的机会几乎没有。你干倒了一个陌生人,我坑了另一个陌生人,大家都在同一个零和游戏中。这个游戏里没有朋友没有兄弟。谁会牺牲自己,保全他人?有的只是胜利者和失败者。现在我失败了,只会成为大家幸灾乐祸的谈资,连同情都稀罕,更别提援手了。"左彬沮丧地说。当他落魄时才发现,平时称兄道弟的那些人根本不是兄弟。上天埋的雷还只能他去踩踏,这一声巨响,就是粉身碎骨。

许湘和左彬认识快二十年了,很少听到他那么严肃地说这么长一段话。她眼里的他洒脱有趣、喜欢逗人、喜欢开玩笑,从来都不会一本正经,但也不是没个正经。她和左彬在一起的时候他总是三句话不到就开起玩笑,有时候也搞不清楚他哪些话是认真的,哪些话是玩笑话。而刚才他这段严肃的话让她有些懵。她知道左彬现在身处绝境,但没想好她该做些什么、说些什么。顺着这个话题讲下去一定是死胡同,只会让左彬越来越沮丧。她试着把话题引开,讲些别的事,给自己一点时间来思考怎么帮助和劝慰左彬。许湘虽也在金融行业,但她的工作和左彬不同。左彬炒股票,这是二级市场的业务;她做投行,帮公司搞上市、发行股票,业务属于一级市场,所以她确实无法直接帮到左彬。她嘴上说帮不了他,但脑子里却在努力地想,可以联系谁,出个江湖援手。

"我最近也很惨啊。"许湘说。"一起比惨,痛苦减半。"让对方看到别人也很惨,心情说不定能变好一点。"加不完的班,问题一个接一个,我的助理也不是很得力。"

左彬恢复了开玩笑的本性:"你那么拼干吗?想包养小鲜肉?"

"是啊,不拼包不起小鲜肉啊,小鲜肉太费钱了。主要是现在我们公司投行业务分部门考核KPI,业绩不达标要降薪降级。"许湘说。

"你们海明证券现在也搞KPI?你今年的业绩指标完不成?"左彬问。

"那倒不至于,可是今年完成了还有明年啊。公司新来的一伙人成立了一个投行四部,业绩超好,我也不能落后人家太多啊!"许湘说。

"你又不缺钱,不用理会这些。"左彬说。

"是啊,我这是何必呢……那你呢?就算这次亏了钱,以你的本事和家底,也问题不大喽,无非就没钱去包养小姑娘喽。"许湘终于逮到个机会来劝解左彬。

左彬笑了笑,心里略微舒服了些,又能开起玩笑了:"要是我亏得翻不了身,你包养我得了。"

"可以啊,但你得学会做饭,天天回家有人把饭做好了多开心呀。你既不抽烟又不喝酒,我管你吃饭没问题。"

"行,我这就回家去学,按米其林标准学。"

左彬回到家已经八点多了。一进门,小女儿菲菲就嘟着小嘴向他抱怨:"爸爸你怎么这么晚才回来呀,我们等你等得好辛苦哦!"

左彬虽然心情郁闷,但看到两个女儿就觉得很温馨。"为什么要等爸爸呢?爸爸经常这么晚回来呀。"

"可是今天是你的生日啊,我们等你回来切蛋糕呢。"菲菲奶声奶气地说。

左彬这才意识到,最近过得昏天黑地,竟然连自己的生日都忘了。他连忙抱起菲菲,在小脸蛋上亲了一口说:"对不起,对不起,爸爸忘记了,你为什么不打电话给爸爸呢?"

大女儿玲玲在边上说:"我们打了好多个电话,可是你都没接。妈妈说你工作忙,或者在路上开车,不方便接电话。"

左彬这才想起，下午的时候为了躲开配资公司的电话，把手机调成静音了。他拿出手机一看，果然有十来个未接来电，都是家里电话打来的。

左彬抱着菲菲蹲下来说："玲玲也过来给爸爸亲亲。"

玲玲开心地笑了，把小脸也凑了过来。左彬突然觉得心头一阵酸楚，感觉亏欠了两个女儿，几乎要落下泪来。

这时顾怡云端了个蛋糕从厨房走出来，说："爸爸回来了，我们给爸爸过生日吧！"

左彬点亮生日蜡烛，顾怡云关了客厅的灯，一家人一起唱生日快乐歌。唱完歌，菲菲急着要吹蜡烛，玲玲说要让爸爸先许愿然后才能吹。

左彬闭上眼许愿，该许个什么愿呢？现实一点就许愿自己能尽快起死回生吧。虽然明知这种愿许了也是白许，但聊胜于无吧。左彬许完愿，让玲玲和菲菲帮他一起把蜡烛吹灭。灯光重新亮起，菲菲高喊着要分蛋糕。顾怡云说菲菲太小，不让她用刀，让玲玲负责切。玲玲切下第一块，想给左彬，菲菲却说第一块要给妈妈，顾怡云说："爸爸赚钱辛苦，而且是爸爸的生日，应该先给爸爸。"

左彬赶忙说："应该先给妈妈。"顾怡云不再推辞。

玲玲又切了第二块给左彬，第三块给菲菲，自己拿最后一块。

左彬吃了两口蛋糕，便再也吃不下。他没吃晚饭，刚才和许湘见面时只喝了一小杯咖啡，但现在仍然一点胃口也没有。两个小朋友高高兴兴地吃着蛋糕。顾怡云已经很快地吃完了，让玲玲把当天的作业拿出来给她检查。

左彬心里五味杂陈。刚才一家人分蛋糕时他已经打定主意,要通过离婚来保住他们的房子。他准备通过离婚把房产全部转到顾怡云名下,自己净身出户,独自承担配资公司的债务。虽说是假离婚,但顾怡云也有足够的理由要求真离婚。即使是真离婚他也认了,那是他应得的报应。不管是假离婚还是真离婚,他都会继续负担两个孩子的抚养费,他还有工作,哪怕工作丢了,在金融圈混不下去了,他去开出租车也要把女儿的抚养费赚出来。只是他该如何对顾怡云说这件事呢?顾怡云从来不过问他工作上的事,对他的这次豪赌也一无所知,这样突如其来的变故她会怎么想?她能接受得了吗?怎样才能减少些对她的打击?

左彬正踌躇时,手机响了,他一看是许湘打来的。

"左彬啊,我有个朋友听说了玉龙医药的事,想找你聊聊。你明天上午有空吗?"许湘问。

"你朋友是做什么的?"左彬想知道对方的意图。

"她叫刘芳,是领高资本的CEO。"许湘说。

"刘芳!刘芳是你的朋友?"左彬暗暗吃了一惊。

"怎么,你也认识她?"

"做股票的谁不知道领高资本的刘芳!当然,我认识她,她不认识我。原来你还有这么厉害的朋友啊!我明天上午有空。"

"那就明天上午九点去刘芳的办公室,我等下把地址发你。"

"好的,谢谢你。"

挂了电话,左彬仿佛看到了一根救命稻草。仅仅是"看到",并不是"抓到"。但这已经足以让左彬重新燃起希望。离婚的事可以先不说了,当务之急是先过了强行平仓这一关。左彬还在动脑筋,菲菲跑过来问他:"刚才是不是爷爷奶奶打电话来呀?我要跟他们说话。"

"不是爷爷奶奶打来的,是爸爸的……一个……同学打来的。"左彬费力地解释,不是解释给菲菲听,而是要解释给边上的顾怡云听。他眼睛转过去看着顾怡云,她也刚好抬起头看了一眼他,两个人的眼神对在一起。

"是我的大学同学许湘,"左彬继续解释,"她说明天介绍她的一个朋友给我认识,是个业内的大佬。"

"就是刚才电话里说的那个刘芳?"顾怡云问。

"是的,是的。"左彬心想,原来顾怡云在旁边听得真真切切,却没有主动问是谁打来的电话。他看到自己吃了一半的蛋糕,想起刚才自己许的愿,说不定真的会灵验呢!想到这里,他拿起蛋糕,三口两口狼吞虎咽地吃完了。

(3) 峰回路转

用钱说话，而不是用话说钱。

和左彬分别以后，许湘还在想谁有可能帮左彬一把。一级市场和二级市场是两个领域，许湘并没有很多做二级市场的朋友。她想来想去，只有去问刘芳了。许湘管刘芳叫刘姐。刘芳是个传奇的女人，是许湘刚入职场时的顶头上司，也是她的精神领袖。许湘刚认识刘芳时，公司里都在传刘芳是老板的情人，那时的刘芳三十出头，在许湘眼里美极了。许湘当时想，这种女人爱谁谁，为什么要去做情人呢？刘芳不仅长得美，工作能力也很强，所以不管传闻如何，公司上下对她都是敬重的。

许湘因为初恋失败选择离开上海去美国读 MBA，因为她难以和这座城市和解，处处都充满了爱情的回忆，她无法再去一些餐厅，无法再去一些电影院，无法再逛一些马路，甚至无法再去面对一些共友。她从公司辞职时，刘芳单独请她去喝了一顿酒，当时说了很多她都不记得了，只记得刘芳说了一句"结婚没意思也没意义"。许湘去美国读书的第二年，刘芳也去了，去生第二个孩子，竟然在同一个城市。许湘有时候周末去看刘芳，陪她说说话，开车去超市帮她买一些日用品。刘芳最喜欢许湘的一点就是不该问的她不问，不该说的她也不说，这样的年轻人着实不多。许湘读完了书，并不想留在美国，尽管也有机会，她觉得国外太孤独了，中国人终是融不进去。中国人的深层次幽默老外理解不了，西方人的笑话中国人也get不到笑点。她读了MBA以后更加看好中国的金融市场，加之父母叶落归根回了上海，她还是选择回了上海。

她和刘芳的友谊始于美国，延续到回国，她们一年总会见上一两面，聊聊工作、聊聊情怀。灵魂相近的人容易走得近，她们慢慢地成了莫逆之交。

这个世界太小，许湘把事一说，刘芳就明白了。刘芳也认识白石通，这个市场里的每一个人物都认识白石通。她还认识白石通背后的几个金主，就是提供配资资金的那几个人，比如房地产商陈福贵和小额贷款公司老板方建国。

刘芳仿佛对玉龙医药的事情很有兴趣，说着说着还不忘八卦一记："原来是你的同学在操作这个股票，你俩只是同学？"

"是的，只是同学。"许湘老老实实回答。在刘芳面前，她没必要去隐瞒什么，刘芳既是她职场的引路人，也是她生活中的点拨人。

"那你约见一面吧。"

"好的。"

第二天上午，三个人就见了面。

左彬接到许湘的电话后，看到了一点点起死回生的希望。

证券市场每个人物都认识白石通这个人,每个人也都认识刘芳这个人物。她有多少钱,或者说管着多少钱,她背后的人有多少钱,似乎永远是个谜。左彬没想到许湘竟然还有那么牛的朋友,就像许湘从来也不知道自己的几个朋友有多牛。但左彬不确定的是刘芳会不会帮他。

在见过面之后,左彬仍然不确定,他甚至不明白刘芳为什么要见他。刘芳半个字都没提玉龙医药,只是问他如何认识了许湘,还漫无边际地问他对大盘走势的看法,对宏观经济的看法。左彬几次等她说正题,可她就是不提。左彬想鼓起勇气主动提及玉龙医药的事。他知道此刻自己已经快要身无分文,所谓人穷志短,原本他以为他骨子里是高傲的,现在他知道不过是金钱让他高傲起来而已。眼前似乎是他有可能起死回生的唯一机会,如果卑躬屈膝地求刘芳能让他躲过这一劫,他会毫不犹豫地跪下来。

左彬刚打算张口,刘芳的手机响了。

刘芳大方地做了一个抱歉的手势,去接电话。

"嗯……好的,没问题……我后天飞北京,后天一起吃晚饭……"

刘芳从沙发上站起身,走到办公室的另一角,显然是刻意不让左彬和许湘听到谈话内容。

左彬毫不在意。他一心想着如何说玉龙医药的事。刚到嗓子眼的话被咽了下去,让他的心扑通乱跳。他努力让自己再冷静下来,过会儿能再把话说出来。许湘的心头掠过一丝好奇。其实,在刘芳拿起电话的一刻,她的好奇就产生了。刘芳接电话的语调和刚才与左彬聊天的语调完全不同。左彬浑然不觉，但许湘能感到其中的区别。而且，最奇怪的是，刘芳没有称呼来电人。许湘听不到刘芳说话的内容，她也没兴趣去知道，但是看上去刘芳的心情很好，不时传来清脆得像小女生一样的笑声。大概过了十分钟，刘芳打完了电话，款款走过来。

左彬心里已经操练了十遍的那句"刘总，我想跟你谈谈玉龙医药……"几乎就要脱口而出，没想到刘芳先开口了："不好意思，接了个要紧的电话……左总你的事情我已经知道了，许湘跟我说过了。我等会儿还有点事，今天就只能跟你聊到这儿了。下次有空我们再约时间见面。"

左彬到嘴边的话又一次被堵了回去。但他是个聪明人，他知道再说出来已经没有意义，刘芳已经知道了一切。男儿膝下有黄金，跪了有用才去跪。跪了没用还去跪，不仅是没尊严，也是没礼貌。

会面结束后，左彬先走了，刘芳打趣地问许湘："当年你怎么没看中左彬啊？我看他不错。"

"呵呵，当年没眼光呗。"许湘有点调皮地回答。

当年的左彬心有他属。他追另一个系的系花，痴心地一直追到了美国，但也没追求成功。许湘当时也在美国读书，左彬追求失败后还去找她倾诉了一番，两人从那时起结下了友谊。有时回想过去，许湘也会觉得造化弄人，现在还算聊得来的两个人，当年是两个失意人，在异国他乡也没擦出点火花，那时的他们都纯粹，如果心里装着一个人，就不会把另一个当成替代品。

离开刘芳的办公室，左彬的心情再一次陷入沮丧。他的配资账户都已经爆仓了，他曾想过问亲戚朋友借点钱看能不能再顶过一天，但多顶一天又有什么意义呢？如果明天继续跌停，他还是命中注定要爆仓，只是把亲戚朋友也连带坑进去而已。按规矩，爆仓账户上的股票肯定是要挂着跌停板斩仓的，但他又不愿意这样认输等死，尤其是昨天晚上接到许湘的电话后他更不愿意等死，所以他并没有按规矩把玉龙医药挂在跌停板上排队卖出。但是，配资公司有配资公司的"风控"，你不斩仓他们会帮你斩仓。于是左彬做了个小手脚，偷偷地改了账户的交易密码。但是这样的小手脚最多只能维持一天，配资公司发现密码被改，可以到证券公司申请重设密码，那时左彬就会彻底丧失这些账户的操作权。

果不其然，配资公司的电话很快就打过来了。电话那头是白石通手下的风控，专门执行强行平仓的。左彬听肖虹说过，那是一个中专毕业才三个月的小孩，白石通那种抠门的家伙从来不舍得高薪聘英才。

"亲爱的客户您好，您的配资账户保证金已不足……"

左彬听那小孩念完一段稿子，意思是让他斩仓。他心中满是对白石通的怨气，提高嗓门说："你看这都跌停了，斩仓能卖出去吗？"

电话那边的小孩像是犯了错，这个那个的语无伦次起来。左彬觉得自己对付小孩还是有一套，吓唬完就该忽悠他了。"等能卖了我会卖的。"

"还有您的账户今天我这里登录不上。"小孩又提了一个问题。

"那是你的事!"左彬继续吓唬他。

"提示密码错误,您是不是……"

"是你打错了吧,多试几次就行了。"吓唬完继续忽悠。

左彬知道,连续五次密码输错,两个小时之内那边就不能再登录了。

左彬本不想去公司,但也没有别的地方可去,还是去办公室玩游戏吧,要死之前也重温一下少年时的乐趣。

刚踏进公司的门,公司的助理一脸紧张地跑了过来。

"左总,左总!"

"什么事?"左彬的心里一阵紧张,又觉得厌恶。难不成配资公司的人追到办公室来了?还是赵小虎追到办公室来了?连游戏都打不成啊!难怪人家自杀都要找个清静的地方。被人缠着想死都死不成。

"玉龙医药涨停了!"

左彬的手机又响了,又是配资公司的风控小孩打来的。

"左总,现在可以卖了,您卖了吗?"

"你脑子坏了吗?没到平仓线,我为什么要卖!"左彬这次是真的有底气吓唬那孩子了。

（4）当机立断

下单一秒钟，看盘十年功。

许湘带着左彬去见刘芳的那天，玉龙医药绝地反击从跌停到涨停，并且牢牢地封涨停到收盘。许湘当天就关注了这只股票，为左彬躲过了一次爆仓而暗暗高兴。

第二天，许湘一早就到公司参加投行部门的周例会。

许湘所在的海明证券的投行业务实际上分为四个部门，分别是投行一部到投行四部。一部是做债券融资业务的，二部、三部、四部都是做股票融资业务的。许湘是二部的部门经理，业绩居中。三部业绩垫底，部门经理叫郝仁怀。四部则是明星部门，部门经理叫吕腾飞，原来在某个中字头券商，前年带着全套人马跳槽到了海明证券，带过来好几个项目，去年一年就做了四单IPO和三单增发，一下子让海明证券的发行承销业务排名挤进了全行业前十。

总经理周海涛亲自分管投行业务。周海涛原来也在那家中字头券商，吕腾飞是他的老部下。周海涛来到海明证券后对投行业务进行了大刀阔斧的改革,由原来的单个部门大锅饭改成多个部门自负盈亏的激励机制,也就是说每个部门取得的收入扣除成本后,完成公司的指标,剩下的都可以成为个人的奖金。这样灵活的机制吸引了吕腾飞这样的团队带枪来投。

许湘也是这个机制的受益者。她的业务能力原本就出众,业务收入虽然跟吕腾飞这样的明星团队不好比,但是完成公司的指标绰绰有余。在新机制下,她去年的奖金涨了50%多。投行三部就比较倒霉了,去年没完成指标,奖金一分钱没有,今年还降薪了10%。

例会由周海涛亲自主持。他坐在主位上,从口袋里拿出一包烟,抽出一支。边上吕腾飞见了,赶紧从自己口袋里摸出一只打火机递了过去。周海涛点上烟,把打火机还给吕腾飞,吸了几口,便掐灭在会议桌上的烟缸里。

"现在开会。腾飞,你们部门做的红土地明天要上会了,有没有什么问题?"

"没问题,都准备好了。"

"不能掉以轻心啊,最近发审委审得比较严,上周上会的项目三个被毙了两个,你还是再好好准备准备。上次这个项目内部上会的时候,风控部门不是提出了一些问题吗?后来这些问题解决得怎么样?万一发审会上问到同样的问题你们能应对吗?"周海涛提醒道。

吕腾飞自信满满地说:"老板,您放心吧。上次内部上会是风控部那个姓杨的小瘪三故意跟我过不去,无理取闹。后来换了人,风控说没问题,我们的解释肯定能通得过。"

许湘虽然心思不在会上，而在玉龙医药上，但是十分反感吕腾飞这样口无遮拦地飙脏话。他口中风控部门姓杨的叫杨嘉，是学法律出身，有律师证，原来专门做投行业务的风控。许湘很器重杨嘉，觉得他工作认真一丝不苟，是个很上进的青年。杨嘉也很尊重她，平时叫她"湘姐"。后来杨嘉在红土地项目上拒不签字，得罪了吕腾飞，风控部门的经理将他调去了闲职。许湘心里很清楚，背后肯定是周海涛指示的。

"你们要确保万无一失啊！"周海涛还是有点不放心，"还有贾步四那个土包子，你们可得好好教教他，提前打好预防针，别到了发审会上丢人出洋相！"贾步四是红土地公司的董事长。

"老板，您力推的项目，我们不会拆烂污的。"吕腾飞拍着胸脯说。

周海涛瞪了他一眼，又转向许湘，目光变得柔和起来。他很温和地问："许湘，你那边的项目有什么进展吗？"

"暂时还没有。那个通宝科技的 IPO 报材料恐怕还得往后拖，他们今年的利润还是不能达标。八方电子的增发材料已经报上去了，正在排队。"

"好的好的，你们部门三季度已经完成全年的指标了，再努力一下为明年打打基础。"

"好的，周总。"许湘说。

周海涛又瞥向郝仁怀，眼神一下变得凌厉，很凶地叫了一声："郝仁怀！"

郝仁怀突然被叫到名字，身子一抖索，小心翼翼地回应："周总！"

"你的零蛋要背到什么时候？你今年的指标又完不成了！"

"我们正在努力，加班加点。我们有一个增发项目已经准备报材料了。还有那个并购项目，也差不多了，年底前可以做完，我争取让客户这个星期把财务顾问费付过来。"

"你那个并购项目，标的2000万，财务顾问费20万，够你们部门的费用开销吗？够付你一个人的工资吗？你给我上点心。公司规定连续三年完不成考核指标，调岗降职，你还有明年一年，到时候别怪我没提醒你。"

郝仁怀坐在那里再不敢出声，只是一个劲地点头。

周海涛又拿出一支烟，吕腾飞刚要递上打火机，边上却有人捷足先登，送上打着了的打火机给点烟。周海涛也颇觉意外，定睛一看，是坐在后排的一个年轻人。开会的时候，部门的领导都围坐在会议桌前，一些低级别的员工坐在后排。

"你就是那个新来的解进吧。"周海涛说。

"是的，周总。我上个月入职。这是我第一次参加我们投行部的例会。"

"你是研究生一毕业就来我们公司了？"

"不，我本科毕业以后工作了两年，又去读了MBA，然后才到海明证券来的。"

"哦，那我记错了。你在三部吧？"

"是的。"

"新来的到各个部门轮岗一下吧。现在三部也没啥事做，你下个月开始到二部轮岗两个月，怎么样？"周海涛说着，目光转向许湘和郝仁怀。

许湘立刻回答:"我们欢迎。"

郝仁怀心不在焉,听到许湘的回答,才注意到周海涛看着自己,连忙说:"没问题,没问题。"

"年轻人到各部门锻炼一下有好处,多学点东西,在海明证券前程远大。"

"是的,谢谢周总。"解进高兴地说。

会议一结束,许湘赶紧翻手机看玉龙医药的行情。昨天玉龙医药的"天地板"走势已经让许湘舒了一口气,虽然刘芳没有明说,但她还是相信是刘芳出手相救。天性善良的她还是希望左彬能够有救命的稻草,重整旗鼓。

其实在财务上许湘早已实现了自由,她一个人无牵无挂,她工作完全是为了自我实现。她喜欢金融,金融是聪明人的游戏,她足够聪明,也足够理性,她喜欢玩这个游戏。

她现在天天盯着玉龙医药,这只股票对她心情的影响反而更甚于自己的那些项目。在从跌停到涨停的第二天玉龙医药就出现了剧烈的震荡。早上开盘时还是略微上涨,一转眼工夫就直线下跌,随后又被拉起……玉龙医药的股价就像霓虹灯一样不断在红色和绿色之间切换。

一般人看着这个略显无聊的画面,只有数字在跳动,颜色在变幻,几分钟就会觉得厌倦。而像左彬这样的股市老兵,看到的不是数字、不是颜色,而是这些数字背后的千千万万个人,买进的人、卖出的人、等着买进的人、等着卖出的人,就像战场上正在激战的千军万马,有人在厮杀,有人在磨刀霍霍,有人在列阵前进,有人在仓皇逃窜,时而主动权在这边,时而优势又转到了另一边。看得更仔细些，甚至能看到每个人的性格和画像。有的人像猛张飞，一顿猛打猛冲毫不畏惧；有的人像赵子龙，上下翻飞七进七出；也有的人像诸葛亮，轻摇羽扇不动如山。这着实比刷抖音、看剧、看球、看电影还要精彩百倍。

今天，玉龙医药这个战场对左彬来说尤其关键，它是赤壁，是天王山，是斯大林格勒。左彬 all-in 在这场战役里。他不是一个作壁上观者，而是一个亲临战场的士兵。在和平年代男人们没有机会亲临战场，而股票市场是一个最接近战场的地方。这天的战斗是如此激烈，以至于像他这样的老兵都被震得晕头转向。好几次，他似乎感到多头的力量已经耗尽，战线快要守不住，自己应该赶快逃跑，但他仍咬着牙坚持着，仿佛坚守在上甘岭上。过了一会儿，增援部队杀到，让他松了一口气。又过一会儿，眼看着多头要把红旗插上敌人的阵地，突然空头的炮火猛烈地砸在自己的头上，多头又败退下来。

左彬硬扛这最漫长的一天。凭直觉，他觉得是刘芳扫掉了跌停板上的几千万股，但是他又不能确定。如果是刘芳的话不可能这么快撤出来，也撤不出来。如果这时候卖出他仍然损失惨重，他决定向死而生，再坚持下去。果然，下午的最后十分钟，玉龙医药又被巨量封上了涨停。左彬这一天赌对了！

第三天继续封涨停！

第四天开盘继续涨停！但是到了中午突然出现巨大的卖单把涨停板砸开。

左彬动摇了，是时候重新分析一下战场的形势了。连续四个涨停，他的账户亏损只有10%多一点，这已经是他在看到玉龙医药的公告后能想到的最好的结局了。涨停板上这么大的卖单,也许是刘芳撤了。不管是谁扫掉了跌停板上的6000万股,现在都已经赚得盆满钵满,有足够的空间可以撤出来。再往上,有无数像他自己一样被套住的人等着解套,等着回本,又有谁会去当"解放军"呢?再说,他很清楚,玉龙医药根本不值这个价。于是,他果断地把所有账户上的玉龙医药都卖了出去。在查询到卖出的委托单全部成交的那一刻,他整个人瘫在了椅子上。他觉得口干舌燥,但是却连伸手拿杯子的力气都没有。这两个星期他几乎夜夜无眠,只在困得实在不行的时候才能打个小盹。他的自有资金大约亏了20%,几百万。在股票市场里这个比例和这点钱对他来说实在算不上什么重大挫折。他管的私募基金在玉龙医药上也亏了钱,但是因为基金有规定单只股票最多只能买10%,所以对整个基金而言只是亏了不到1%,那更加是微不足道的损失。他的私募基金有几亿的规模,一年的管理费就远超过他在这一役中亏掉的钱。当然,管理费是公司的收入,不会都进他个人的腰包。不过再怎么算,两年的工资和分红也足够弥补他这次的损失。

他之前经历过比这亏得惨的时候。记得上一次大熊市,他逃过了熊市的大部分跌幅,跌到2200点才满仓杀入。但是没想到熊市的最后一段跌得最惨,从2200点到1664点,他的股票硬是跌了一半多。但是当年他却没有半点挫折感,还勇敢地加杠杆越跌越买。当年的他没有半点对爆仓的恐慌。现在想起来,如果那波熊市跌到1200点,他也会输光。在1664点的时候,很多人都觉得要跌到1000点,但他却一点都不紧张,一点都不害怕。

人真的只有到了一定的年龄，才能学会恐惧。

为什么一向风格稳妥的他，一个明星基金经理，会满仓加杠杆买一只股票，犯了一个初入股市的赌徒才会犯的错？

他觉得应该打电话去谢谢许湘，还要让她转达一下对刘芳的谢意。可究竟是不是刘芳出手的呢？在证券市场上除了证券交易所没有人知道究竟谁在买谁在卖。不管是谁出手，这把抄底、拉升、出货做得真是漂亮！

他的意识渐渐有些模糊，脑子里的逻辑也变得混乱起来。为什么字典里没有爱情的自己，会陷入女人的笑？他喜欢肖虹的笑，那样的天真无邪，跟着白石通那样的老江湖，肖虹看上去还是那样纯洁。还有许湘，自己要死了，死之前应该去见见许湘。他看见许湘办公室的门，一推门回到了家，两个孩子在家里等着爸爸，他正逗他们玩，转眼孩子不见了，他四处寻找，进了一个房间，肖虹躺在床上等着他，他想伸手去抱她，突然手机响了，一看是妻子的来电，他赶紧接，手机上却怎么也找不到接听键，只听见手机不停地响……

一瞬间他清醒过来，发觉自己仍靠在办公椅上，这才意识到刚才是在做梦。但手机铃声是真的，还在不停地响。他右手从桌上拿起手机，真是妻子打来的。他回想起梦境中的情形，担心自己仍在梦里，伸出左手的手指狠狠咬了一口，真疼！这让他更清醒了，也确信自己没有在梦里。

他接通了电话。那头传来妻子顾怡云的声音。

"左彬，你在哪里？"

"我在公司上班,怎么了?"左彬听到妻子这样问,心头掠过一丝不安。一向不怎么管他的妻子怎么突然关心起自己在什么地方?这是查岗吗?她为什么要查岗?

"你的朋友、中学同学赵小虎的老婆刚打来电话,说赵小虎去世了。"

"什么?怎么回事?"

"是自杀,从楼上跳下来,当场死亡,就今天上午的事。他老婆说要找你,但没你的手机号码,就打到家里来了。他老婆说话很不客气,说什么小虎交错了朋友,不好好过日子去炒股票,结果不仅把命搭上,还把家里的钱给赔进去了。"

左彬只听到一个开头,自杀,就已经明白了七七八八。他感到无限的惋惜,无限的懊恼。

（5）股市无情

每根韭菜都自以为是镰刀，他们看自己也是扁扁的、长长的、弯弯的。

赵小虎是左彬的中学同学，初中高中都在一个班。上中学的时候两个人住得近，他俩经常一起到游戏房玩电子游戏，所以关系特别好。左彬是那种学习好游戏也玩得好的学生，而赵小虎是那种学习不好游戏也玩得不好的学生。有时他和左彬会打赌对战，谁输谁付游戏钱，而每次的结果都是赵小虎付。但是左彬也从不占赵小虎的便宜，赵小虎付了游戏钱，他就请赵小虎吃冷饮，也算是 AA 制。因此赵小虎最喜欢和左彬一起玩。他和别人一起玩也总是输，也总是付游戏钱，但别人不会请他吃冷饮。

高中毕业后，左彬考上了上医大，赵小虎只考了个高职，两个人就几乎没了联系，只在同学聚会的时候见过几次。出现微信以后，原来中学班级里的活跃分子建了一个班级群，把左彬和赵小虎都拉进群里，他们这才又联系上。

赵小虎高职毕业后进国有企业当了一名普通工人,前几年终于从一线生产岗位转到了采购科。因为一线生产岗位大量采用自动化设备,而赵小虎学历低,学习能力又差,掌握不了新技术,但因为是老员工,工龄长,国企也不能把他辞退,就安排到采购科去工作。

赵小虎的老婆是经人介绍认识的。他的工资卡交给老婆,老婆每月给他几百块的生活费,除此之外就不管他了。也确实不用管,一个月几百块除去上下班交通费和买几包烟,做不了任何事。

左彬和赵小虎又联系上以后见过两次,一起吃饭聊天,每次都是左彬主动买单,赵小虎也不抢,不再 AA 制。虽然和赵小虎也可以无话不谈,但是左彬觉得那和许湘在一起的无话不谈完全不同。左彬和许湘有默契,有共同语言,既可以回忆过去,也可以聊聊当下。但是和赵小虎一起聊天,说说过去还可以,聊到当下就没什么可说了,两个人的差距太大,已经完全不在一个频道。再说左彬和赵小虎最多的共同回忆就是一起玩游戏,左彬觉得两个中年男人一起回忆早已过时的游戏细节也没啥趣味。但每次见面赵小虎都很有兴致。他知道左彬在基金公司工作,便告诉左彬自己也炒股,希望左彬能给自己透露一些股票消息。

"你怎么也去炒股了?"左彬很惊讶地问。

"前几年大牛市的时候,我们周围邻居同事都赚钱,我跟老婆说我们也去试试,她就给了我两万块钱去试试。结果我一个星期就赚了一万噢!我跟她一说,她不要太高兴,又拿了30万给我。没想到后面手气不好了，买进去没过几天就跌了。这就像打麻将一样的，头上胡牌的人最后都是输钱的呀，你说我讲得有没有道理？"赵小虎最后还问。

左彬不知该点头还是摇头，只好尴尬地笑笑。那一刻他突然明白了"韭菜"这个词的含义。赵小虎不就是一个天生的韭菜？当年打游戏就被自己和其他同学割，现在到股市来还是继续被割。

"套牢么就不去管它了。到现在大概亏了十万。不能跟我老婆说的哦，她知道亏了十万可了不得，每次她问起我都说没亏多少。"赵小虎接着说。

左彬当时就劝他不要再炒下去了。赵小虎说那不行的，无论如何也要翻本了才能结束，否则老婆知道亏了那么多钱家里不太平的。左彬无语。再劝下去赵小虎一定觉得是左彬不肯给他介绍股票才劝他不要炒了，不讲哥们义气。不在一个频道上的人就是不知道高音和低音。

左彬是个讲义气的人。他还是想帮一下赵小虎，不忍心看着他平白被割，就像当年请他吃冷饮一样。他跟赵小虎说了几只市场公认的大蓝筹股。这些股票即便一段时间表现不佳，长期来看不太会亏的。

两个月前，赵小虎又打电话给左彬，破天荒地说要请左彬吃饭。他说左彬给他推荐的股票都涨得很好，他已经快要回本了。左彬说老同学了不用客气，再次劝他不要再炒了。赵小虎请他再推荐几个股，等回本了就收手。左彬想了想，就推荐了玉龙医药。

自从和左彬重逢,赵小虎觉得自己的人生迎来了转机。中年的左彬字典里没有了爱情,赵小虎的字典里从来都没有爱情,有的只是女人、游戏、烟、酒、股票,还有钱。女人、游戏、烟、酒都是花钱的。除了自己的老婆,赵小虎没有机会碰过别的女人。他知道那是因为他没钱。不过他也不是很在乎。就像大前门比不上中华,但有的抽就行。二锅头比不上茅台,但有的喝就行。游戏打输了没关系,有的玩就行。

股票是可以赚钱的,当然也会赔钱。他觉得他自己没本事在股票上赚钱,但是左彬肯定能赚钱。只要他听左彬的跟着左彬做,就能在股票上赚钱。股票是他赚取外快——除了老婆给的生活费以外的收入——的唯一手段,这也是他屡战屡败却不肯放弃的另一个重要原因。如果在股票上能赚到钱,他就能实现财务自由:抽更好的烟、喝更好的酒、在游戏中买更好的装备,说不定还能碰一碰更好的女人。

空幻的希望也是上天埋的雷。

左彬推荐的股票每一只都涨得不错,但是赵小虎在每一只上都赚不到太多钱。他总是赚一点就跑了,然后看着这些股票越涨越高,也不敢再买回来。他一直懊悔不迭。听到左彬推荐玉龙医药之后,他决定干一票大的。他早就听人说起过配资这回事,也接到过配资公司的电话,但从来没有做过,因为他知道他没这个本事。现在不一样了,他背后有左彬,明星基金经理,一棵摇钱树,点石成金百战百胜的股神。只要他跟着左彬做,也会成为百战百胜的股神。虽然是老同学,可也不能整天去麻烦左彬,难得联系一次套出来的股票,一定要狠狠地赚个大的才行。他拨通了配资公司的电话,想要一比二,不,一比三的配资。可惜本金还是少了点。他手里还有单位的十万块钱采购款,于是他决定挪用了。

左彬放下老婆的电话后,咚咚的微信通知声不断,他打开一看,全是中学同学群的消息,大家都在传赵小虎跳楼的事。看来赵小虎的老婆不止通知了他一个人。很多从来不发言的同学都出来冒泡表示哀悼。还有人通知说后天上午开追悼会。然后,原来的班长葛飞主动表示,愿意代表班级去参加追悼会。于是大家开始在群里众筹花圈的钱。左彬在群里说,自己正好在外地出差不能去参加追悼会,并表示会单独送一个花圈和礼金。班里同学都知道左彬和赵小虎关系好,也都表示理解。左彬又转给葛飞五千块钱,让葛飞转交给赵小虎的老婆。葛飞很为左彬的义气感动。

后来葛飞又给左彬带来了一些消息,说赵小虎是配资炒股巨亏,不仅把本金亏光,还欠了配资公司的钱,还挪用了公款,一时想不开跳楼。配资公司没有向他家里追债,配资本来就是灰色地带,说不清合法不合法,如今闹出了人命,配资公司只好自认倒霉,赶紧撇清不再闹大。赵小虎的单位也不再追究那十万元采购款。这么大一笔现金放在业务员那里本来就是违反财务纪律的,出了人命领导赶紧擦屁股,因为是在单位里跳楼,十万元就当成是抚恤金一笔勾销。

左彬站在殡仪馆门外的空地上目送他的老同学和好朋友赵小虎。里面正在召开赵小虎的追悼会。左彬戴着墨镜,不想被人认出。他不去参加追悼会,一方面是他打心底里不想和赵小虎的老婆打照面；另一方面，他为自己没有接赵小虎最后打来的三个电话而内疚。他觉得自己没脸见赵小虎最后一面。

但是当时的情形，他自身都难保，即便接了赵小虎的电话，他又能做什么呢？他更后悔在涨停后的那两天没有主动给赵小虎打个电话问问情况。赵小虎肯定是在最低点被强平了，损失无法挽回，但赵小虎亏掉的几十万对左彬来说不是很多钱，虽然左彬也损失惨重，但几十万还是拿得出的。用几十万换回老朋友一条命，无论如何都是应该做的。可是当时的情形太紧绷了，他忘了这回事。如果他打电话问一句，也许就能救赵小虎的命。当然他也没有想到，赵小虎会这么豪赌，会配资，还挪用公款。想到这里，他突然想起，会不会还有别的朋友和赵小虎一样身处危险中呢？他想到了一个名字，一下子慌张起来，赶紧拿出手机拨通电话。

手机上显示"正在呼叫……肖虹"。

铃响了几声，接通了。左彬的心放下了一半，只要没跳楼就好。

"喂，喂，肖虹……"

那边却没有声音。

"喂，喂，听得见吗？"

电话里传来女孩的哭泣声。是肖虹在哭，她已经哭得说不清话了。

（6）秀色可餐

美色是快速折旧的资产，所以大家都只想租、不想买。

左彬的直觉很正确，肖虹也配资买了玉龙医药，毫无悬念的爆仓，被强平在了最低点。

爆仓的那几天，肖虹觉得自己就是行尸走肉。但即使是行尸走肉，也是一块美味的肉，无数狐狸和恶狼流着口水等着叼走的肉。她曾想过逃跑，但现在科技那么发达，能逃到哪里去呢？如果逃回老家，追债的追到老家，那岂不是把父母都连累了？

或许当初从家乡，那个十七八线的小镇，考到上海的一个三本大学就是个错误。

到了上海，她发现她一个月的生活费只够有钱同学做一次指甲；到了上海，她才知道，有的女孩子20岁的生日礼物可以是一只两万多的包。她知道有被包养的同学，这些女孩很快就住到了外面，来去都有豪车接送；她看到有的同学为了入党或一个实习机会就去主动献身；但她不想成为她们。

她谈了一场校园恋爱，和一个同样来自小镇的男同学。性是穷人的咖啡，他们没钱开房，就在夜幕降临后，找校园偏僻角落偷偷亲热。毕业后男友郑鹏回到老家当了一名公务员。在那个地方，公务员和国企员工被认为是最好的职业，理想的归宿。

她还记得大四时一个冬天的晚上，她依偎在郑鹏的怀里，惴惴不安地问他对未来有什么打算。郑鹏信誓旦旦地说他想和她两个人一起在上海奋斗打拼，打造出属于他们的一片天地。虽然校园里的气温还不到10摄氏度，可她觉得她全身是那样的温暖。但后来几个月找工作的日子，气温一点点在升高，她的心却越来越凉。郑鹏参加了一场又一场的求职会，投出去数不清的简历都石沉大海。他刚开始还挑一些和自己专业对口的或者有兴趣的岗位投简历，一个月过去了连一个通知面试的电话都没接到过。后来只要是上海的公司招聘他都去投。相比之下肖虹就幸运得多。她已经得到了两份用人单位的 offer。虽然只是前台、文员这样不起眼的工作，但对一个三本毕业生来说也不能有更高的奢求了。她小心地没有告诉他，只要他去投简历的地方，她也会去投。功夫不负有心人，他们终于同时接到了一家证券公司营业部招聘业务员的面试通知。

业务员是证券公司最基层的岗位，工作就是为营业部拉客户，工资只有最基本的底薪，其他的要靠业绩提成。即便是这样的一份工作，十个名额竟然也吸引了一百多人去应聘。在等待面试的时候，大家会互相聊几句。坐在他们边上的，有一个本市 211 大学的本科生，一个外省 985 大学的本科生，还有一个澳洲留学回来的硕士！郑鹏沉默了。肖虹完全记不得那次面试她被问了什么问题，她根本没心思回答任何问题，她只惦记着郑鹏在面试中表现怎么样。

肖虹面试完，坐在休息室里等。她没心思玩手机，目不转睛地盯着休息室的门口，希望下一个走进来的就是郑鹏，更希望他面带笑容满怀信心地走进来对她说：“面试很顺利，绝对没问题。”

"同学，你也是来面试的吧。"边上有个人主动和她搭讪。

肖虹转过头去，是个戴着黑框眼镜的男生，挺斯文的样子。肖虹点点头。

"你面试什么岗位？"那人又问。

"营业部的岗位。"肖虹回答说。

"我也是来面试的。我是学法律的，我应聘的是法务部。"

"哦。"肖虹没有心思和他聊天，只客气地点了点头，便又转过去看着门口。

那人继续自言自语地说："今天来面试的人真多啊，比上星期我在海明证券面试的时候人还要多。我看大多数人都和你一样应聘营业部业务员岗位的。你面试的时候面试官都问了些什么？"

肖虹不想搭理他，没有回答他的问题。

那人有些尴尬，但继续鼓起勇气说："我先介绍一下我自己，我叫杨嘉，复旦法律系的。你叫什么？"

"肖虹。"

"幸会啊，能不能留个联系方式，以后说不定就是同事了呢。"杨嘉问道。

这时郑鹏面试完走进了休息室，肖虹立刻从座位上站起来快步走到他面前，拉住他的手问："感觉怎么样？"

郑鹏有气无力地摇摇头。

肖虹心里一凉，但脸上却带着笑容说："结果还没出来呢。再说也没关系，还有很多机会的。"

郑鹏苦笑着说："回去再说吧。"

杨嘉看着肖虹挽着郑鹏的手走了出去。"杨嘉"这个名字像风一样吹过肖虹耳边，没留下一丝痕迹。

回去的路上，郑鹏和肖虹没有说一句话。

一周以后，她生日那天收到了那家证券公司给她的offer，而他却没收到任何消息。那天晚上他们原本约好了一起去大学的活动中心看电影——这是肖虹在大学期间最喜欢的娱乐方式了，可是到了时间郑鹏却没出现，发微信也不回，打电话也不接。她担心出事，于是到他的宿舍楼下去找他。同学说他和两个同学出去喝酒了。她在宿舍楼下等了两个多小时，在宿舍关门前终于等到了两个同学抬着醉得不省人事的他回来了。她一句话都没说，失望地走回自己的宿舍。

第二天，她收到他道歉的微信。他们又像从前一样出双入对。直到毕业前的某一天，郑鹏突然对她说，他舅舅在老家给他谋了一份公务员的工作，他爸妈都希望他回老家去。

她一愣，但还是微笑着说："祝贺你！"

她留在了上海，最终去了那家证券公司。肖虹入职的那天和另外两个新人一起见他们的老板，证券营业部的经理白石通。

白石通一见到肖虹就说："是我把你招进来的！"

这时肖虹才依稀记起，眼前这个中年男人似乎就是面试当天的考官之一。

她说不清自己为什么选择去证券公司而不是太太平平地去做一个文员或前台接待。她甚至不知道股票是个什么东西。但是从郑鹏告诉她决定回老家做一个公务员时起，她突然对一切太太平平的工作产生了厌恶感，那是猥琐没有勇气的人才会做出的选择。她感到自己没有什么可以再失去的。股票她不懂，但是她听说过股票是个能发财的东西，既然如此为什么不去试试呢？她这样的外地姑娘，一无好家世、二无响学历、三无高收入，只有年轻和好身材，但是凭着这点资本，她嫁不到本地的有为青年，现在的婚姻都很现实，她只能嫁个和自己差不多的小镇青年，在上海基本是买不起房的，最多也只能买一个很偏很小的房子，每天花三四个小时在上班路上，一辈子辛苦打拼为了还贷款。只工作了三年她就认清了这一严酷现实，她知道自己最后的归宿要么是快速地挣到一大笔钱能在上海买房，要么还是回老家，而且还要趁早，要趁她还没成为小镇标准的"老姑娘"，要在30岁前把自己妥妥嫁了。

刚工作的时候在证券公司的底薪很低，除去租群租房和吃饭剩不下任何钱。但是白石通还挺照顾她的，会带她见一些大客户，把一些大客户划到她的名下，让她能有业绩。第一年的年终奖拿了两万块。她高兴得准备给自己买一套新衣服。妈妈的电话来了，说弟弟要考艺术类院校，要先报名上艺考班。艺考班一期的学费要两万块，家里供她上大学已经掏空了，没什么钱,希望她能帮家里一下。她无话可说,而且她也从心底里喜欢弟弟,希望弟弟能有出息,能出人头地。春节回家的时候她把两万块全给了妈妈。

第二年年中,白石通辞职下海离开了营业部。新来的营业部经理是将近五十岁的单身女人,为人严厉,非但不再照顾她,反而处处挑她的毛病。出去见客户也从来不带她,这样她就很难再开发新客户。肖虹算算自己的业绩,到年底恐怕一分钱奖金也没有了。

这时白石通又找到她,建议她跳槽到他的新公司去做他的助理。白石通给她开出了一万块一个月的工资,这对于一个毕业两年不到的小女生算是不错的待遇了。她毫不犹豫地跳槽去了白石通的公司。

然而这也没有让她更宽裕。上海整治群租,原来的群租房不能住了,她只好租了个单间。条件比原来有改善,房租贵了三倍,要三千多一个月。弟弟考上了艺校,开销非常大,她知趣地每月给家里寄两千。她自己的开销也在增加。她经常要去见客户,要化妆,要穿得时尚,不能再像大学里那样清汤挂面、素面朝天、穿着随意。这样一来,每个月她仍然存不下多少钱。

另外,在潜意识中,她觉得自己再省吃俭用,每个月也就能存个千儿八百的,而这点钱能用来干吗?在营业部,在配资公司,她看到了太多财富大进大出的故事。有一个客户靠配资从几万块赚到了200万,但也有很多客户从几百万输到只剩几万块,甚至分文不剩。那个暴富客户的故事是白石通的口头禅,逢人便说,而后面那些人的故事则从不提起。跟着白石通久了,她也被灌输了一个理念，只要把握好机会，从几万块到几百万是很轻松的事情。

白石通有一个简单的绝招：但凡去见有钱的男人，他都带着肖虹一起去；如果是见阔太太，他就自己去。那些有钱的男人大多五十岁朝上，看到肖虹在边上，态度自然变得和气，努力表现得温文尔雅。肖虹很清楚自己的作用。一开始她觉得有点厌恶，但是看到白石通更加谦卑恭敬的样子，她就明白了。白石通毕竟是她的伯乐。

白石通对她是尊重的，从来没有挑逗骚扰。白石通很看重钱，但对美女却没有太大的兴趣。这一点让肖虹觉得安全。有时候她觉得自己就是个花瓶，但一个普通本科院校毕业一无所长的外地女孩，能当一个安全的花瓶不也应该满足了吗？但她还是有追求的。她希望能学学股票，这似乎是一个有魔力的领域。从白石通那儿看来学不到什么炒股的本事。她也没有任何基础知识，想买本书来看都不知道从何下手。

直到她遇到了左彬。

她一见到左彬就对他有好感。她见过的为数不多的既不老又有钱的，几乎都是富二代，除了左彬。他不像个生意人，而是个读书人。他话不多，一桌人喧闹敬酒的时候，只有他静静地听着，既不跟着起哄也不游离于众人之外。而但凡他开口，必然切中要害，让人印象深刻。

白石通让肖虹给左彬敬一杯酒，顺便介绍两个人认识："这是左总，明星基金经理，现在出来做私募了。这是我的助理肖虹。"

"左总是高材生啊，复旦大学毕业，海归硕士。肖虹你要学炒股票可以向左总多讨教讨教。"白石通继续说。

左彬客套地说："白总才是老前辈，我还要向白总多学习。"左彬和肖虹互换了名片。肖虹主动加了左彬的微信。

第二天，肖虹发微信给左彬，请他给自己推荐两本书。左彬简单地回了"好的"，就再无下文。肖虹以为左彬架子大。没想到第二天京东快递送来两本书，是左彬买的，送到了她名片上的地址。肖虹翻翻那两本书，觉得确实通俗易懂，合上再仔细看封面，其中一本由四个作者合著，第三个名字赫然就是"左彬"。肖虹的心里一阵乱跳，一闪念中她想起来自己高中时暗恋的数学老师。书里有看不懂的地方，她就会发微信问左彬，而他在微信上的一些回答她仍不能理解。左彬说："这样吧，明天我请你吃午饭，把这些问题解答一下。"

第二天中午，肖虹去了左彬预订的地方，发现是一家高档西餐厅。肖虹跟着白石通出席过很多豪宴，但都是一大桌人，喧喧闹闹，最后总是茅台五粮液喝得横七竖八，杯盘狼藉。她还从来没到过这种地方。西餐厅是那样安静、整洁、有品，跟韩剧里的一样，有轻柔的背景音乐，来就餐的都是体面的男女。肖虹非常喜欢这个地方。她本打算自己买单请左彬吃饭，毕竟左彬送给她书也给她指导。但服务员送上菜单的那一刻她就退缩了，她知道这样的地方一定不会便宜，但也没想到这么贵。另外，她也不知道该点什么好。

"这个地方的松茸烤银鳕鱼做得不错，你可以试试，吃银鳕鱼不会发胖的。"左彬看出来她的窘迫，主动推荐。

"好的，那就银鱼吧。"肖虹说。

左彬笑了笑，用法语报了一大堆菜名。边上的侍者边点头边记了下来。

等菜上来的时候，肖虹又窘迫了一次，她不知道该怎么用刀和叉。左彬不动声色地展示给她看，右手拿刀，左手拿叉。两个人一边吃饭，一边聊了起来。

"左总，书上说'股票是公司的所有权凭证'，这个话我看得半懂不懂的。股票究竟是个什么东西呢？"肖虹问道。

左彬笑笑，解释说："这种冠冕堂皇的定义是不太容易理解。股票就是 a piece of a company。一家公司的其中一份。就好像你现在吃的是一份银鳕鱼，是一整条银鳕鱼的其中一份；我吃的是一份牛排，是一整只牛的其中一份。一张股票就是一家公司的其中一份。"

肖虹若有所悟地点点头。

左彬接着说："我给你说个笑话。有个大妈，家庭主妇，因为孙子喜欢吃银鳕鱼，就到海鲜市场去买。'老板，你这儿有没有银鳕鱼啊？''有啊，大妈，您要多少？''先来一条吧。''要一条？'大妈见老板面有难色，便说，'要不就先买两条尝尝，要是味道好啊下次多买几条。'老板说，'好嘞！不过您老得稍等会儿，我这里没现货，得去仓库取。'大妈就在店里等着。不一会儿，老板开了辆卡车来了，上面装了两条巨大的鱼，每条都有一米多长，百来斤重，对大妈说：'大妈，这是您的两条银鳕鱼。小店做了那么多年生意，还从没遇到过您这么大的客户呢！'"

肖虹已经笑得合不拢嘴，突然发觉自己这样放肆地笑和周围的环境很不相称，便赶紧收敛了笑声，不好意思地看看左彬。左彬也出神地看着肖虹，刚才肖虹发自内心的天真无邪的笑让他心神荡漾。他如果在家说这样的笑话给老婆听她未必会笑，多半会说"无聊"，所以日子过久了，他就没有在家说笑话的心了。肖虹看到左彬一本正经的样子，又想到刚才的笑话，不禁又偷偷地笑起来。左彬看着笑盈盈的肖虹，谈兴更浓。

左彬又说："很多人认为股票就是一张价格会变化的花花绿绿的纸，那是从前的事了。从前真的是有一张一张纸质的股票的，后来没有了，全部都电子化了……"

"就像以前用纸币，现在都用支付宝和微信支付了？"肖虹插了一句。

"是的是的，你真聪明。"左彬说，"那你觉得是纸质的股票好呢，还是电子化的股票好呢？"

"我觉得电子化的好。"肖虹说。

"为什么？"左彬问。

"因为环保啊。"肖虹其实对环保并没有那么重视，只是觉得和左彬这样既有文化又有钱的人在一起，说自己重视环保一定是不会错的。"您觉得哪种好？"肖虹反问道。

"我觉得还是纸质的好。"左彬说。

"为什么？"肖虹问。

"因为万一公司破产了，纸质的股票还可以拿回去糊墙啊。"左彬一本正经地说。

肖虹又一次笑得花枝乱颤。一瞬间，她似乎明白了魔都

"魔"在什么地方。群租房、上下班挤地铁、喧闹的证券营业部、配资公司里来来往往的赌徒、横七竖八杯盘狼藉的豪宴,她从来都没有好印象,这一刻,她似乎才看到了自己想要成为的样子。

自那顿饭以后,肖虹和左彬就定期见见面,谈谈证券知识聊聊业务。自然而然地,话题就有了延伸,肖虹会说说自己的大学生活,左彬会说说他在美国留学时的一些见闻。

（7）攻心为上

重要的不是砸钱，而是把钱砸在哪。

一天中午，左彬和肖虹又一起吃午餐。肖虹的手机响了，是她妈妈打来的。

"虹啊，你爸生病住院了，是脑溢血，要马上动手术。"

肖虹听了立马着急起来："妈，您别着急，我马上请假回来。"

"你听妈说。医院说手术要五万块钱，家里现在有两万，是你每个月寄来的钱，我没花，都留着给你做嫁妆呢，现在只好拿出来用了。可还缺三万，我知道你也没钱，可是救你爸的命要紧啊！你看能不能跟你们公司老板商量商量，先借几个月工资出来？这得赶紧啊！"

肖虹的眼泪夺眶而出，但却安慰妈妈："妈，您别着急，钱我能借到，您让医院赶紧安排手术。"肖虹虽然嘴上说能借到，但心里却一点底都没有。她知道白石通是个对钱很看重的人，只做撮合，从来不会借钱给别人。

左彬在边上听着,知道出了事情。他问肖虹发生了什么事,她把事情原原本本地告诉他。左彬的脑子里迅速地想好了他应该做的事。

"你先问一下,你爸爸现在在哪家医院?"

肖虹赶紧又拨通了妈妈的手机,问清了是在县人民医院。

"钱的事你先别担心。我告诉你,你爸的这个手术是有一定难度的,也有一定的风险,我觉得县级医院不一定能开好,最好到省里的三甲医院去开。"左彬说。

"您怎么知道?"

"我本科是学医的。"

"可是省里的三甲医院哪那么容易进去,我爸现在生命垂危,哪里来得及?"

"你等一下,我问问看。"

左彬在手机的通讯录里找了找,找到一个名字,拨通了电话。

"陈名杰,我是左彬啊!对,好久不见,我有个急事要你帮个忙,现在有个脑溢血危重病人,在××县人民医院,要尽快动手术。名字叫……"左彬看了一眼肖虹,肖虹赶紧在手机上把父亲的名字打给左彬看,"叫肖建国,你看能不能转到你们院做手术啊?……是的,手术有危险性,所以才找你嘛,神经科大博士……好吧好吧是神经外科……我可没有骂你神经病啊,你还记仇呐!……好,快一点给我回音啊……是我什么人?是我老丈人!"

挂了电话,左彬安慰肖虹说:"你放心吧,那是我大学的学长,现在是省第一人民医院的副院长。原来我们都是大学足球队的。他后来到美国留学读医学,我去读金融,在同一所大学,我们住同一幢宿舍楼,关系很好。"

左彬知道,陈名杰拿了博士学位回国,四十岁出头就是副院长,正教授,博士生导师,国内脑外科有名的青年专家。要是他都医不好,恐怕国内没有医生能医好了。

不一会儿,陈院长的电话就打过来了。

"我刚才打电话给县人民医院神经外科了解过情况了,病人的情况是比较紧急。我让他们派一辆救护车,立刻转送到我们院来,路上的急救措施我也关照好了,十二小时之内应该没有问题。送来之后直接进手术室,我来做手术。"

"那太好了。手术成功率有多高?"

"初步问下来不算最严重,我这边的成功率还是很高的。不过还得看情况再说。你懂的,没有零风险的手术。"陈院长还是保持着一贯的学者的严谨。

"我懂的,要是我们神经病大博士,哦不,神经科大博士都治不好,那是说不过去的。"

"你这小子。"

"噢,对了,用最好的药、最好的器材,不要去考虑进不进医保。"左彬提醒道。

"你放心,我一定狠狠宰你这个金融大亨。"

"我现在可穷啦,要不手术费你也一并垫了吧。"左彬开玩笑说。

"没问题。"陈院长倒是一口答应。

"开玩笑的，你专心把手术做好就行啦。"

陈名杰是左彬的兄弟。左彬在金融圈里没有兄弟，但在金融圈外还是有些兄弟的。当初在美国留学的时候，一天陈名杰上街遇到有人持枪打劫，把他身上的一千多美元都抢走了。那可是他两个月的生活费。陈名杰家是农村的，条件不好，是拿了全奖才能去美国留学的，遇到这种打击一筹莫展，连饭都要吃不上了。左彬家是上海的，条件还不错，他把情况跟爸妈说了，爸妈直接打过去一千美元救急。当时，陈名杰感动得抱住了左彬。左彬淡淡地说："哥，你不是神经病犯了吧。"

左彬知道还有一些事情要做。他挂了电话，快速地在手机上操作着，突然问肖虹一句："身份证号码？"

"什么？"

"你的身份证号码。"

肖虹把身份证号码报给了左彬，但不知道左彬拿来做什么用。

"给我一张你的银行卡。"

肖虹彻底懵了，脑子里乱哄哄，只是听着左彬的指挥。她从包里拿出自己的银行卡给左彬。

"好了。"过了一会儿左彬才说，然后逐字逐句地交代，"你听我说，省第一人民医院的陈院长，已经让县人民医院派出一辆救护车，将你父亲转院送到省第一人民医院，送到后陈院长会亲自给你爸做手术。"

肖虹心里一阵激动，觉得父亲有救了。

"我给你订了往返省城的机票，下午两点半的飞机，下周的机票返回。还用你的名字订了省第一人民医院边上的酒店，你爸做完手术一个星期需要人陪护的，你和你家里人可以住在那里。这张卡里我打了十万块钱，手术费用，应该够了，不够的话你再跟我说。"

肖虹不知道该说什么好，她真不敢相信世界上还有这么好的人。过了一秒钟，她突然哭泣起来。左彬一边招呼服务员赶紧买单，一边对肖虹说："别哭了，抓紧时间，你要回家拿点东西吗？我送你去机场。时间挺紧张了。"

肖虹坐着左彬的车先回到住处，用十分钟收拾了些衣服和化妆包，然后直奔虹桥机场，路上她给白石通打了个电话请假一周。下午六点钟，肖虹已经赶到了省第一人民医院。十分钟后，肖虹父亲的手术结束，手术成功。肖虹的母亲对陈院长千恩万谢，几乎要跪下来。

肖虹在省城住了一个星期，和母亲轮流陪护父亲。周末的时候弟弟也从北京坐火车赶来。

女儿的变化母亲是最敏感的。穿着打扮固然已经不同以往，但最重要的是，陪护时租住的宾馆，省第一人民医院边上，五星级的，还是套房。肖虹说是公司报销的，母亲有些怀疑。借着单独和肖虹在一起的机会，母亲问："虹啊，你是不是有男朋友啦？啥时候能让妈看看？"

肖虹知道母亲的担心，说："妈，我好好的，您别担心。这宾馆是一个想追我的人帮我订的，但我跟他没怎么样。我没有男朋友。"

母亲心中虽然有疑团，但不好再问再深究。再深究下去又能如何呢？她不想女儿去傍有钱男人，但是看着躺在床上的老公，稚气未消仍在读大学的儿子，现在女儿成了家里的顶梁柱，她还能让女儿做什么呢？

母亲察觉到了肖虹的改变，肖虹也看到了弟弟肖雷的变化。

肖虹比弟弟大五岁。从小父母工作忙，是她带着弟弟长大的。虽然父母并不流露出重男轻女，但肖虹自然地觉得弟弟比自己更重要，这种感觉是发自内心的，没有一点嫉妒的成分，而是出于对父母的爱，对弟弟的爱，对家庭的爱。父亲身体一直不好，但还是努力地工作，不肯提前退休。母亲起早贪黑，除了工作还包了家里所有的家务。肖虹从小就明白她要为这个没有任何底子的家作贡献的。原以为自己大学毕业就能分担家里的重担，让家里的情况好起来，然而她自己的能力实在太微弱了。

去北京两年，肖雷看上去一下子成熟了不少。也许是分别太久，也许是看够了金融圈那一张张猥琐的面孔，肖虹觉得弟弟十分英俊，脸上脱去了稚气，散发着年轻人的阳光朝气，身材健壮、匀称，但也许是父亲的病情让他带着一丝忧郁。原来弟弟看着其貌不扬是因为之前穿得太土，跟她之前一样，而现在弟弟也懂得穿着了，虽然不是什么大牌，但是看着很精神。

肖雷读书没有天赋，虽然很努力，但是高考落榜。他从小喜欢唱歌，也有唱歌的天赋，嗓音清澈纯净，于是高中的班主任建议他可以试试艺考这条路，他的高考成绩过艺术类的分数线还是可以的。又努力了一年，其间报了艺考班，肖雷终于考上了北京某艺术院校的声乐系大专。

一个星期后,肖建国康复出院。虽然他坚持要坐长途汽车回家,肖虹还是叫了一辆出租车,送父亲母亲一起回家。肖雷在省城陪完一个周末后,母亲和肖虹让他坐星期天晚上的火车赶回北京,不要耽误学业。住院和手术的费用总共九万多,没有超出十万。

肖虹在家过了一夜,第二天的下午坐飞机回上海。那一夜肖虹无法入眠。也许是连续陪夜日夜颠倒让她产生了"时差",还有更重要的,要回上海了,要再见到左彬了……

第一天手术成功后,她发微信给左彬说:"手术成功了,谢谢你!"左彬回复了一个字"好"。

第二天晚上,她发微信说"我在陪夜",左彬回复了两个字"辛苦"。

第三天,她发微信说:"我要在这里多待一天,把机票改签了。"左彬回复了两个字"好的"。

就这样,她每天都会给左彬发微信,无论她发的消息是长是短,左彬的回复从来不超过两个字。

肖虹知道,她欠左彬的不仅仅是十万块住院手术费、两张机票钱和宾馆的房费,她欠的是父亲的一条命。省里最好的医生、最好的医疗条件,如果没有左彬,不知道要排多久的队才能轮上,而她父亲根本没有那个时间,只能在县医院赌生死。普通人面对重病和股市里配资加杠杆一样,都是赌一把,所不同的,前者是一场更加不公平的赌博,赌赢命保住钱没了,赌输命和钱都没了。

这次她发微信告诉左彬,自己乘下午的飞机回上海。左彬这次破天荒地回了四个字:"我来接你。"

左彬在迷宫似的虹桥机场停好了车,赶到国内到达口去接肖虹。

"你父亲怎么样?"左彬伸手接过肖虹的行李。

"出院了,在家疗养。"肖虹没有半点客气,把行李递了过去。

一问一答,互相都没有称呼。从前两个人一直只是普通朋友,又像是师生,彼此保持着距离,现在仿佛是相爱多年的恋人了。两个人走了很远的路才到停车场,上了左彬的车。

"去哪里?"左彬问。

"随便。我现在不想回家。"肖虹走着走着就想和左彬多待一会儿,最好永远在一起。

保时捷载着两人在延安路高架上飞驰,车里放着张国荣的歌,一路上两个人都没有说话。肖虹脑子里一片空白,旁边坐着她这几天每天都会想念的人,现在却不敢看他一眼。她只能把注意力放在车上,上一次去机场的时候因为心情焦虑,没有留意左彬的车。保时捷她是认识的,因为弟弟肖雷喜欢车,小时候经常跟她说长大要开什么牌子什么牌子的车,其中就有保时捷,还有一匹马的叫法拉利。保时捷可以开得很快,左彬却开得很稳,对肖虹而言,就是对左彬坚定不移的信任上又加了一把锁。

左彬把车停在了陆家嘴的四季酒店,这里是金融圈精英们偷情的圣地,从这家酒店房间的窗户望出去可以看到半个陆家嘴林立的高楼。曾经网上疯传过一段自拍的小视频，一男一女站在窗前亲热，两个人边亲热边享受窗外的美景。这段视频引发了无数的八卦，大家纷纷猜测男女主角是谁，为什么视频流出来了，曾出现过无数多版本的谣言，引得被传谣的受害者发了律师函来维权。其实这段视频流出来并没有什么阴谋，或许只是和某明星修电脑一样的一次事故而已，或许是当事人的手机被盗、丢失、报废、拿去维修，忘了删除这段视频而已。这对男女是谁不是谁有那么重要吗？他们只是两个普通人，不是明星名人，只是在陆家嘴办公楼里平常工作的男女。而这些办公楼里的男男女女中很多人也都有过这样的经历，只是没有拍下来而已。这段视频是一段剪影，这样的事情每天都在发生，在四季、凯悦、香格里拉、凯宾斯基，或是某个酒店、某幢办公楼、某处……

　　左彬熄了火，对肖虹说："你在车里等我一下。"他快步走进酒店，走向前台。前台只有一个服务员，前面有两位白发苍苍的老年人正在办手续。两位老人年纪大了，动作有些缓慢，和服务员的交流也有点吃力。他礼貌地站在一米开外等待，心里却冒出许多的念头："我为什么到这里来？前面的那一对老夫妻是来办入住的吧。我又是来做什么？我这样做对吗……"等着办入住手续的左彬觉得有点泄气，不像刚才那样冲动了。这时，两位老人的手续办完了，服务员招呼左彬说："先生，抱歉让您久等！"

　　左彬只好走上前。

　　"先生您好，请问我有什么可以帮您？"

"我……我……哦，没什么。"左彬犹豫了一下，转身走开了。他刚走到旋转门前，从外面进来两个人，其中一个是中年老外，穿着休闲、面带微笑，搂着一个妖娆的年轻女人。那女人一张整形医院定制的脸上浓妆艳抹，走起路来一扭一扭，两个人的关系不言而喻。他看着两人从身前走过，心里又动摇了。如果这个时候走出去岂不是白白错过了好机会？

"就一次！"左彬告诉自己说，转身又走向了前台。

服务员见左彬走了回来，脸上又立刻堆上微笑说："先生，有什么我可以帮您？"

左彬说："我要一个房间……"

肖虹坐在车里，脑子一片空白。她很清楚接下来会发生什么，但是她不想拒绝，此刻她就是想和左彬在一起。左彬回来拿了她的行李，她便跟着自己的行李，茫茫然地走进了酒店，进电梯、出电梯，走进一间房间。

关上房门，两个人都不知所措地站着。左彬想过无数次一把把肖虹搂入怀中，但此刻却没了力气，也迈不动脚步。他想应该说些什么，可是该说什么呢？此刻从嘴里挤出的每一个字仿佛都刻着尴尬，哪一个都说不出口。他只觉得心跳得越来越快，好不容易才想出一句话："你要不要先洗个澡？"肖虹很慌乱。自从上了左彬的车开始，她的脑子就是空白，她只知道左彬让她做什么她就做什么，她像是着了魔，完全遵照着左彬的指示。但她很想要个答案。

"你会娶我吗？"肖虹问。

左彬听了一怔。

肖虹立刻就后悔了。她觉得自己贪心了。然而她并不是一个贪心的人。她生怕左彬以为自己看中他的钱而对自己心生厌恶。此刻她宁可左彬是个穷光蛋，一个单身的穷光蛋，那说不定和她才有明媒正娶的可能。

"我不是那个意思，我……我去洗澡了。"肖虹连忙补上一句。

肖虹不想为了钱而付出自己的身体。她当年把青春的身体交付给了纯真的爱情而不是交易。直到现在，她都不想用身体做交易。刚踏入职场的小姑娘有的是油腻男人来撩，有些人明着开价，肖虹对这些人理都不理，她还是有底线的。她虽然有些喜欢左彬，但也一直小心翼翼地守着这份喜欢，不做奢求。但此刻的她，为什么要脱口而出这句话呢？左彬说娶或不娶有区别吗？就算说娶，到头来不娶还不是一样？她没有指望左彬给她任何承诺，但此刻，她还是想听到一个肯定的答案。在尴尬的沉默中，肖虹从行李箱里翻出自己的睡衣和化妆包，走进了卫生间。

肖虹的问题像是撕开夜空的一道闪电，让左彬感觉脑子炸裂。卫生间传出喷淋流水的声音，这让他的心跳得愈发厉害，他的脑子里又不断浮现出那个问题："我为什么来这里？"他走到窗前，眺望远处，深呼吸几口，想让自己平静下来。

突然，他的手机响了，他拿起一看，是家里打来的，他的心又是一阵乱跳，赶紧接通。

"爸爸，你啥时候回来呀？"电话里传出了玲玲的声音。

"我……我要加班，可能要很晚才回去。"左彬说。

"啊?！那今天没人给我默单词了呀。学校老师布置的默单词的作业怎么办呢？"玲玲说。

"妈妈呢？"左彬问。

"妈妈说有点头晕,躺在沙发上休息呢。"玲玲说。

"妈妈头晕要不要紧啊？你快让妈妈听电话。"

玲玲把电话交给了顾怡云。

"怡云,你要不要紧啊？"

"没事,老毛病了,我一直都有点贫血的,躺一会就好了。"顾怡云的声音听上去有点虚弱。

"你好好躺着,我马上回来。"左彬说。

左彬挂了电话,肖虹正好从卫生间走了出来,裹在睡衣里的她就如出水芙蓉,分外娇艳。左彬却一点心思也没有了,他对肖虹说:"不好意思,我有点急事要走了,房卡在桌上,明天你去退房就行了,房费会从押金里扣的。"说完,便夺门而出。肖虹被这突如其来的改变搞得丈二和尚摸不着头脑。她想一定是自己问错了那句话,把左彬吓跑了。她隐隐地有些失望,但反而因此增加了对左彬的好感,起码他没有骗自己,让自己抱着不切实际的幻想。

（8）红颜多坎

> 给我一根杠杆，我可以输掉地球。

肖虹第二天上午拖着行李去了公司，白石通见她十分疲惫，还以为她搭乘早班飞机刚回上海，让她回家休息，不算她请假。肖虹回到家，屋子里好安静，安静得让她感到孤独。以前一直一个人住在这个小屋里，从来不觉得孤独，但今天却觉得特别孤独。她赶忙打开电视机，让屋里有点声音。是电影频道，正好在播放周星驰主演的《喜剧之王》，这部家喻户晓的电影肖虹已经看过好多遍了。片子里周星驰和张柏芝共度一晚后把一盒零钱全给了她，张柏芝说了声："谢谢老板！"后面又看到周星驰对张柏芝说："我养你啊！"张柏芝泪流满面。肖虹也感动得泪流满面。如果能有个真心实意的人养她，而不是逢场作戏，只要有那么一点点真情，她也愿意。可是左彬，对她有真情吗，哪怕是一点点？

左彬听到肖虹问他会不会娶她时，知道这个女孩已经投入了感情，他觉得很温暖很满意。他几乎肯定不会娶肖虹，他只想做一个爱情的黑洞，会接受和吞噬一切爱情，但是不会对外释放爱情。他的爱情能量早已经释放完了，现在能释放的只有钱。黑洞是宇宙中神秘的存在，很难被观测到。他的内心也神秘到连他自己都难以观测。他愿意为女人花钱，但却从来不买春，他对逢场作戏或买春毫无兴趣。他希望发生关系还是能有点感情的，他希望女人爱他，而不仅仅是为了钱跟他，但他自己只要给钱而不用付出爱情，因为爱情实在是太麻烦了！左彬也是喜欢肖虹的，他眼里的肖虹工作是认真的，人也是上进的，从来不会开口向他要些什么，但越是这样，他越不想伤了她，因为她是个好女孩。

那晚以后，左彬觉得过意不去，隔了两天，他还是打电话给肖虹，说要请她吃中饭赔礼道歉。肖虹收到邀请还是高兴的，本来她以为把左彬吓跑了，左彬再也不会来找她了，其实能和左彬保持纯洁的关系让她更为心安。这次见面，她特意为自己的职业装配了珍珠项链和珍珠耳环，她想显得成熟一些。她买的是朋友圈里微商推荐的潮牌 APM，几百块而已。她出差时在机场店看过这个牌子，虽然她挺喜欢的，但当时还是嫌贵没买，想不到微商卖得这么便宜，她毫不犹豫地下单了，管它真的假的。到货了她发现珍珠的光泽还不错，衬得她的皮肤更白了。她喜滋滋地戴上了，打算让左彬眼前一亮。

肖虹到了公司后，前台小姐突然对肖虹说有个海明证券的工作人员要找白总，而白石通不在，这样的事情照例由肖虹先接待一下。

肖虹走到前台，见来的男人和自己差不多年纪，她上前打招呼说:"您好!我是白总的助理,我叫……"

"肖虹!"那人见到肖虹很惊讶,眼里都是惊喜。

肖虹更惊讶,她不认识眼前这个人,可是对方怎么能叫出她名字呢?她努力地回想,从前在哪见过一面?中学同学?小学同学?可怎么也想不起来。

她只好礼貌地问:"我们在哪里见过吗?"

对方高兴地说:"我是海明证券法务部的杨嘉。我们从前在一次招聘会上见过一面,你可能不记得了。"

肖虹还是没想起来,不过这也正常,仅仅是一面之缘而又记不起来的人太多了。

"我好像有点印象,"肖虹客气地笑笑,问道,"您跟白总有约吗?"

"我约了白总十点半,是我早到了十分钟。"杨嘉说。

肖虹请杨嘉先到会客室坐会儿,问他找白石通有什么事。

杨嘉告诉肖虹,有个海明证券的客户找白石通的配资公司配资,结果爆仓了。白石通公司的业务员上门讨债,客户却不想还钱,配资业务是海明证券的营业部经理介绍的,客户就投诉到海明证券总部去了。总部让法务部来处理这件事,这事就落到了他头上。

肖虹觉得事关重大,自己没权限处理,赶紧给白石通打了个电话。白石通在电话里说自己马上赶到公司,让肖虹先接待一下。他还特意关照肖虹态度要客气,毕竟是公司惹的麻烦。

肖虹对杨嘉说请他稍等片刻,白石通很快就到公司。

"那次招聘会,你是和你男朋友一起去的吧?"杨嘉话锋一转，谈到他们初次见面的事了。

说起"男朋友"，肖虹总算对那次招聘会有了点印象，眼前的人好像是有点面熟了。

"他也在证券公司工作吗？"杨嘉问。

"他回老家了。"肖虹说。

这时白石通推门进来，忙不迭地打招呼说："杨律师，真抱歉真抱歉，让您久等了。"

和杨嘉谈完已是中午。把杨嘉送进电梯，白石通和肖虹都松了一口气。白石通是因为总算和杨嘉达成了处理方案，一边送人一边还不停地打招呼说"给您添麻烦了"，肖虹是因为眼看着她和左彬约会的时间快到了。

送走了杨嘉，肖虹都没回办公室，而是直接去卫生间补了妆，就赶紧坐电梯下楼了。

出了办公楼大门，就有人喊她："肖虹！"

她一看，是杨嘉。

"杨律师，您还没走啊。"肖虹客气地说。

"我在这里等你的。我想我们这么有缘分，能不能中午请你吃个饭？"杨嘉说。

"不好意思，我中午已经有约了。"肖虹说。

这时，左彬的车缓缓地开过来。肖虹远远地就向左彬招手，脸上遮不住的笑意。车停了下来，肖虹走过去拉开车门，礼貌地对杨嘉说了声"再见"，坐到副驾上。杨嘉尴尬地看着保时捷扬长而去。

肖虹一直惦记着弟弟。弟弟肖雷的大专学业还有最后一年，学校已经不怎么上课，大家都各自实习找工作。肖虹通过和肖雷在微信上聊天得知，声乐系大专生找工作太难了。小学音乐老师都要本科学历了，还有很多海归硕士去应聘。肖雷想尽一切办法去音乐剧里跑个龙套，或在演唱会上哼和声，但这样的机会竞争也很激烈。有些家境富裕的同学自己花钱出了唱片，再找活儿就容易多了，毕竟出过唱片就是个小明星了。

"自己出一张唱片要多少钱？"肖虹问。

"我同学花了20万。"

肖虹看看自己的存折，自己工作以来所有的积蓄还不到10万块钱，就算再省吃俭用两年也不知道能不能存下20万。但是看着弟弟走投无路的样子肖虹想尽快有那20万。她不好意思问左彬借，她还欠左彬钱呢，如果她还开口借左彬会怎么看她呢。这时玉龙医药的机会出现了。在营业部和配资公司待久了，再加上左彬的指点，肖虹自认为对股票有些理解。左彬也说玉龙医药好，一定不会错的。

她把自己的10万元积蓄都买进了玉龙医药，觉得还不够。即使翻一倍，也都要拿去给弟弟，自己仍然只能每月拿了工资慢慢积攒。她从前还想过在上海待不下去就回老家去，可这次回老家，尽管只住了一天，她就知道她再也不想回去了，更别提回去嫁人了，不要说林黛玉，就是尤二姐也不会嫁给焦大的。她眼前还有一个目标，在上海买房、安顿下来。她最喜欢上海的南京西路，高雅有品位，到了晚上就火树银花，特别美。她喜欢看南京西路上走的各色人等，尤其是那些自信有气质的女人,她觉得上海集中了全国女人的精品,她想成为上海女人。但是她明白,在这里打拼,没有谁能靠,谁也靠不到,一切只能靠自己。自食其力、保持独立才能拥有由内而外的自信,才能成为她想成为的上海女人。

她想到了配资。通过自己公司是不行的,白石通不允许自己的员工配资买股票,这容易有道德风险。所以她直接找了出资人陈福贵。陈福贵是地产公司老板,三年前老婆死了,天天混在夜总会。她知道陈福贵早就对她有意思,陈福贵来公司和白石通谈生意的时候,甚至会趁着白石通上卫生间的空凑过来摸她的大腿。她极其反感这个长得圆滚滚的猥琐暴发户,但配资是生意,不用她牺牲什么。既愿意给她配资又能不让白石通知道的,也只有找陈福贵了。陈福贵果然一口答应,配给她50万。于是她拿60万全部买了玉龙医药。在强平以后,不仅10万元本金血本无归,还欠了陈福贵20万。

被强平的那一刻肖虹也想到了死。但她知道她连死的资格都没有。父亲还在康复过程中,医生说了不能受精神刺激,否则病症复发就没救。她不可能再向左彬求救。她知道左彬也在他们公司配了资,一定也爆了仓,那他也是个穷光蛋了,可他仍然不是单身,否则她就跟左彬提议私奔。眼下她只能自己面对欠陈福贵的20万。

看到肖虹爆仓,陈福贵真是喜出望外,一只金丝雀自投罗网。按照合同,肖虹应该在五天之内把钱还上。五天里陈福贵天天打电话来逼债,还明确地对肖虹说还不上钱就用人来抵。肖虹每天都做着同样的噩梦。她梦见左彬捧着一大把玫瑰花向她求婚,她幸福极了,她穿着白色的婚纱走进教堂,新郎缓缓转过身来,竟然是陈福贵,她惊恐万分,拼命地逃跑,看到左彬在前面,她跑上前,左彬突然倒了下去,她跑过去扶住,一看却是父亲……

隔天一早陈福贵便到办公室来讨债了。

她嫌恶地看着他,一言不发。她知道来者不善,也只能硬着头皮面对。

陈福贵先开了口:"美女,我们谈谈条件。你答应我的条件,那20万我就不要了。"

肖虹说:"你给我一年时间,我会还你的。"

陈福贵说:"那不行,白纸黑字的合同写着,哪能说延一年就延一年。"

肖虹冷冷地说:"我现在没钱,你去告我好了。"

"我才不会去告你呢。你不是还有家里人吗?你还不上我就找你爸妈还,找你弟弟还,找你亲戚朋友还。"

一说到家人,肖虹立马被捏住了七寸。父亲现在脑溢血还在康复期,哪里经得起陈福贵派人上门逼债。

"你这个流氓!"

"话不能这么说,美女,欠债还钱,天经地义。"

"你已经有那么多女人了,多我一个不多,少我一个不少,干吗非要和我过不去?"

"我就喜欢你这股劲。"

"说说看,你的条件?"

"做我一年女朋友。"

"做女朋友也要有诚意啊，你拿出诚意来。"

陈福贵一听就来劲了，说："走，咱们现在就去逛淮海路，你要什么我给你买什么，我很有诚意的。"

肖虹眉毛一挑，说："行啊，走。"

走前肖虹打了个电话给白石通请假，他没接，她也不管，心想最近他根本没心思管下面的人，就跟着陈福贵走了。

她想用这个方法让陈福贵知难而退。

工作的这几年，她见识了第一次吃饭就选几万块一顿的餐厅，不断让男人买昂贵奢侈品来击退土豪的女人们，她们说："对于自己不喜欢的男人，就拼命花他们的钱，他们不愿意花钱就会自己放弃，如果愿意一直投入，也多少有点诚意。"现在，她想用这个方法来试一试。她想，反正暴发户的钱也是不义之财，她花了也是为民除害。

他们一到淮海路，便看到一家钻石店，DARRY RING。肖虹见过这个牌子的广告，说一个男人凭着身份证一生只能买一个钻戒，于是她对陈福贵说："先买个钻戒，就这个牌子。"

陈福贵："那必须的，必须是大钻戒。"

一进店门，售货员就很热情地迎上来："欢迎光临！女士先生想要看看什么？"

陈福贵："给我拿好一点的钻戒看。"

售货员："我们有一款 Heart 系列，特别适合你们。"这里的售货员都见过世面，看到陈福贵和肖虹进来，一轧苗头心里就有了七八分的数。

陈福贵："什么蛤？"

售货员:"就是爱心系列,您看这几款。"

肖虹:"这个好,我喜欢。我要这个奢华款200分的。"

陈福贵:"好的,买!"

售货员:"请您提供下身份证。"

陈福贵:"买钻戒还要身份证?"

售货员:"是的,这是我们这款产品的特色,有一生只能爱一人的寓意。"

陈福贵:"好吧,拿去。"

不一会儿,售货员过来了:"对不起,陈先生,您已经买过这一款产品了。我们这款产品一生只能买一次,所以很遗憾您不能再买了。"

陈福贵:"哦,我都不知道买过了。那用她的身份证买吧。"

售货员:"不行,只能用男士的身份证买的。"

陈福贵:"什么破规矩,有钱也买不了。"

售货员:"要不您换一个别的系列。我们这里也有不需要身份证的,您看我们这里还有……"

肖虹:"我就喜欢这一个嘛!"越是不能买,肖虹越来劲。

陈福贵安抚道:"等着,明天我让我手下的人来买了给你送过去。"

肖虹装作气呼呼地走出去。

一路上陈福贵都在好言安慰。走了一会,肖虹终于停下来,她看到了"维多利亚的秘密"内衣店,便走了进去。她对自己的身材是很有自信的。她爱看每年的维密大秀,她非常羡慕那些戴着翅膀的维密天使,她多希望能拥有几套天使们穿的内衣,但是太贵了,之前始终是不舍得。陈福贵跟着走了进去。肖虹边逛边拿,陈福贵也在一边帮着拿。

开了一年多的维密,已无刚开业时试衣间要排队的盛况,工作日的顾客不多,肖虹拿着几套内衣去试衣间,陈福贵趁店员不备,也跟了进去。

看到肖虹脱下内衣,陈福贵立马就忍不住了。

他把她推到墙边,上下其手,又摸又亲。肖虹本能地想推开陈福贵,可是陈福贵一边动手,一边嘴里嘟囔着:"你对我好一点,我给你减点债。"肖虹只好强忍着任其猥亵。但到了关键时刻,陈福贵竟然不行了。

肖虹赶紧一把推开,拿起内衣扔向陈福贵,穿好衣服走了。陈福贵拿起试衣间里的内衣追出来。

肖虹想远远地跑开,再也不要见到陈福贵,可是跑到店门口就停住了。她知道跑得了一时跑不了一世,欠陈福贵的钱总是要想办法做个了断的。肖虹看着淮海路上人来车往,看着一对对牵着手逛街的幸福恋人,觉得自己无比可怜,她真没想到陈福贵这么猥琐下作。

陈福贵看到肖虹已经出门了,赶紧把内衣都丢给售货员:"这些都买了,刷卡,快一点。"

陈福贵付完钱,拎了一大袋内衣追了出来。肖虹见他满脸堆笑的样子,恶心得想吐:"陈老板,原来你不行啊,那你找那么多女朋友干什么?"

陈福贵说:"因为不行,所以才要找新的女朋友,看看行不行嘛。你再给我一次机会,说不定就好了。"说着,他又凑了过来。

肖虹说:"你就放过我吧,你看你在我这也不行。"

"不会不会,肯定可以的,再给一次机会嘛。"陈福贵把买好的一大包内衣塞给肖虹,说,"我们再去酒店试试吧,试衣间太小,环境不好,效果不好。"

肖虹说:"陈老板,你就别勉强你自己了。"

陈福贵说:"这样,你只要现在跟我去开房,就一次,我就不再逼债,你可以慢慢还钱。你只要肯跟我,你要什么都可以。"

肖虹想了想说:"行啊。你可是说好了,不再向我逼债,给我两年时间,我慢慢还。"

陈福贵说:"一言为定。"

肖虹知道不做出一些牺牲这关肯定是过不去的。这个世界上最难对付的就是流氓,不如让他死了惦记自己的心。她安慰自己,或许只需忍几分钟,或许还无需几分钟,几秒钟就好了呢。

在酒店,肖虹换上了新内衣,陈福贵看呆了,世界上还有这么完美的女人?真是个尤物啊!陈福贵忍不住抱着肖虹就想行事,但却出师未捷。虽然有些遗憾,他还是高兴的,因为他终于碰到一个能让他重振雄风的女人。他已经很久都不行了。他吃过很多药,也看过中医,各种方法都试过,但都不行,而眼前的女人,是唯一能让他觉得自己还能做男人的女人。

肖虹如释重负地走了。临走时,她说:"陈老板,你可真有钱,找了这么多女人做摆设!别忘了明天把钻戒给我送过来啊。"

还有，你答应我慢慢还的，不能再来逼债啦！"

　　走出酒店，肖虹接到了左彬打来的电话。她满肚子的委屈再也忍受不住，在电话里泣不成声了。

　　左彬有些着急，急匆匆地赶了过来，肖虹把自己配资爆仓的事情原原本本告诉了他，略去了上午和陈福贵购物开房的事，只说陈福贵逼债逼得很急，还不上的话就要对自己图谋不轨。左彬没有爆仓的消息给了肖虹很大的安慰，她觉得还有希望。果然左彬说第二天就会打给肖虹20万，让她先还了陈福贵的债。

　　第二天肖虹收到了陈福贵送来的钻戒，陈福贵收到了肖虹还他的20万。肖虹对陈福贵说："陈老板，我不欠你什么了。这个钻戒，算我的精神损失费。"

(9) 相思无益

资本市场上不一定能赚到钱,但一定能赚到孤独。

周日的早晨,许湘端着咖啡站在落地窗边,望着世纪公园的层林尽染。看到枫叶已红,她的脑子里冒出了温庭筠的那句"玲珑骰子安红豆,入骨相思知不知"。喝完咖啡,许湘瞄了一眼玉龙医药的行情。玉龙医药再一次跌破了 10 块。短短一个月内,先六个跌停,再五个涨停,现在又跌了回来,谁能想到会是这样的走势?明天是涨停还是跌停?股票的走势永远不可预测,股票的魔性也在这。

那么人呢,人的魔性又在哪里?

人是生而孤独的,人又是群居动物,因为想要用群居去对抗孤独。但后来人们发现,群居看似热闹,反而更孤独,所以越来越多的人开始独居。独居的许湘享受着孤独,却也不排斥热闹,她在这个周末突然很想找她的好朋友韩玫,一个热闹且入世的女人聊聊。

韩玫是为数不多在朋友交往中不实行 AA 制的上海人,也是不计较的上海人，可能和她出身有关，从小听黑胶唱片长大的，有着上海女人的精致和优雅，却没有一点小市民气。正因为此，许湘才喜欢和韩玫在一起。她们在一起不用争执谁来买单，互赠礼物不用匹配礼物的价格。

许湘大学毕业以后进了外企工作，韩玫比她晚一年进公司。她俩因为年龄相仿性格相投，很快成为好朋友。后来许湘辞职到国外去读书，但是和韩玫的联系却一直没断。

韩玫生了孩子以后就辞职了，996式的外企真不适合当妈。原本她想换个钱少事少离家近、不用加班、不用出差的工作，然而一投简历才发现，这种工作比996式的工作难找多了。于是她就利用自己在德国留学时积攒的一些人脉和资源开了一家留学中介公司。公司里全职的其实就她一个，业务都是外包的，接到单子再找各个环节的专业人士去做。她并没有想着要把生意做多大，而是有一单做一单，有点事做总比无事可做好，还能保持接触社会，而且来找她办留学的多半层次都不低，她也因此结交了一些家长朋友，对她的育儿也有好处。

许湘想找韩玫聊聊，一来很久不见沟通一下信息；二来是觉得自己最近对左彬似乎有了一些牵挂，想让她给自己分析分析。一个电话，她就约好了下午茶，凑着韩玫等孩子上画画班的时段。韩玫选了一个静安区的法式咖啡厅，她在欧洲留的学，因此执拗地喜欢欧式下午茶。

韩玫一落座，就批评了许湘："你看看你，怎么打扮得一点女人味都没有，除了板板的正装就没有点女人味的衣服，你向法国女人学学，人家穿的那叫有味道。"

许湘笑了:"你咋不学学法国女人的精髓,有个老公,还有几个情人呢?"

她俩都笑了,笑点相同才能做朋友。

许湘看着妆容精致的韩玫,心想,她父母给她取的名字真好,她就像一朵盛放的玫瑰,现在是她最美的时光。然而韩玫也不是没头脑的花瓶,在西班牙出台18万欧元购房就能取得非盈利性居留政策时她就去买了套房子办出了永居卡,还撺掇着许湘也去办。两个人办好以后,18万欧元的门槛就提到了50万欧元。她们仅花了100多万人民币,就拥有了西班牙的永久居留权,所以许湘也很感激她。

许湘的女性朋友里很少还有坚守在婚姻里的女人了。她和那些固守着婚姻碉堡的妇女们没什么共同话题,她们三句内必然提起老公或孩子,她实在是插不上话,她也不爱看那些晒娃太频繁的朋友圈,以孩子为中心的女人往往就失去了自我。所以剩下的还能经常交往的朋友不是一直单身就是恢复了单身。只有韩玫是个例外。许湘很欣赏韩玫的育儿观,中西合璧,注重孩子性格品质的培养。当然,她的娃也能拼爹,韩玫的老公李响是江发银行的支行行长。

别人眼里,韩玫嫁得好,但许湘了解韩玫后却觉得是韩玫的老公有福气,娶到一个既上得了台面、又全心持家的好妻子。韩玫并不像一些富太太,穿得珠光宝气,她追求生活品质却不追求品牌,穿的基本都是小众品牌,大概是留学的时候受了欧洲人的影响,低调有品、别具一格。她一贯的观点是,钱只是让人拥有更多的选择权,而不是用来挥霍享受的。她在孩子的教育上舍得投资，在该花钱的地方毫不吝啬，而在不该花钱的地方多一分钱都不花。所以只有当你能全面了解一个女人的消费观和对家庭的付出时，你才能判断谁在这场婚姻里占了便宜。

根据许湘的观察，周围的女人能沾到老公光、能享到婚姻福的，真是少之又少。尤其是之前家境好、受过良好教育的女人，嫁人之后生活品质降档的概率远超过更上一层楼的概率。所以，这是许湘不太憧憬婚姻的原因之一。但她并未完全断了对婚姻的念想，虽说一个人就一个人，要什么完整，但哪个女人不想披上婚纱，圆一下做新娘的梦？

去年，韩玫还给许湘介绍过对象，是她老公的朋友，一个离异的企业家，身家几个亿，比许湘大十几岁，但短板是只有初中文化。许湘一看照片就否了，学历不能代表什么，但那个男人看上去不干净。后来韩玫才得知，原来那个男人有隐疾，她不得不佩服许湘的眼光。

聊着聊着两个人就聊到金融圈的八卦。

金融圈每隔一阵子都会出一些八卦，比如前阵子的八卦是位名校教授高调示爱婚外恋人——一名女基金经理，示爱完了就乖乖回家了。后续说女的离了，大家都挺唏嘘的，但许湘觉得，一个有貌、有钱又有事业的女人离了也未必是坏事。对于多数女人，离婚是一场灾难；但对于少数女人，是重获自由。自由价更高，不是么？八卦中的男人，少了些对爱情的担当，但爱情最好的结局不是婚姻，而是历久弥新、永不厌倦。

韩玫也想把一些自己听到的证券市场上的八卦和许湘聊聊，聊八卦最大的乐趣就在于对于一个热门话题从朋友的口中听到更多的内幕、更多的爆料,然后再转而批发给别的朋友。她搞不清楚许湘的工作具体是什么,只知道许湘在证券公司上班,是业内人士。

"我听说最近有一只股票叫什么龙的,炒得很厉害,先六个跌停又五个涨停,你晓得哦?"

"我一个同学差点死在里面呢!"许湘把她知道的左彬和玉龙医药的事情大致讲了一下。

出于女人的直觉,韩玫问许湘:"你和你这同学关系不错嘛。"

许湘坦白:"是挺不错。"

"我可提醒你,别被好感啊、同学情啊牵着鼻子走,你一向很理性,别做傻事。别跟有家室的男人发展友情,友情变成了奸情受伤的还是你。"韩玫说。

"有多少披着感情外衣的奸情,就有多少披着奸情外衣的感情。"许湘意味深长地说。

"大哲学家许湘啊!"韩玫笑着说。

许湘的名字里有个"湘"字,因为她出生在湖南。许湘的父母都是支内的上海人,按理说许湘算是上海人,但是她在湖南一直读完高中,那时她觉得自己就是湖南人。湘女多情,是说湘女们敢爱敢恨、用情浓烈,在她们的感情里,非理性成分比较多。上海的女人,男人没房没车是肯定不嫁的,而湘妹子不管那么多,看上的人,穷得叮当响也会嫁。或许许湘从小喝着湘江的水长大,这变成了她选择男人时脑子里进的水,她在情路上一直不顺。

"你啊,智商太高,情商不够。你看相亲对象的眼光还行,但是看恋爱对象的眼光就是不行。"韩玫继续念叨。

"这我承认,而且我 hold 不住男人,这点要跟你学习。"许湘说这话的时候像个谦卑的小学生。

"你啊,发嗲都不会,怎么去 hold 住男人。我看你也别找老公了,到老了,我也不要我家老头子,跟你作伴。你找男人,怎么看都是你吃亏。"韩玫一点不留情面。

"是啊,我真恨我的取向,我看两个女的一起生活挺好的,女人都很爱干净。"许湘笑着说。

"你呢,就是情感洁癖加生理洁癖,搞不好的。"韩玫做总结性发言。

一顿下午茶,把许湘喝得提神醒脑。

许湘就是这么矛盾。她喝湘江的水长大,血管里流淌的却是上海人的血。高考的时候她曾想考去广州的大学,广州离湖南近,但是父母坚持让她考到上海。两个老人总带着叶落归根的念想,而许湘是他们实现这个念想的希望。上海和广州当时在许湘看来差别并不大,于是就听从父母的建议考了上医大。她对上海并不陌生,因为爷爷奶奶、外公外婆和父母的兄弟姐妹们都在上海,她小时候每年都到上海来过年。外地大学生到上海来最不适应的就是上海学生之间用上海话交流,他们半句也听不懂,他们称上海话是"鸟语"。但许湘就没这个困难,父母在家里说上海话,过年时亲戚们都说上海话,她完全听得懂。待了半年以后她说得也很流利了。那以后,再有人问她是哪里人,她会回答:"我是上海人,在湖南长大。"

她就是这样，某一刻是湘妹子，下一刻又是上海女人。和百分百上海女人韩玫聊完的这一刻，她就是上海女人了。跟左彬还是少联系，保持从前的距离吧。

但就在当夜，她梦到了左彬，梦见从前的几个同学一起出去玩，他们像古人一样饮酒对诗，玩得非常开心。在梦里，左彬的眼睛亮闪闪的，深情地看着她，她心中一惊，就醒了。梦醒之后，她感到了说不出的惆怅，辗转反侧，再也无法入睡。

第二天一早，许湘来到办公室。

"许经理早！"解进站起身来和许湘打招呼。

"你怎么在这里？"

"今天是月头。从今天开始我到二部来轮岗了。"解进说。

"哦！"许湘想起来了。

"许经理，有什么工作可以分配给我做的，请您吩咐。"解进说。

"日常的工作你听 Diana 的安排。我们现在手头有个项目叫通宝科技，上次例会的时候我提过，这家公司是做太阳能光伏行业的，你去查点行业的背景资料，以后报材料的时候会用得着。"许湘说。

"Yes，madam."解进边回答还做行军礼状，把许湘给逗乐了，心想这个年轻人还挺有意思的。

午休时分，许湘因为前一天晚上没睡好恹恹欲睡时有人敲门，她说"进来"。原来是解进，他递上一杯喜茶说："许经理，请你喝网红喜茶。"

"哦，谢谢。你不用客气，我要喝什么可以自己叫。"许湘说。

"这个喜茶你叫不到的。他们生意好得不得了，不做外卖，我是中午去排了一个小时的队买到的。每个人限买三杯，还有一杯给 Diana 姐了。"解进说。

"哦，那谢谢你了！"许湘觉得解进挺懂事的，她从前从不喝这些网红饮品，就看到朋友圈有年轻人晒过喜茶，那时她还好奇，这个茶有这么好喝吗，值得去排一个小时的队？但喝下来她才觉得，还真挺好喝的。喝完喜茶她又感慨，年轻真好，还愿意为了一杯茶去等一个小时。就算这个茶好喝到天上去，她也不会去排那一个小时队的，她宁可不喝这个茶打个盹也好的。

她觉得时间如此宝贵，不是她的项目的活动，她都一律不想去参加，但也不得不去参加周海涛布置的硬性任务——红土地的 IPO 路演。

（10）新朋旧友

没有永远的朋友，也没有永远的对手，只有永远的利益。

红土地股份有限公司的 IPO 路演在浦东香格里拉大酒店隆重举行。从过会到拿到证监会的上市批文只隔了短短两个月的时间，红土地的上市进程算是很快的。拿到批文就好像是买到了上市的车票，后面只要等着班次上车就行。

IPO 路演全称是"新股发行推介会"，"路演"一词是从英语的 roadshow 直译过来的，在路上表演，容易让不明真相的人联想到耍猴，不过本质上确实和耍猴没有区别，让上市公司表演一番自己的能力，让下面的机构看客们能花钱买新股。

在 A 股市场上新股不愁卖不掉，所以猴要得怎么样就不那么重要了，但是形式还是要走的，主承销商也会尽力邀请机构们来捧场。机构们也愿意去捧场，就像场子里来了新的小姐，熟客们都要去捧场一样。

红土地股份有限公司的主营业务是种植和销售虫草。路演的现场放置了红土地公司大大小小的虫草礼盒，董事长贾步四在台上，胸前别着一朵红花，念着一沓厚厚的演讲稿，后面的大屏幕上播放着 PPT，但 PPT 和演讲的节奏完全对不上号。不过也没人在意。大家都各自交流，各自关注自己感兴趣的事。

周海涛在会场里走来走去，和每一个他认识的人握手，打招呼。遇到职位相当辈分相同的大佬，他会认真地跟对方聊上几句，聊着聊着，时而放声大笑，时而搂着对方的肩膀在耳边窃窃私语，说完两个人都大笑起来。那些资历较浅的晚辈，则会主动凑上前跟周海涛打招呼，周海涛会礼貌地点头说一声："你好，幸会！"吕腾飞和他团队的几个核心人员跟在周海涛的身边，像是他的马仔。周海涛向那些大佬们引荐吕腾飞，而晚辈们在跟周海涛打完招呼也会努力地去结识吕腾飞，跟吕腾飞交换名片，互留微信。

许湘站在一个角落里，她一向远离热闹。红土地不是她的项目，她本不想来，但周海涛说这是整个公司投行部门的活动，让大家都要参与，还要邀请机构的朋友们来。郝仁怀看到许湘，走过来打了个招呼，又低声说："你看看吕腾飞那个样子，小人得志。"说完又走开了。许湘面无表情，她根本就没留意吕腾飞。许湘看到自己的助理 Diana 非常活跃，巧笑倩兮地到处发名片。Diana 虽然外面穿了件西装外套，但是内里是件低胸吊带，低得不用伏身，半个胸都明晃晃的。每个交换名片的男人都会直勾勾地看一眼她的胸，边上还有几个男人假装心不在焉地听虫草的介绍，用余光去扫她的胸。许湘想起自己的衣柜里，常年只有黑白灰，不是职业装就是休闲装，她不知是因为没有约会，才没有约会装；还是因为没有约会装，才没有约会。

这几年，衣服越买越少，该有的经典款都有了，她是个极简主义者，不愿在这些外物上多花时间和心思，是不是自己太不女人了，她暗自检讨。解进也引起了许湘的注意，他穿的西装很合体，衬出修长的身材，他也四处寒暄，看上去和谁都能搭上话，是位自来熟选手。

左彬来了，径直走到许湘身边，他是许湘拉来充数的。许湘见到左彬，立刻觉得舒畅很多，不那么拘束了。

"今天真热闹！"左彬说。

"都是像你这样被拉来的呗。"许湘说。

左彬突然看到一个熟悉的面孔，用目光示意许湘说："她也来啦！"

"是啊，我的助理Diana。你不就喜欢胸大的吗，应该是你喜欢的那类。别急，我等会儿就给你们介绍啊。"

"你瞎扯什么呀，我是说那边那个女的，和一个帅哥在聊天的那位！"

"不认识。"

"她你都不认识？李兰君啊，秋实基金公司的投资总监，人称基金一姐。"

"是么，这样的女人应该人狠话不多啊，怎么和我们公司新进的员工能聊起来。"

"长得帅呗。"

李兰君是基金圈子里明星中的明星。有她这个超级巨星在，秋实基金公司的基金总是卖得特别火爆，常常一天销售上百亿。但李兰君自己管的基金却总是封闭，投资者想买也买不到，而

涨跌之间 | 85

市场上那些打着李兰君名声销售的百亿级基金却并不是李兰君管理的。很多其他基金公司的人都酸溜溜地说秋实基金公司玩的是挂羊头卖狗肉的游戏。"人家秋实基金公司好歹还有个羊头，好多基金公司只有猪头啊！"左彬嘲起人来一点不留情面。

李兰君正和解进聊着，远远地也看到了左彬，她朝左彬抬了抬手，算是打了个招呼。在那年的金牛基金颁奖典礼上两个人有过一面之缘。

左彬和许湘聊着，又看到一个熟人，是白石通。只要是热闹的地方总是能看到他。但左彬不想和他打招呼，他觉得上次差点爆仓是着了白石通的道，心中还有怨气。他转过身，背对着白石通的方向，让白石通看不到自己。

会场里的很多人都认识白石通，但愿意和他交谈的人却不多。他主动地走到周海涛面前，打招呼说："周总，海涛，老朋友别来无恙啊！"

周海涛正在和别人谈笑，被白石通一叫才转过头来："喔，是老白啊，好久不见好久不见！"

白石通正想多和周海涛寒暄几句叙叙旧，周海涛抱歉地对他说："我那边还有客人，你随意啊。"说完便带着吕腾飞等一众马仔走开了。白石通只好说："您忙，您忙……"路演活动还没结束，白石通便悻悻地离开了。

白石通最近的心情很不好。在玉龙医药上好几个配资客户爆仓被强平，有两个彻底还不上跑路了，销声匿迹。金主和白石通闹起了纠纷，威胁要打官司。白石通拿出合同，按照合同他的公司确实不承担任何责任，但他还是把中间赚的利差吐了出来，避免麻烦。损失更大的是白石通在圈子里的声誉。好几家基金公司和券商因为听白石通告诉他们玉龙医药的内部人找他配资而买进了玉龙医药，结果损失惨重，现在这些人，包括左彬，都认定白石通帮着玉龙医药把大家给坑了。其实白石通很冤枉，故意坑人的事他是从来不做的。叶善武确实安排玉龙医药的内部人在他这里配了资，后来他硬着头皮打电话给叶善武问为什么明知道要出利空还要配资。这么做其实是违反规矩的，配资的人只要守着风控底线，没到强平，按时付利息，不用来解释为什么要干配资，就像拿裸照放高利贷的不会像银行一样去问借款人的借款用途。但叶善武不是金融圈内人，不懂那么多规矩，还是回答了白石通的问题。叶善武告诉白石通，他们配资纯粹是因为股东缺钱。股东有一笔贷款要先还再借，中间缺一笔过桥的钱，所以就通过配资的方式，先倒个手，等钱到了再倒回去。

"缺钱的话，直接卖股票不就行了！还费劲搞什么配资过桥！"白石通觉得叶善武没说实话，这就像老式动作片里面的坏蛋，明明有枪却不用，非要徒手和主角较量，最后被打残了，叶善武想用电影里的荒诞故事来糊弄白石通是糊弄不过去的。

"俺们不想卖股票，俺们还看好俺们公司。"叶善武说。

跌六个跌停还看好公司，白石通心想这家伙不是傻就是坏。

"那你们还可以做股票质押借钱呀！"

"股票质押？那是个什么东西，俺们没听说过呀。上次跟白总您见面的时候您也没提啊，我说要借点钱，您就说了配资啊。"

白石通被他堵得哑口无言，心想这家伙实在太会演戏。后来玉龙医药的季报出来，大股东减少的股份数量的确和在他这里配资买入的股份数量一样，叶善武并没有说瞎话。白石通感觉像吃了个大苍蝇，人家只是借笔钱过桥，他和他的朋友圈却以为他要做庄干票大的，结果好多人自己输得倾家荡产。虽然朋友中好多人中了玉龙医药的招，但白石通自己却没有买玉龙医药，更没有配资。他有个原则，只做中介，绝不用自己的钱入套。这源于他早年的一次教训。

(11) 生死一线

投机者最大的幸运,是一开始就爆仓。

白石通入行极早。他大专毕业后进入一家银行的证券部工作。当时证券市场刚刚起步,还没有后来的银行、保险、证券"分业经营、分业监管"的概念,有些银行可以设立证券部开展证券业务。记得上班后不久的一天领导过来问:

"你们中谁打电脑打得快?"

公司的老员工都面面相觑,白石通玩过386台式机,就毛遂自荐说:"我打得快。"于是他就成了公司的出市代表,或称证券交易所场内交易员,俗称"红马甲"。

"红马甲"在最早玩股票的老股民眼中是颇有魔力的一群人,是证券市场专业人士的代表。其实他们并没有什么魔力,对分析股票也不专业,最重要的技能就是打电脑打得快。最初证券市场的技术条件比较落后,当时整个中国的通信技术都很落后,证券公司在营业厅里接到散户的委托单子,便用电话打给场内的"红马甲","红马甲"把单子飞快地输入电脑。在开盘的四个小时里,"红马甲"一刻不停地把单子输进电脑,不需要也没空动别的脑筋。很快交易所的技术系统升级,单子不用再通过电话报给"红马甲",场外也可以通过电信专线报单,"红马甲"的工作才轻松了一些。

工作闲下来,白石通就展现了他天生的交际能力。他很快和一批"红马甲"都成了好朋友,得到各种各样的内幕消息。他也偷偷用亲戚的名字开了股票账户,拿自己的钱玩玩。

1995年的年头上交所的国债期货火爆了起来,327国债的价格噌噌地上涨,到了一个不可思议的高位。白石通听万国证券的"红马甲"朋友说他们公司会全力做空,这个价格肯定挺不住,于是他也跟着做空。那几天价格忽涨忽跌,白石通心神不宁,跌了就高兴,涨了就紧张,万国的席位的确在大举卖空,但价格却不跌,他觉得不太对劲。

一天他发现一个中字头的席位上来了两个陌生人,操着北京口音,然后那个席位一直在做多。那个席位的"红马甲"叫周海涛,就是后来海明证券的总经理,也和他认识。借着休息的机会他问周海涛那两个陌生人是什么来历。周海涛说他也不认识,只听说是财政部某个下属单位的。白石通马上回去把自己的空头仓位换成了多头。

2月23日这天让白石通终生难忘。早上财政部出了公告,空头宣告失败,327国债大涨,到下午涨势加速,白石通眼看着自己赚到了10万、20万、50万,正当他喜出望外的时候,最后十五分钟市场风云突变,327国债开始暴跌,一瞬间他的利润化为乌有,转为亏损,转为爆仓,强平都来不及了,收盘时他倒亏了20万。那时白石通一个月工资几百块，内环的商品房一千块一平米，20万简直是个天文数字。

收市后，白石通默默地走出上海证券交易所，当时上海证券交易所位于黄浦路15号，原来的浦江饭店内。他独自一人走到外白渡桥上，望着桥下的江水，望着黄浦江对面即将完工的东方明珠电视塔，觉得十分茫然。二月的上海寒风刺骨，他身上衣着单薄，薄薄的红色马甲完全不挡风。他正犹豫着究竟是向公司自首，还是从桥上跳下去，还是冲到桥面中间被车撞，突然听到有人在叫他。

"白石通，你快回去，你们公司在找你呢，最后十五分钟的交易被取消了！"

白石通大难不死逃过一劫，还略微赚了点钱。从此他再也不敢用自己的钱赌，再也不敢放杠杆，坚定只做中介，决不入套。后来他所在的单位成为独立的证券公司，他被调到营业部工作，逐步升任营业部经理。他的那些"红马甲"朋友有些成为证券公司的领导，有些去了基金公司，有些发了财又破产，有些破了产又发财。

两年后，上海证券交易所迁址浦东陆家嘴。新址位于浦东南路，靠近陆家嘴东路，这里是陆家嘴的中心区域。马路的对面是东方医院，浦东新区最早的一所三甲医院。有人说，浦东南路就像是一条生死河，渡过来的可以在上交所敲钟，渡不过来的就要到东方医院等丧钟。因为民营企业的老板把自己公司搞上市就像是过一次鬼门关：先要连续三年满足上市的利润指标，同时要规范化。所谓规范化，就是把过去少交的税全交了，把少交的社保和公积金全交了，把不该报销的费用全剔除出来，还要查祖宗三代，查到每一个股东的背后究竟是谁。这些统统做规范了，然后去排队。普通人排队最艰辛的也就是春运买张火车票或是等什么新款手机上市，排三天三夜了不起了，上市排队要排多久没人知道，有可能是三个月，有可能是三年，也有可能更长。其间每一年都要满足上市的利润指标，一旦某一年不达标，回去重来，等三年满足指标了再说。很多民营企业家倒在了上市的鬼门关前。

早上，红土地股份有限公司的上市敲钟仪式在交易所大厅举行。贾步四和周海涛携手敲响了红土地的上市钟，边上的吕腾飞和红土地公司的高管们齐声鼓掌祝贺。这一刻贾步四仿佛抵达人生的巅峰。

中午，左彬在上交所附近的恒悦轩请中学班长葛飞吃饭。葛飞当年是班里成绩最好的，考进了上海交通大学计算机系，毕业后到上海证券交易所工作，现在已经做到了技术总监的级别。左彬和葛飞原本除了同在中学同学微信群里，并没有多少联系，几个月前赵小虎跳楼自杀的事情让两个人又搭上了线。左彬知道葛飞在上交所工作，与自己也算有交集，便约了时间出来叙叙旧。两个人先谈到赵小虎，都一阵唏嘘，表示惋惜。然后谈到赵小虎跳楼的原因，左彬想到了那天玉龙医药放巨量天地板的事情。他总有一个疑问，那天在跌停板上扫货的到底是不是刘芳？

"你们交易所的人是不是能够看到一只股票当天是谁在买

进？比方说玉龙医药打开跌停又封涨停那天，成交量那么大，能不能知道是谁在买进？"

"要查当然是能查到的，不过我们内部有严格的权限，一般人是看不到的。"葛飞说，"玉龙医药那段时间是个热门股，我们是重点监控的，我看报告说抄底的主要是游资，公募基金和券商没怎么参与。"

左彬知道，葛飞已经透露给他能说的极限了。

"左彬，你做私募的，千万不要去搞老鼠仓、做庄、操纵市场这种事情。"葛飞认真地说。

左彬心想，葛飞当了交易所的部门领导，说话比当年做班长的时候更有领导派头。不过他知道葛飞向来正直，给自己的忠告绝对是为自己好。

葛飞继续说："我们交易所现在技术非常先进。用大数据分析，老鼠仓、做庄、操纵市场这种事情一抓一个准。以前他们搞做庄的，以为在全国各地不同地方开几百个账户就可以逃避监管，现在用大数据，你分再多的账户，手法再隐蔽，也能轻轻松松抓出来。"

左彬听了暗暗吃惊，觉得收获极大，比一百堂思想教育课还管用。他打趣地跟葛飞说："但是再高级的电脑程序、大数据什么的，也是人设计的呀，如果设计的人知道了其中的漏洞，比方说葛飞你吧，跳槽到我这里来，我们一起搞老鼠仓、一起做庄，岂不是就不会被发现了？"

"左彬，你就是脑子活络，会动歪脑筋。我跟你说，没用的。交易所的这套系统是在不断升级的。而且交易数据永远保存在那里，现在抓不出来，以后系统升级了，把历史数据拿出来跑一遍，照样把你抓出来。"

左彬知道，葛飞的聪明绝不亚于自己，有这样的人在交易所监控着，自己以后还是老老实实做交易。

"交易所的工作怎么样，好玩吗？"左彬好奇地问。

"嘿嘿，"葛飞笑笑说，"我们这儿叫鸟笼政策，刚进来的大学生待遇很高，把你养得好好的，让你不想往外飞。等过几年之后呢你就是想飞出去也飞不动了。我们就需要安安定定的人，不希望流动性太大。"

左彬心想，幸好没去交易所工作，否则以自己的性格一定憋出病来。

从上海证券交易所出发沿着浦东南路往南，经过四个红绿灯和一条地道，会见到一条不起眼的破旧小弄堂。弄堂口很窄，只能供一辆车通过，要么进要么出。但是每天早晨上学和下午放学的时间，弄堂口就会成为顶级豪车的停车场。BBA是最低档的，法拉利保时捷也很常见。不明原因的路人看到这排场，往往会去看看这弄堂究竟有什么特别。弄堂口看上去普普通通，甚至有些破破烂烂，只在一个很小的角落里挂着一块小牌子"依顿国际教育集团"。一看这个名字，立刻就能让人联想到英国大名鼎鼎的皇室贵族学校"伊顿公学"。但这个"依顿国际教育集团"和"伊顿公学"其实半毛钱关系也没有。尽管如此，这所国际化的幼儿园仍然成为在陆家嘴工作的家长争相把孩子送进去的目标。金融圈的人都想把自己的孩子培养成魔法师，不能和广大的麻瓜们混在一起。这条不起眼的小弄堂，就像是伦敦国王十字车站的 $9^3/_4$ 站台，穿过它，就到达了金融圈的霍格沃茨，开启了孩子的魔法师人生。

韩玫每天下午这个时候都会来接儿子放学。她是为数不多不开豪车的家长，因为她不喜欢开车，技术也不好，宁可打车出门。她接到儿子，用手机打车软件叫了一辆GL8，和儿子一起上了车。车开出一会儿，路过八佰伴，她看见一个背影很像自己老公的男人搂着一个女人进了商场，她担心自己看错，再看第二眼时已经消失了。她带着儿子和重重的疑心回家。

(12) 志在八方

炒股玩大了就叫并购。

许湘深夜被电话惊醒,是韩玫的。电话里的韩玫气急败坏,语无伦次,原来她发现老公出轨了。许湘也曾遭遇过爱情的背叛,她能理解韩玫此刻的心情,她劝韩玫先不要下结论,或许只是暧昧,而暧昧是这个时代的通病,多余荷尔蒙的释放罢了。韩玫说着说着就泣不成声,说她这些年在婚姻中的付出,说她的老公怎么没良心,接送孩子去几次画画班,就和美术老师搭上了,那个美院的研究生又美又年轻,所以她特别生气。中年危机,许湘在心里暗暗叹了一口气,这个坎也不知韩玫是否过得去,她听着没多说,韩玫在气头上,劝了也听不进去,于是约了第二天面聊。

下了班,许湘立马赶往约定的地点。

半岛酒店的圣诞树金灿灿的,穿着深红色裘皮大衣的韩玫远远走来,给这个老牌酒店顿添了几分光彩。这样一等一的妻子,还是遭到了背叛。许湘在心里不禁叹息。

"哦哟，这件裘皮大衣灵的，哪买的?"女人见面总是从赞美对方开始。许湘知道，现在的韩玫尤其需要被肯定、被赞美。

"香港代购的，今年的新款。"韩玫答。

"好看好看，你这么好看，就应该对自己好一点。"许湘继续夸。

韩玫坐在对面，还是让许湘感到了心疼，裘皮大衣很好看，半袖束腰款，颜色衬得本来就很白的韩玫越发白，但却掩不住她的黯然神伤。

许湘把圣诞礼物送给韩玫，法国的 redline 手链，细细的红线上一颗钻，非常适合韩玫。过了年就是她的本命年了，所以许湘早早就准备好了礼物。

韩玫拆开小礼盒，当场就戴上了，感动地说："还是闺蜜好。"

流年不利，红内衣和红线怕是都起不了什么大作用，心理安慰罢了。

"你老公的事，我感觉你想多了，可能没出轨，只是暧昧。"许湘直奔主题。

"我给你看他们的聊天记录，明显走心了。我把记录都拍下来了，以后做证据。昨晚我打给你，就是看了他们的聊天记录气死了。"

许湘看了一下韩玫拍到的记录，的确不止是暧昧。而且韩玫老公两次转账给对方，都是小几千，对方都没收，这只有两种可能：对方不图钱，或者对方图的是大钱。

韩玫这边，也将是艰难的一仗。许湘在心里又是叹息。

"但现在就算当场捉奸也没什么,最多财产分割上出轨方吃亏点。你还是要想清楚,这个男人你要还是不要。走心,这个年龄的男人还有多少心可走?走个心、走个肾,那也不过是个走字,还是会回来的。这种事长不了,最多一年半载。"许湘很冷静地给韩玫分析。

"谁能这么洒脱?共享老公?扫码骑一圈就给还回来了?关键是,我一直觉得全世界的人出轨我老公也不会,我一直很信任他,这种被信任的人捅了一刀的感觉你能理解么?我看到那些聊天记录气得全身都在抖。"韩玫说着说着又激动了。

"那你也出个轨,这样就扯平了,现在这算多大的事啊。"许湘继续安慰她。夫妻间的事,原则就是劝和不劝散。

"我会做这种事么?因为报复而出轨最傻了。"韩玫想也没想。

许湘理解韩玫,也相信韩玫。如果女人就分两类:会出轨的和不会出轨的,韩玫绝对是后者。因为她是一个非常自信的女人,为了保持道德上的自信她也不会出轨。她是个非常有底线的人。

然而道德是什么?道德是谁定的?道德又去约束谁?

男人喜欢出轨,和他们的生物性有关,雄性动物总是找尽可能多的雌性交配。当人类习惯了游走在边界之间,当人类发明了"灰色地带"这个词,当社会已不再把出轨当回事,男人的出轨就更肆无忌惮。尤其是,中国的女人还善于原谅。而且,中国女人对男人"不成功"的宽容要远远低于对"不忠诚"的宽容。

虽然许湘对不忠诚的男人也不待见，但她还是劝韩玫："婚姻说到底就是利益的捆绑，大家一起合营开个公司，把孩子拉扯大，一起面对各种社会关系。你理性一点，想清楚，现在公司散伙了对你和孩子更有利还是合营下去更有利。"

"我就是想不清楚，十年的婚姻，共有的东西太多了，主要是孩子。但是不离，这口气我咽不下。"韩玫说。现在的韩玫，脑子里乱极了。她想让许湘陪她去外面散散心，可是许湘工作太忙，她实在不好意思开口。

许湘继续劝她道："没想好时别跟你老公摊牌，你再观察一阵。也别告诉双方父母，把事情闹大。给自己留条后路。"

"嗯，晓得了。"韩玫应着，看了看表，已是晚饭时间，得赶回家吃饭，辅导孩子功课了。

出租车来了，许湘很不放心，陪着韩玫一起上了车。开到韩玫家的小区里，许湘看着她上了楼，才让出租车司机掉转车头，再开回自己家。此刻的上海华灯初上，是许湘最喜欢的时刻。上海的美就美在入夜，高架上的路灯一盏一盏点亮，高架上的车川流不息，带动着这个城市的活力和热力，所以才有歌词中的"夜上海，夜上海"……

这时，左彬打电话来。

"我昨天见了个老同学，突然想起个事。上次和你一起去见你的刘姐，虽然她什么都没说，也不知道她究竟有没有出手，但是不管怎么样还是请你帮我谢谢她。"左彬说。

"嗯，好的。"许湘还在想韩玫的事，脱口而出就问左彬，"男人出轨是什么心态？"

左彬被问住了，说："你怎么会问这种问题？"

许湘不想说是自己闺蜜的事，就说："上次朋友圈里转的那个金融八卦，有个大学教授出轨美女基金经理，然后回家了，你说那个男人是怎么想的？"

左彬不想让许湘觉得他洞察出轨男人的心理，于是说："我怎么会知道那个男人是怎么想的。这个问题你得问问有出轨经验的男人啊。"

"你不是吗？"

左彬的心又紧张起来。"呃……我可没出过轨，要不和你出一个？"他急中生智，将了许湘一军。

许湘被逗乐了，说："又没正经了，拜拜。"

此时，出租车上的电台在放林忆莲的《伤痕》："女人独有的天真，和温柔的天分，要留给真爱你的人。"这首老歌此时此刻是如此应景。现在的社会，还有真爱吗？

晚上回到家，许湘接到了刘芳打来的电话。

"刘姐，上次玉龙医药的事，左彬让我谢谢您。"许湘想到了刚才在出租车上左彬打电话关照的事，心想真是太巧合了。

"我有什么可谢的，他应该谢你才对。有你这样的红颜知己，真是他的福气！"刘芳道。

"刘姐，您又说笑了。"许湘道。

"有个事你看看能不能帮帮我。我们打算收购一家德国的制药公司。今天我见了他们的主要股东，达成了收购意向，后面要实质性推进了，事儿很多，我想请你做我们的财务顾问。你有空接我这笔小生意吗?"刘芳问。

"刘姐,瞧您说的。您这是帮我呢!只是我担心我能力不够,耽误您的事。"许湘参与过跨国并购,知道跨国并购的复杂性,所以不敢打包票。

"别这么说,你在外资投行干过,又懂医药,有这个能力。你来往欧洲也方便。再说总归要找个信得过的人。他们给我推荐大摩和高盛,但是哪里会有你贴心。这个项目大概一亿多欧元,财务顾问费嘛你给姐打个折,2%怎么样,会计师和律师的费用另算。你们公司别嫌项目小哦!"刘芳道。

"刘姐,您太照顾我了。"许湘心里很清楚,一亿欧元的项目,已经有明确的收购目标和初步意向,2%的财务顾问费绝对算很高了。刘芳几乎是在给许湘的公司送钱。当然,按照公司的政策,相当一部分会给到许湘个人。

"我让助理起草一份《财务顾问合同》,晚点发到你邮箱。"刘芳说。

"您什么时候回上海,我来找您喝下午茶,顺便签合同?"许湘觉得这重大的事情,应该当面感谢一下刘芳。

"你怎么知道我不在上海?"刘芳好奇地问。

"您昨天朋友圈里晒了文华东方的夜景图,我还点赞了呢。"

"噢,是的是的。你看我,脑子不好使了。我在香港还得待几天。签合同的事你公司里走完流程找我的助理就行了。我想你最好尽快先去一趟德国接触一下公司,把项目启动起来。"

"好的,谢谢刘姐,您总是这么照顾我,我一定会全力以赴的。"

放下电话,许湘立刻行动起来。公司并购是极其复杂的,不像货物买卖一手交钱一手交货这么简单。先要做尽职调查,主要是搞清楚目标公司的资产、负债、经营情况和法律上的重大事项,这些一般都委托专业的会计师和律师来做。然后就是最重要的谈价格,谈商务条件。等谈得七七八八了,再由律师来拟合同。有时买家还要配套融资。跨国并购还涉及两个国家不同的法律和会计准则,更复杂了几倍。如果说参与并购的公司老板们是这场战役的主帅,那投行就是总军师、总参谋,不仅要给主帅出谋划策,还要协调各个作战单位——会计师、律师,甚至组织弹药补给——给融资。

首先是要找称职的会计师和律师。跨国并购自然要找国际所,许湘有常年的合作伙伴。她先给 GMPK 会计师事务所的合伙人 Tracy 打了电话,GMPK 是四大国际会计师事务所之一,Tracy 说没有问题,GMPK 在德国也有分所,德国那边的工作可以由德国分所安排人,中国这边会派一个项目经理负责协调。许湘又给布劳恩律师事务所上海代表处的 Maria 打了个电话,布劳恩是德国排名前三的律师事务所。不一会儿,两家都发来了报价,都很合理。

最难的是给收购对象一个合理的估值,这关系到收购的价格。投行的工作中只有估值这部分和炒股票是有交集的。许湘立刻想到了左彬,他要是能帮忙那就太好了。

许湘立刻拨通了左彬的电话。

"这么快就答应和我出轨啦?"左彬调侃地说。

许湘被他逗笑了。刚刚和刘芳的通话让她的心情灿烂了许多,她索性就和左彬调侃起来。

"是呀,我这是来邀请你私奔呀。你想不想出轨,想不想私奔啊?"许湘调皮地问。

"私奔,奔到哪里去啊?"左彬问。

"德国。你前几年带全家去欧洲旅行办的多次往返签证,现在还在有效期吗?"许湘问道。

"在啊。"左彬回答。

许湘暗喜,便将接了刘芳并购德国项目的事大致跟左彬说了。

"律师会计师都请好了。怎么样,愿不愿意私奔啊?"许湘继续调侃。

"我从公募基金跳槽到私募基金,已经'奔私'过一次了,再私奔一次也无所谓啊。"许湘的忙左彬是一定会帮的,更何况是刘芳的项目,他正担心欠刘芳的或有人情该怎么还,有这个机会,最好不过,"别的没什么,我不懂德语啊。"

左彬说不懂德语倒是提醒了许湘。虽然德国人多半会说英语,但专业翻译还是需要的。德语翻译没有现成的人选,许湘想到了韩玫,她是做德国留学中介的,也许有合适的推荐。许湘马上打电话给韩玫,韩玫立刻推荐了她的小师妹何晶。何晶是上外德语系硕士,本科时去德国交流学习两年,与攻读硕士的韩玫在同一所大学,现在在一家翻译公司工作,快30岁了,仍然单身。韩玫那里翻译文书的活都交给何晶做,所以对她的翻译能力很了解。

"韩玫,你也和我一块去呗,就当是去散散心。"许湘顺便也对韩玫发出了邀请。

韩玫爽快地答应了,她本来就想让许湘陪自己去旅游散散心,现在正中下怀。

（13）他乡故知

> 谈判要有狠狠的诚意。

"你和孙老师怎么回事？"韩玫从半岛酒店回到家，吃过晚饭，忍不住跟李响摊牌。

"什么孙老师，什么事？"

"你还装傻？刚才我们一家人吃饭，你把饭菜都拍给她，孩子都告诉我了，你以为孩子小，什么都不懂，这么明目张胆。"韩玫愤怒地说，"我当面不去撕是我不屑，不想掉价，我告诉你李响，现在去调个开房记录和监控视频都不难，夫妻一场，我不想把事做绝，你好自为之。"那晚，韩玫等孩子睡了，终于爆发。

"真没有，我们就吃了个饭，她想毕业后来我们行里工作，找我多了解些情况，你真多心了。"李响还嘴硬，过来要搂韩玫。

韩玫心想一个学美术的要去银行工作，李响的牛吹得也太假了。她一把推开李响，说："别来烦我。滚客房去。"

"不，我就不去。"李响继续凑过来，想亲韩玫。

韩玫厌恶地把头别过，说："你不去我去。"

李响没辙，悻悻地去阳台上抽烟。

韩玫出来倒水喝，听见李响在阳台上打电话，声音压得很低，但压不住话语间透出的柔情。韩玫想探个究竟，悄悄走到阳台，拉开移门，李响一惊，赶紧收了线。

"跟谁通电话呢？我一来就不打了？"韩玫质问道。

"这不把事说完了么。"李响说。

"把手机给我。"韩玫很强硬地说。

"我看过你手机吗？"李响反问。

"我的你随时能看。手机给我。"韩玫坚持。

"别闹了。"李响侧身想走。

韩玫冷不防就夺过手机，滑开手机想看时发现已有密码。

"你什么时候开始设密码的？告诉我密码。"韩玫说。

"手机还我。"李响想夺回手机。

韩玫拉开窗户就把手机从12楼扔了下去。

李响叹了口气，却也没说什么，下楼去捡手机。

手机摔得粉碎，韩玫的心比手机更碎。李响明显走心了，亮亮告诉她爸爸把菜拍下来给孙老师时她就意识到了这一点。寂寞时想一个人不可怕，那只是寂寞；热闹时还想一个人，那才可怕，那是真心惦记。

有时候韩玫很羡慕许湘，虽然她总是一个人看烟花，但她是自由的。她不必陪着一个人看烟花，那人却把烟花拍下来分享给别人，那是三个人的悲哀。不过就算许湘这么好的条件，到现在不还是单着，找不到可心的人。如果自己离了婚，带着个半大不小的孩子，经济状况纵是中上，也是难找。中国的男人，大多很难接受带孩子的离异女人，如果离婚，就要做好孤独终老的准备。一直在顺境中成长的韩玫、一直被宠着的韩玫、一直被别人羡慕着的韩玫，真的做不了这样的准备。她去咨询了律师，律师告诉她，她老公是银行行长，出轨的事传出去对他的职业前途很不利，所以她可以多提要求。大不了打离婚官司，最差也是一人一半。打离婚官司不管男女双方分得多少钱，律师总是会赚得钵满盆满，所以律师一个劲地怂恿她离婚。然而韩玫还没决定离，十年的婚姻怎么能说散就散，孩子和爸爸父子情深，有时候她听着孩子一声声地叫"爸爸"，也觉得不忍离。她并不怕离婚，只是怕离婚给孩子带来的影响。虽说虚伪的婚姻比单亲家庭给孩子的伤害更大，中国式的婚姻哪个不虚伪？就连美剧中也说，"婚姻靠假装"。婚姻哪有什么真相？都是虚假繁荣。

可是韩玫也不能确定，自己能否磨去心里的这根刺，忍下去、装下去。这时，她接到了许湘的电话，问她要不要一起去德国散个心。这正中她下怀。韩玫想出去几天，这边委托律师安排了眼线，看看李响在她出去后的表现。如果他及时回头，这事或有转机，但如果李响趁她走了就变本加厉，韩玫打算恩断义绝。

人生哪有什么初见，抬头不见低头见的是自己不讨厌的人，就该谢谢岁月了。

韩玫开始觉得李响讨厌，他处处讨好，却身在心不在，因为孩子而维系的婚姻，不要也罢。韩玫开始和李响冷战：正式分房睡，对李响不闻不问，李响微信上找她，除了和老人孩子有关的，其余的统统不回。那些拉男人回家的行为她不屑去做，因为她是韩玫。经历了这些，开始认真思考离婚的韩玫，深深地感到：什么时候女人从抢男的战场上撤离，什么时候离婚带娃的女人在婚恋市场上不被鄙视，才真正实现了男女平等。

元旦过后，一行五人坐上了上海飞往慕尼黑的班机。许湘、左彬、韩玫三个人坐在一起，许湘坐在左彬和韩玫的中间。何晶和 GMPK 会计师事务所的项目经理李查德坐在一起。冬天的慕尼黑，阴凉萧瑟，五个人平安落地。

韩玫之前就联系了留学时的两个同学，把这几天的行程安排得非常丰富。下了飞机，热情的老同学 Franz 就前来接机，Franz 开了一辆奔驰的商务车，一出场就惊艳了三位女士，又高又帅。

许湘和左彬还没顾得上倒时差，在酒店放了行李，换了身衣服，就在酒店大堂和布劳恩律师事务所的德国律师会合，然后带着何晶、李查德和律师直接去了目标公司谈项目。

那家被收购的公司叫 ASE 公司，是德国大型药企 BY 公司的子公司。和许湘接洽的是 BY 公司的高级副总裁 Schulz。德国人素以严谨著称，在他们来之前，就将 ASE 公司的基本资料准备妥当。在 BY 公司的会议室里，Schulz 向许湘一行人介绍了 ASE 公司的基本情况。ASE 公司的产品很单一，生产自己研发的一种安眠药。这种安眠药和市场上常见的安眠药的机理有些不同，疗效因人而异，比市面上常见的安眠药并没有明显的优势，价格却要贵一些。安眠药市场竞争激烈，每家的产品各有千秋，ASE 公司的产品因为性价比不占优，在欧洲市场上的占有率也不高，在欧洲以外的市场上就更少了。左彬看了 ASE 公司最近几年的销售收入和利润，觉得一亿欧元的价格真不算便宜。但是现在还不是谈价格的时候，先要做尽职调查。律师和李查德分别向 Schulz 提供了尽职调查要提供的资料清单，这个清单几天前已经通过电子邮件发给了他。Schulz 看了邮件后说没有问题，第二天会计师和律师就可以开始入场做尽职调查。

离开了 BY 公司，Franz 和韩玫在门口等着接他们。

"Ihrseid also hier！"Franz 说。何晶在边上翻译："原来你们来了这里。"

"Sie sindjetzt in Schwierigkeiten.""他们公司现在日子不太好过。"

Franz 也在一家跨国药企工作，每两三个月就要出差去中国，他对中国很有好感，所以大学时和韩玫这样的中国留学生关系不错。BY 公司恰是 Franz 所在公司的竞争对手。Franz 随口说的一句话提醒了许湘和左彬，他们之前只分析了 ASE 公司的资料，却没有去分析 BY 公司。BY 是德国的上市公司，资料应该不难找。于是许湘立刻给自己的助理 Diana 打了电话。

接电话的却是解进。

"Diana 在吗？"许湘问。

"许经理啊，戴姐还没到公司，您有什么事我转告她吧。"解进说。

许湘看了看表，算了下时差，上海的时间应该是上班时间了。"不用了，让她到公司以后打我手机。"许湘觉得事情重要，不方便告诉一个轮岗的员工，还是亲自交代 Diana 比较好。

二十分钟后，Diana 才打来回电。

"许总，不好意思，路上有点堵车，我迟到了。"Diana 在电话里说。

"Diana，我现在在慕尼黑，在谈领高资本收购 ASE 的项目。你帮我到网上收集一下 ASE 公司的母公司 BY 公司的资料，然后发邮件给我。是的，那是家德国的上市公司。"

回到酒店，大家都很疲惫，各自回房。许湘倒在床上，上了 Facebook，脸书上的联系人基本是她美国留学时的同学和已经移居海外的朋友，也就出国的时候她会登录冒个泡，看看这些人的近况。突然，推荐联系人里出现了她的初恋，看着熟悉的英文名 Lawrence Xu，她心里咯噔了一下。Lawrence Xu 的中文名叫徐一帆。迟疑了几秒，她还是没加，有什么加的意义呢？他是个什么时候做什么事的人，一步都不会踏错，估计刷几刷，就会看到他和家人旅行的照片。所有的同学和朋友，在脸书上都活得那么好，全世界地跑，身边家人朋友围绕。看着看着，睡意袭来，许湘沉沉睡去。

第二天，许湘的邮箱里收到了 BY 公司的资料，是从解进的邮箱发过来的。左彬在房间里看了半天，给许湘建议道："BY 公司这两年的经营状况不太好，股价一直在下跌，他们的 CEO 正面临董事会很大的压力，如果今年的业绩继续下滑，CEO 的位子都要保不住了。ASE 公司是他们手上无关紧要的资产,卖了可以实现一大笔收益,对他们今年的利润会有很大的帮助,所以他们应该是很想卖掉的。参照最近几笔全球医药公司并购案的估值,以 ASE 公司现在的状况,一亿欧元是不便宜的,9500 万欧元比较合理。但是我觉得,既然他们急于出手,我们可以还价 9000 万欧,甚至 8500 万欧。"

许湘点点头,心里很感谢左彬。许湘说:"我们等到尽职调查结束,再跟 BY 公司谈谈价格。"

这几天,他们一直酒店、BY 公司两点一线,没去任何景点逛。左彬该了解的情况都已经了解,不需要再跟着尽职调查,再加上自己公司工作也很多,打算提前离开。谈判地离慕尼黑市政厅广场不远,许湘和左彬步行去了那儿。夕阳西下,市政厅广场的钟楼开始了整点报时,钟楼里的玩偶开始随着音乐转圈,两个人看着吹拉弹唱的玩偶,觉得此时此景真是美不胜收,他们仿佛又回到了无忧无虑的学生时代。

左彬看到远处有商店的招牌,便说:"我们往那边去看看,我听说德国的刀具和瓷器不错。我想给家里买点东西。"

"我们左总真是个好丈夫、好父亲,身在德国心在家。"许湘有些酸酸地说,"你看你多幸福,家里有人等有人盼,哪像我,连个关心的人都没有!"

走到跟前才发现商店没开门。

"哦哟,德国的商店周日是不开门的。左总给太太献殷勤的机会都没了。"许湘说。

"没事,我到机场免税店去买。"左彬说。

此时的广场上,还有两个沉浸在音乐中的人,韩玫和

Franz。韩玫在德国留学时就和 Franz 很聊得来,但当时,她总觉得那双蓝眼睛时刻提醒她,人种不同,无法相融。所以当年,她并未接过他深情的目光。Franz 是个典型的日耳曼帅哥,1 米 86 的身高,湛蓝湛蓝的眼睛,至今未婚。当然,在德国 35 岁的男人未婚很正常。

这几天,这位德国帅哥竭尽地主之谊,晚上都接韩玫出去晚餐,今天说是因为难得的大晴天,不能辜负了美好的阳光,一早就出来陪她逛。两个人逛着,韩玫能感受到 Franz 眼中的情意,她知道,在留学的时候他就喜欢她,那时的他,就能体察她情绪的变化,有一阵她心情很不好,Franz 会特意在课间休息时走到她面前问:"Meh,什么事不开心?"

钟楼的音乐响完,Franz 问韩玫:"你知道我们这为什么会有这个钟楼吗?"

韩玫说:"不知道,我就觉得,这些木偶的制作工艺太令人惊叹了。"

Franz 继续说:"16 世纪初,我们这曾发生了大鼠疫,慕尼黑成了空城。后来威廉五世公爵为了恢复和重振慕尼黑,举行大婚庆典,游行庆祝,慕尼黑从此恢复兴旺。为了纪念这次转衰为盛的大庆典,后来市民们就在市政厅的钟楼上做了这个木偶报时钟。"

"所以每当我不开心,或遇到困难时,我都会来这里坐一坐,然后运气就会变好。Meh,告诉我,你是不是不开心?"Franz 看着韩玫的眼睛,很认真地问。

韩玫听到这句学生时代就常听到的问句,眼泪就快要忍不住流下来，此刻的她，真想倒在这双蓝眼睛的怀里好好哭一场。

"送我回酒店吧。"韩玫忍住了眼泪说。

Franz 慌了，马上开车送韩玫回了酒店。到了酒店门口正想告别，韩玫说："你别走。"

于是他停好车，跟着韩玫进了酒店。

（14）心意难平

谁能与我共饮，一杯复一杯。

许湘和韩玫在德国的第五天，终于得空去酒吧泡一个下午。

韩玫找了一家能抽烟的小酒吧，叫了两杯威士忌，买了包 Mild Seven 和一个打火机，坐了下来。

"你说奇怪不奇怪，我们在国内抽就感觉像坏女人似的，在这里，就没这种感觉。"韩玫说。

"可不是么，氛围不同。看到女人抽烟就认为她是个坏女人是一种偏见，我们自己不存偏见，也不用去理会偏见。"许湘说。

两个人说着话，有个老外来问韩玫借火。借完火问韩玫要不要坐到他们一桌去，韩玫礼貌地拒绝了。

"你看你多有魅力。"许湘揶揄道。

"啥魅力呀，不过是西方人的猎奇心罢了。ONS，我是放不开的。"韩玫吐了一口烟，若无其事地说。

"我读 MBA 的时候人家就说 MBA 是 Married But Available，

你虽然已婚,但也可以 available 嘛,廊桥遗梦一把呗。"许湘坏坏地说。

"哎,我说,都说金融男渣,金融女也挺坏的啊,哪有鼓励别人一夜情的。"韩玫边说边拍了许湘一记。

"好女人上天堂,坏女人去任何她想去的地方。"许湘悠悠地说。

"Franz 是个绅士,吻了我的额头,说喜欢我,我推开了,他就告辞了。"韩玫说罢叹了口气。

"你个没出息的,手持金樽空对月。"许湘也跟着叹了口气。

"我没想好。一夜情是不懂事的孩子们玩的,成年人总要为自己的行为负责。我们总以为外国人很随便,其实不是的,他们对自己是认真的。你看外国人有人结婚的次数是有点多,但他们对每一段婚姻都忠诚,这总好过在从一而终的婚姻中持续出轨。"韩玫说。

说着说着一支烟就抽完了,此时酒吧里放的是"Casablanca",两个人都没再说话,想静静地把这首歌听完。

歌曲终了,许湘开了口:"我跟你说,徐一帆加我 Facebook 了。"许湘把第一杯酒喝完了,又要了一杯。

"徐一帆?你的初恋吧?加呗,干吗不加。闲着也是闲着。莫文蔚就嫁给了初恋,说不定你初恋也离了呢?"韩玫极力怂恿。

"离了也不嫁。"许湘想起往事,还是有点负气。

"你呀,就是太骄傲。"韩玫掐灭了第二支烟。

天色渐晚,此时的窗外开始飘起小雪,而飘着音乐的小酒吧却显得格外温暖。

两个人调笑间,眼尾的余光感受到邻桌几个西方男人热辣的目光,于是两人很默契地决定,不能贪恋此地的温暖,还是去电影院更安全些。电影院门口的海报是 *Call me by your name*,两人上网一查,看到说这部片子获第90届奥斯卡最佳男主角提名,于是就买了票进去看。也只有在电影院,才能静下心来看节奏如此缓慢的小清新电影。

"初恋有多纯粹,就有多无奈。"许湘看完后感慨。

"是呀。但我不明白,男主明明是 gay,喜欢男二,为什么还要去和小姑娘搞?他是为了确定自己的性取向?"韩玫不解地问。

"不是的,他只是为了让对方吃醋。初恋时,我们不都一样,试探、欲言又止、欲近又远,为了激起对方的表白,不惜找个喜欢自己的在一起,看对方的反应。"许湘说。

"有道理,我是看不懂同性之爱。如果不是同性恋该多好啊!"韩玫也感慨。

"你不懂了吧,同性之恋是少数人的感情,少数人走的路总是艰难些,他们看这个世界的角度也不同。"

"影片里提到的西班牙著名导演布努埃尔(Buñuel),他导的很多片子都聚焦少数人群,大众生活有什么看的,大家都这样活过、爱过、破碎过,大多数人都破罐破摔了,只有少数人能重建重生,这些少数人的故事才有看头。"许湘说。

"那要不咱俩拉拉一把,让我体验一下少数人的情感?"韩玫打趣道。

"去你的，我只喜欢男人。"许湘笑了。

"你喜不喜欢左彬？他倒挺敬业的，前天就飞回上海了，要不我才不会拉着你泡吧，我会躲得远远的，给你们制造机会。"韩玫开始八卦。

"喜欢是一种久违的情感，我都忘了是什么样的感觉了，你不觉得吗？年轻时候的情感像 wifi，选择多多，连不上这个就连那个，连连断断，一不留神就中毒；而成年人早已练得百毒不侵，情感世界已接近绝缘体，很少对外界开放，而一旦感受到同频共振，必定非常强烈。成熟后的爱很难剥离，一旦剥离就血肉模糊，所以我不想再去爱谁了，太累了。"许湘一口气说完。

"为什么不去爱？无论什么年龄，我们都要去爱。如果李响和那个女人是真爱，我就离。我鄙视在婚姻的幌子下放纵自己的欲望，如果他们是真爱，我就是那个幌子，我才不要做幌子，这是对我的侮辱。"韩玫说。

"什么是真爱？你还相信有真爱？"许湘说道。

"别说我了，你还是别放过任何一个机会，去见见徐一帆呗，说不定还有感觉呢？"韩玫又建议。

"再说吧。"许湘意兴阑珊。

许湘和徐一帆从大学一年级就开始谈恋爱了。徐一帆也是学医的，许湘在上海第一医科大学，徐一帆在上海第二医科大学（后来并给了上海交通大学，成为"交通大学医学院"）。他们是在一次寝室联谊活动中认识的。那时候流行一所大学的一个寝室结对另一所大学的一个寝室，男生女生一起去公园烧烤、划船之类。这种联谊活动一般都以促成一对恋人而散伙，许湘和徐一帆就是那对被促成的恋人。

两个医学院离得不远，坐三站公交车就可以到。两人每周约会一次，有时是徐一帆去找许湘，有时是许湘去找徐一帆。徐一帆去找许湘的时候总是在校门口或是宿舍的大门口等，也不在校园里牵手逛，而是在外面活动，所以那时候左彬只知道许湘有男朋友，从来没见过徐一帆。

毕业后许湘进入一家跨国药企工作，在采购部。徐一帆读的是本硕连读，还有三年才能硕士毕业。许湘的公司在张江，离市中心很远，她就在浦东租了个一室一厅的房子，离上班的地方近。平时两个人一个要上班一个要上学，离得又远，就不再约会。周末的时候，只要许湘不出差，徐一帆就会来找许湘，在她这里过个周末。为了方便徐一帆，许湘把小屋的钥匙给了他一把。

这样又过了两年，徐一帆说打算硕士毕业后继续到美国深造读博士，不过会先和许湘结婚，结婚以后一起去美国，许湘可以去陪读。许湘是个要强的人，想纯粹陪读一定很无聊，不如也去读书，读个MBA，所以也开始读GRE、GMAT，参加考试，准备申请美国的大学。

周末，在许湘的小屋里，徐一帆正在做毕业课题写毕业论文，他一边写一边频繁地发着短信。许湘瞄了一眼他的手机，发消息来的人叫李莉娜。许湘便问他，这个人是谁？徐一帆说是他同一个课题组的研究生同学，外地本科毕业以后才考过来的，他们是在讨论课题的事。许湘也就没有再怀疑。

一天,许湘接到了出差的任务,和部门经理一起去拜访几个外地的供应商,要到下周二才能回来。她告诉徐一帆周末在外出差不回家。周日中午在拜访完一家供应商后,部门经理接到电话,原打算周一和周二要拜访的那家供应商临时有别的安排,不方便接待,希望他们改日再去拜访。于是他们便改签了机票,周日下午就飞回上海。许湘算了算要到七八点钟才能回到家,第二天还要上班,就没有告诉徐一帆。

晚上七点多,许湘拖着行李箱回到自己的小屋。在门口她拿出钥匙准备开门,突然听到有声音,似乎是从屋内传来,但又不能肯定,老公房的隔音不太好,也许是从隔壁传出来的。许湘心中疑惑,轻手轻脚地用钥匙打开房门。厅里没有开灯,但房间的门半掩着,里面有灯光,很昏暗,应该是台灯开着。可是那声音,分明就是从房里传出来的,难道进贼了?许湘不敢贸然行动,悄悄从门缝里看,天啊,是徐一帆躺着,一个女人伏着,长发散落在他的腹部,他一边发出重重的喘息一边说"太爽了,莉娜……"许湘再也看不下去,行李箱重重地倒在地上,夺门而出。

跑出去挺远,才听到后面徐一帆叫她的声音,但她一步也不想停下来。

当天晚上,徐一帆打来十几个电话,她都没有接。最后徐一帆发来一条短信,写着:"对不起,我是爱你的。"

许湘不屑地苦笑着,立刻就删除了。她拉黑了徐一帆所有的联系方式。

她在附近的一个商务连锁酒店里开了个房间,脑海里反反复复地出现刚才那个不堪的画面,她听见自己心碎的声音,一夜无眠。第二天一早,她向公司请了假,回到租的房子,里面打扫得很干净,但她觉得满屋都是肮脏的气息,耳畔还萦绕着昨晚听到的声音,她觉得连一分钟也待不下去了。她通知房东说她提前退租,押金不要了。她收拾了自己的东西,把所有徐一帆送给她的东西、带着徐一帆印记的东西都扔进了垃圾桶。房东来了,她做完退租的交接,便搬到商务酒店临时过渡。三天后她又在别处临时租了房子。

不久后许湘的爷爷去世,而奶奶早在五年前就已过世。父亲和父亲的兄弟姐妹们因为遗产争得不可开交、反目成仇,最后还闹上了法庭,许湘在上海的亲戚们也都不亲了。她突然觉得对上海的一切都感到陌生,一心想离开。她以优异的 GRE 和 GMAT 的成绩申请了一所美国大学的 MBA。

那段工作经历也并非一无所获,她认识了刘芳,认识了韩玫。韩玫比许湘低一届,也是刚毕业新进公司,和许湘很相投,她只知道许湘和初恋分了手,但不知道细节。许湘对谁都没有说起过导致分手的那件事。

后来徐一帆也去美国读博士,在他的帮助下,李莉娜也去了美国。但他俩没有结婚,李莉娜一到美国就把徐一帆甩了。

（15）抉择之难

所有的久别重逢都是蓄谋已久。

下了飞机，许湘便和韩玫、李查德、何晶分道扬镳。韩玫打车，李查德和何晶坐地铁，许湘坐磁悬浮。磁悬浮列车快速便捷，终点站离许湘家很近。

许湘走向磁悬浮车站，突然听到背后有人叫她的名字，她转过身一看，一个穿着米色风衣的高大男人也拖着一个行李箱，正朝她走来。她一眼就认出了那个男人，正是徐一帆。

许湘毫无心理准备，瞬间觉得有些手足无措。倒是徐一帆大方地跟她打招呼："你好！真巧啊，没想到在这里遇到你。"

"是啊，真巧啊！"许湘顺口回答。

"你是刚下飞机？"徐一帆问。

"是的。我刚出差回来。"许湘说，"你呢，你是赶飞机还是刚下飞机？"

"我是坐飞机回美国，不过离航班起飞还早。你要是有空的话，我们找个地方坐一会儿聊几句？"徐一帆提议。

许湘迟疑了一下,点点头同意了。

两个人就在候机楼里找了一个咖啡厅坐下。

"许湘,你看起来一点都没变啊。"徐一帆说。

"你也没怎么变啊。"许湘说。

"我在Facebook上加了你好友。"徐一帆说。

"我在国内用不了Facebook。"许湘想起前些天在德国时看到了徐一帆的加好友邀请,但是却没加,心里有些尴尬,便借口搪塞了过去。

徐一帆倒不以为意:"我找你聊是因为我有回国创业的想法。"

"哦。"听到徐一帆说想创业,许湘出于职业的本能略微提起了些兴趣。

这么多年过去了,时光在两个人身上好像都未留痕,再见时,依然是当年那个人。许湘的心中已经没有什么伤痛,但同时对徐一帆也没有了什么特别的感情。时间抚平了恨,以及爱。许湘觉得眼前只是一个认识的人,她都想不出能跟徐一帆聊什么。只是说到创业,总算是跟她的投行工作有一点搭边。

"创业做什么呢?"许湘问。

"基因靶向药研究,"徐一帆说,"我现在在美国就是做这个的。这是我的名片。"徐一帆递上他的名片。

许湘接过名片,礼貌地端详了一会儿,是一家基因技术公司,徐一帆的职务是副总裁。

"基因靶向药现在可是热门呢!"许湘说。

"是的。"徐一帆又进一步说了他在美国的公司具体做些什么研究,有哪些先进的技术,有怎样的应用前景。许湘其实没听懂多少,只回想起当初徐一帆也喜欢这样滔滔不绝地讲她听不太懂的话。那时候虽然听不懂,但她很有兴趣听,而现在则没有那么大的兴趣了。

"你有没有详细的介绍,可以发邮件给我。"许湘说。

"好的。你从前的邮箱还能用吗?"徐一帆说。

"哦,从前的不用了。"许湘从包里找出一张名片递给徐一帆,"你发到我名片上的邮箱吧。"

徐一帆也看出许湘对技术问题兴趣不大,便扯开话题说:"你老公怎么没来机场接你啊?"

"我没老公。"许湘淡淡地回答。

"Sorry,"徐一帆赶紧道歉,"我不知道你的情况,还以为你成家了⋯⋯"

"没事。"许湘说,又随口反问道,"你在美国怎么样?"

徐一帆说:"美国么,外人看着是挺好,可是像我这样的华人也就是打工的命,要想做到公司的高层是很难的,要创业就更难了。我想回国来做点自己的事,这次回国就是先来看看,待了一个多月,收获挺大的。上海的变化实在是太大了。我觉得这里到处是机会。"

许湘说:"是啊,比起我们读书那会儿,上海的变化的确很大。"

这话刚说出口,许湘就后悔了。若是认真地回忆读大学的时光,有很大一部分就是和徐一帆一起谈恋爱相处的日子。许湘并不想去回忆往事,过去的都过去了。

徐一帆听了这话倒来了劲头,久别重逢的拘束仿佛一下子解开了,脸上的表情也舒展开来,刚才正襟危坐,现在身体也往前向许湘凑了凑,兴高采烈地说:"我们读书的时候也有那个时代的乐趣啊……"

正在这时,徐一帆的手机响了,徐一帆拿出手机一看,对许湘做了个抱歉的手势,接通了电话。

——Hello, Robert, good evening.

——Oh, I'm sorry. I mean good morning. So you've just got up. Have you had breakfast?

——It's evening here.

——I'm at the airport. Boarding in two hours.

——I'll arrive home at midnight, so don't wait for me.

——Of course. If you behave yourself, you will see your gift tomorrow morning.

——Bye.

"是你儿子啊?"许湘问。

"是的,上小学四年级了,"徐一帆想接着说,"说起我们大学那会儿,有些事情真是一辈子都忘不了……"

许湘不想让这个话题再发展下去,便说:"你的航班快要起飞了,我也该走了,今天我们就聊到这儿吧。"

"好的,好的,"徐一帆说,"我很快就会再来上海的,到时候我们再详谈。另外我回去以后会尽快把打算创业的书面资料发邮件给你。我现在对国内的情况不太熟悉,如果回来创业,希望你能帮帮我。"

许湘没有直接答应，只是会意地点了点头，便和徐一帆道别。坐在回家的磁悬浮列车上，她的心绪有些乱，那些尘封已久的往事不安分地涌出来，让她心里五味杂陈。幸好，磁悬浮列车很快就把她送到站。回到熟悉的家，温馨的感觉让她平复下来。那只是一次偶遇，什么都没有改变，什么都不会改变。

唯独徐一帆提到的要回来创业看上去是认真的。徐一帆有了她的联系方式一定会再来找她，到时候避也避不开。但为什么要避开呢，说不定真是个好项目、好机会呢。

现在是个好时机，药监局年底前出了新政，对于进口药不需再走国内审批程序，有国外认定即可，许湘觉得机不可失。但这么多年过去了，徐一帆究竟怎么样了？抛开往日情分，是否可以合作？许湘没有把握。这时，门铃响了，许湘去开门，是快递员。快递送来一套高档茶具，看地址是直接从德国空运过来的。许湘心头一震，一股暖意流遍全身。真没想到，左彬在机场免税店给她也买了份礼物。

许湘立刻打了个电话给左彬。一来是道谢，二来她想问问他和徐一帆合作的事。不知从什么时候起，她变得什么事都想和左彬说。

"茶具收到了，还喜欢吗？"左彬接起电话便问。

"承蒙你的关爱啊，送我一套'杯具'，你是想我的人生是茶几，上面摆满了悲剧么？"许湘总是忍不住要和左彬开玩笑。

"杯子也有'一辈子'的意思，咱们是同学，情谊长久嘛。"左彬说。

"我找你是有正事要说，"许湘转过话题，把偶遇徐一帆，以及徐一帆打算回国创业的事情和左彬说了。

左彬听下来也觉得是个好机会，他支持这个创业机会，但重要的是要找到风险投资公司来投钱。许湘特意提到徐一帆是她的初恋男友，但是现在已经毫无瓜葛。左彬说风投最看重的是人，如果人不靠谱，风投是不会投钱的。所以左彬建议让他和徐一帆先见一面，看看这个人靠不靠谱，是否专业。许湘同意了。

"不管怎么样，谢谢你的'悲剧'。"许湘最后说。

"不是杯具，是茶具！"左彬纠正她说。

"跟你开玩笑的，"许湘说，"谢谢你的礼物，下次到我家来喝茶。"

韩玫下飞机后先回了趟娘家。

进了家门，她看见爸妈坐在客厅的沙发上看电视，很平常也很温馨，她鼻子一酸，眼泪险些掉了下来。她想到自己家的客厅，那么大，有着水晶吊灯和大电视机，但水晶吊灯一年开的次数和那台几万块能看3D的大电视一样，寥寥。一直以来，她想要的无非是父母这种平平淡淡却又相知相守的生活，有着温度和温情的婚姻。虽然李响送她的首饰越来越贵，但是她的婚姻却越来越冷。

"爸妈，我回来啦。"韩玫收起了情绪，欢快地和父母打招呼。

"小玫，你今天怎么来了？"韩妈妈喜出望外。

"想你们了啊，我这趟去德国给你买了条羊绒围巾，给爸买了件羽绒服，反正亮亮还在上课，我就先给你们送过来，陪你们吃顿中饭。"韩玫说。

"你也不早说,我去看看厨房里还有什么菜。"韩爸爸说罢就起身去了厨房,打算做菜。

"没事,我随便吃点。"韩玫换好鞋,在沙发上坐了下来,陪母亲一起看电视。

又是国产剧,剧里在演一个丈夫,在医院里两头跑,一头是为他喝酒自尽未遂的妻子;一头是为他吃安眠药自杀未遂被送来洗胃的情人。最让韩玫受不了的是,三个人当着面的一出戏,妻子让丈夫做选择,到底和她过还是和情人过,而无法给答案的丈夫,被逼得没办法,就拿起刀子割了自己的手一刀,又不是割腕。

"太狗血了!咋不挥刀自宫呢。妈,这种低级剧你就别看了,降低品位。"韩玫忍不住吐槽。

"那什么剧高品位?"韩妈妈问。

"美剧。有个美剧也讲男人出轨,你知道最后结局怎样?老婆跟他离了之后找了个比他年轻比他帅的小男友;他跟情人去求婚,情人却接受别人的求婚了。最后两个女人都不要他,这种剧才有品。"

"我们这边的编剧,总是编两个女的围着一个男的,弄得要死要活的,还把选择权交给男的,这种剧我就特别不爱看,我爱看选择权永远掌握在女人自己手里的剧。"韩玫继续吐槽。

"算了,我不看外国剧,我这么大年纪还要听英语看字幕,你饶过我吧。"韩妈妈继续看得津津有味。

韩玫看不下去了,去厨房帮老爸炒菜。

吃好饭,她去了趟律所。律师那边说,这些天就追踪到李响和小三吃了一顿饭,拍到几张两个人吃饭的照片。韩玫盯着这几张照片看了很久,收好照片回了家。回到家,李响已经在家了,还特意把亮亮送到了爷爷奶奶家,给韩玫准备了烛光晚餐。一看见韩玫回来,李响就接过箱子迎了上来想抱她,被韩玫推开了。李响讨好地把手机递给韩玫说:"我新换了一个vivo手机,经摔。我一同事,也是和老婆吵架,他们家住六楼,手机从六楼摔下去都没事。以后我的手机随你摔,随你看。"韩玫接过手机,先看了微信,通讯录里没有了那个人,貌似已经删除了。再翻了短信,往下翻了十几条,看到一条转账记录,20万,收款人,孙姚婷。

"是故意留给我看的?20万算是了断费?也就好了两三个月吧,收费不低啊。"韩玫心里这么想,却也没发作,把手机丢还给李响,然后去洗了手吃饭。

突然餐桌上只有两个人,韩玫觉得不太适应,她都想不起来,上次和李响单独吃饭是何时了。气氛有些尴尬,两个人找不到什么话题,除了孩子,好像没什么可聊的。一顿饭吃得索然无味,没有了孩子的夜,突然变得格外漫长。

吃好饭,李响去洗碗。韩玫把行李箱里的衣服、礼物等都拿出来该洗的洗,该放的放,然后觉得困顿极了,于是洗漱了早早回房休息。睡得迷迷糊糊中感觉李响抱了过来,韩玫想挣脱,却觉得乏力,只能任由李响行事。韩玫就想快点结束,但李响却格外卖力,想尽力延长。事毕李响马上睡了,韩玫却彻底醒了,她觉得犯恶心,赶紧去卫生间冲澡。"李响和别的女人是怎么做的?"她越是不想去想,这个问题越困扰她,她难受极了。她打开手机,收到了 Franz 的问候,问她回家是否顺利,让她好好倒时差。这次 Franz 特意为了她装了微信方便联系,让韩玫觉得很受重视,这样的问候也让她觉得温暖,她的脑海里又出现了 Franz 的俊脸。

"好女人上天堂,坏女人去任何她想去的地方。"韩玫又想起了许湘说的这句话。

"那么曾错过的,是不是错的?"韩玫开始和 Franz 聊天。

男女之间持续的聊天往往预示着危险的开始。韩玫和 Franz 现在基本天天都会聊几句,聊着聊着,韩玫发现自己渐渐地对 Franz 有了精神依赖,亮亮的事她都愿意跟他说,他也爱听,还会说德国的父母在这种情况下会如何处理,韩玫听了觉得很有启发。Franz 会用谷歌翻译把一些话直接翻译成中文发过来,也开始越来越多地去中餐厅吃饭。有一次,他去一家台湾餐厅吃饭,拍了一张菜单照,把韩玫乐坏了。

```
the bill will plus 10% service charge

香菇高麗菜              NT.130
Shiitake with cabbage

醋溜高麗菜              NT.130
Cabbage with sweet & sour sauce

清炒大豆苗              NT.140
Pea sprout

炒水蓮                  NT.140
I can't find on google but it's delious
```

(这道菜我谷歌不到,但却非常美味)

Franz 就像透过山谷裂缝照进的阳光，一点点驱走韩玫心中的阴霾。

就在韩玫一天天快乐起来的时候，她发现自己怀孕了。看着验孕棒上的两条杠，她却高兴不起来，她还没决定是否和李响和解，这个时候的意外只有一个好处，就是可以合理拒绝夫妻生活。对于她，之后的义务尽起来实在是艰难，她是能逃则逃，怎么就会中招呢？她打电话告诉了妈妈，妈妈倒是很高兴，说过几天陪她去医院确认一下。妈妈当然高兴，因为李响的事韩玫一直瞒着，马上要过年了，她想大局为重，尤其别跟老人说不开心的事，他们越老越脆弱，经不起事。但其实，她心里非常犹豫。她无法确认李响是否彻底回归了家庭，不知是心理作用或是其他，虽然李响这段时间努力改善，在家时间比从前多了，她却总觉得他人在心不在，她抓不到任何把柄，信任的重建需要时日，感情的裂痕也难以修复，这个孩子来得真不是时候。潜意识里，她甚至希望去医院查的时候胚胎有问题，那就是天意，她无需人为做任何决定。然而，B 超做下来，医生告诉她胚胎很好，根本就不问她要不要这个孩子，还以为她是头胎，跟她嘱咐了很多。妈妈在旁边听了很高兴，韩玫却心情复杂。

出了医院，韩玫问妈妈："做女人为什么这么苦？"

妈妈说："傻孩子，做人就是苦的啊！是不是生二胎有点怕，不要怕，生亮亮你都那么顺利。"

"那倒不是，李响前阵子出轨了，我一直没告诉你，怕你担心，我真的没想好，这个孩子我要还是不要。"

"孩子就是天意让你们不要分呀,有两个孩子婚姻肯定会更稳固的呀,现在的电视剧里演的都是这种事,说明这种事很普遍,社会风气不好,男人又经不起诱惑,他回来了就好,女人要学会翻篇。"

"女人是翻篇了,男人却难。电视剧里不也说,男人的出轨只有0次和100次之分,他出过一次轨就会出很多次。"

"那也未必,浪子回头金不换,你还是打电话告诉他。"

韩玫打了电话给李响,李响高兴坏了。他其实一直想要两个孩子,但不好意思要求韩玫,这次虽然是意外,倒是称了他的心意。韩玫在那一瞬间又想起了他们有第一个孩子的开心时刻,她不再犹豫,打算安心养胎,把这个孩子生下来。她打电话给律师,告知撤销委托,让律师把账单寄给她。谁知律师说,希望她亲自去律所,需要当面结算一下。韩玫到了律所,律师递给她李响这段时间的开房记录和监控拍到的照片。韩玫拿着照片的手在抖,当时只有一个念头:流产。她立刻再返回医院,医生非常不解,但也给她开了单子。她选择了无痛人流,签字预约了第二天的手术。

她自己的家和娘家都不想回,打给许湘,说要住她家。许湘心想坏了,肯定出了大事。她把手头的事放下,第一时间赶回了家,跟韩玫前脚后脚到门口。听着韩玫把事情说完,许湘叹了口气,说:"这是大事,你别赌气做决定,真的做了这个决定你也别太内疚,更不要后悔。"

"我今晚再想想,所以我想住你这,不让他们干扰我的决定。"韩玫说。

"真的要做,还是别做无痛的,麻醉药对神经系统有伤害,忍忍就过去了。"许湘劝道。

"我哪忍得了,心已经很痛了,身体更无法吃痛。"韩玫说。

说话间,许湘的工作电话不断进来,韩玫也没有力气多说,心里乱得很,早早就洗了睡。许湘的工作电话打到11点多,悄悄进了小房间,看到韩玫已经睡着的样子,就放心了,出了房间。她想想还是不对,觉得应该告诉李响一声,就打李响的电话,已关机。她发了条消息:"如果你还想保住你的孩子,明天8点前去一妇婴。"韩玫一夜无眠,这一天一夜,Franz的消息她一个都没心情回。

第二天一早,许湘陪韩玫去医院,许湘给医生打了招呼,医生很给力,把韩玫排在第一个手术。

"你确定不后悔?"许湘问韩玫。

"不。"韩玫很坚决。

许湘看着手表,快8点了,李响怎么还不来?她真心希望李响能来挽回这个局面。她希望韩玫不要流产,虽未生育过,她的心却有着女人天生为人母的无比柔软。但她无法劝,用孩子来绑架婚姻,是她不认同的。但身为女人,她了解,女人若非绝望之极,又怎会不要自己的孩子;她知道,此刻的韩玫,绝望之极、脆弱之极。流产是对女人身心的巨大伤害,这一场伤害,将是终生的。

生育权虽说掌握在女人手里,但到头来,吃苦的还是女人。越是这么想,许湘越是觉得,婚姻制度终有一天会走向灭亡,现在已经有越来越多的女人把生育独立于爱情和婚姻,这是女人实现真正独立的重要标志。

8点刚过,韩玫被推进手术室,8:15,李响到了。

"你怎么现在才来?昨晚手机还关机。"许湘质问道。

"韩玫呢?韩玫呢?"李响不回答,焦急地问。

"进手术室了。"许湘冷冷地说。

李响懊悔地用拳头捶墙,低声骂了句:"他妈的。"

"你他妈的是人么?"许湘骂了他一句,然后走了。夫妻的事交给夫妻自己处理,作为闺蜜,她能做的只到这了。

一个多小时后,韩玫被推出了手术室。她虚弱地看着李响,一句话都不想说。李响也默默无言,扶着韩玫上了车。上车后,韩玫把律师给她的那包材料扔给了李响,说:"送我回我妈家,我们离婚。"李响打开材料看了,说:"我错了,我对不起你,我不是人。你好好养身体,什么事都养好了身体再说。"

这是冬日里难得的一个暖阳天,韩玫却觉得阳光格外刺眼,她忍不住流下泪来,止也止不住。躺在手术台上时,其实她后悔了,但被上了麻药的她还来不及跟医生说反悔,就已失去了知觉。

或许,这是她这一生最错误的决定,又或许,是最正确的。

（16）孤独之苦

最孤独的是：你喜欢的人就在面前，你却无法去爱。

这天早上，许湘醒来觉得浑身发冷，没力气，喉咙像火烧一样痛。她意识到自己可能病了，勉强地坐起身，从床头柜里拿出一把耳温枪给自己量了量。39度！许湘吓了一跳，她知道这么高温度不能硬撑，得赶紧去医院。她立刻手机上订了车，APP上显示司机五分钟后就到，她都没力气再换衣服，只披了件外套，带上手机、钱包、医保卡和就诊本便出门了。她虚弱地走进电梯，下楼，还好司机贴心地把车开到楼下了，她进了出租车便已坐不稳，斜倚在后排的座位上。

许湘到了医院，在导医台那里重量了体温，还是超过39度，于是挂了急诊。就算是急诊，前面也有好几个人。她排队站着都觉得乏力，看着前面的人都有家人陪着，自己却形单影只，更觉难过。

"许湘，许湘！"

许湘突然听到有人叫她的名字，回头一看，竟是左彬，排在边上的队伍里。

"左彬,你怎么也在?"许湘问。

左彬走了过来。许湘希望他能扶一扶自己,可是左彬没有扶她,只说:"你到那里去坐一会儿,我来帮你挂号。"

许湘有点失望,把手里的医保卡交给左彬,问道:"你怎么会在这里?"

"我太太病了,我来陪她看病。"左彬说。

许湘点点头,弓着身体在边上的一排座位中找了一个位子坐下。

过了一会儿,左彬挂完号,又走到许湘面前,这时他的身边多了一个人,一位病美人。

"这是我大学同学许湘。这是我太太。"左彬介绍说。

"你好。"顾怡云先向许湘打招呼。

"你好。"许湘没有站起来,她看顾怡云虽然脸色苍白,但是衣着却从里到外齐齐整整,十分得体。而自己外套里只穿了睡衣,非常尴尬。

在许湘的眼里,顾怡云倚靠着左彬的样子,仿佛是黛玉倚着宝玉。顾怡云和她都是病人,却看着那么有气质,而且还有依靠。一瞬间,许湘觉得另一种不适流遍全身,甚至盖过了发烧带来的不适。

"看病在二楼,我们上去吧。"左彬说,"许湘,你能走吗?"

"能。"许湘简短地说。

左彬扶着顾怡云走在前面,许湘跟在后面。

医生用听诊器给许湘做了些检查,看了她的舌苔和喉咙,让她验了个血常规，最后说："是急性上呼吸道细菌感染，吊点头孢就会好的。"

许湘取了药来到输液室，左彬和顾怡云已经在了，两个人并排坐着，顾怡云的头靠在左彬肩上。许湘找了个看不到左彬夫妇的位子远远坐下。过了一会儿，左彬走过来递给她一瓶矿泉水，她点头表示感谢。这时她才想起来给Diana发了个微信，告诉Diana自己病了，在医院挂水，要请假一天。

两个小时以后，许湘挂完水，烧也退了下去。她走过去和左彬顾怡云打招呼说："我好了，再见！"

左彬马上说："再见"，顾怡云却虚弱得似乎连说话的力气也没有，就点了一下头。

许湘走出医院，看到解进在门口等她。

"许经理，我听戴姐说你病了，在这里挂水，正好中午休息，我来送你回家吧。"

许湘有些意外，也有些感动，说了声"谢谢你"，便上了解进的车。解进开一辆宝蓝色的奥迪A3，倒是挺衬他。

解进一路把车开到许湘楼下，他看着许湘那么虚弱的样子想扶她出车子上楼，但是许湘一出车门，就对他挥挥手说："谢谢你啊解进，你赶紧回公司吧。"许湘不想让他上楼，他毕竟是下属，和下属还是要保持距离。许湘开门走进房间，初春的阳光从大落地窗照进来，暖暖的，她却觉得清冷，她第一次感到如此安静的家也不太好。她脑子里反复跳出顾怡云倚着左彬的样子。她脱了外套躺到床上，本来难以入睡，但是要感谢慵懒的阳光，感谢生病，她很快睡着了。

顾怡云打完吊针后和左彬一起回家。回家后顾怡云就到卧室去休息了。很快孩子们就放学回家了，顾怡云身体不好的时候左彬就负责陪孩子做功课，他陪着玲玲做完作业，给菲菲讲了睡前故事，安排两个孩子睡下，走进卧室。顾怡云正倚在床上刷手机。

"今天在医院遇到的你的同学，许湘，你是不是该去问一声她病好点没？"顾怡云头也不抬地问。

左彬心里一怔，马上说："不用。"

"上次听你提到她，不想今天能见到，还是在医院里。你上次说她帮了你一个大忙，也就是帮了我们家一个大忙，应该谢谢人家的。你就算是代我去问候一声吧。"

"真不用。她跟我都是学医的，那点小病她自己有数。"左彬说。

"她气质挺好啊，一看就是能干人，上大学时一定有很多男生追吧。"顾怡云问。

"大学里不太熟，不了解。"左彬说。

"你那时怎么没去追她啊？"顾怡云又问。

"她那时有男朋友的。"左彬说。

"要是没有呢？"

"也不追。"

"为什么？人家漂亮又能干，不就是你喜欢的类型？"

"那时候追我的女孩子都排队，我太忙了，顾不上追她。"左彬说。

"得了吧，追你的人真那么多你还会和我相亲？"顾怡云又说,"你说她到现在还没成家,一个人看病也怪可怜的。要不,我把我堂哥介绍给她吧。"

"你堂哥顾强?"

"是啊。我听我妈说,顾强现在一个人带着个孩子,也想找个伴。"

"算了吧,你管玲玲和菲菲还来不及,还去管那闲事。"

"怎么是管闲事了呀,撮合一对有什么不好的。再说,我觉得他们挺合适的。"

"我看一点不合适。"

"怎么不合适了?顾强现在是副处,听说明年就升正处了,虽然收入不算很高,但是有社会资源,家里有两套房子,条件算很好的了。许湘就是收入高,证券公司一个经理也没啥社会资源,不正好互补嘛。"

"我一个大男人做什么红娘呀,婆婆妈妈的。"

"那我来。你把许湘的微信推给我。"

"我说领导,你就歇歇吧,自己病还没好呢,操这心干吗?"

顾怡云拿过左彬的手机,说:"你不推给我,我就到你的手机通讯录里去找。"

"行、行、行,我这就推给你。"手机千万不能给配偶看,看了就是大型翻车现场,左彬赶紧乖乖把许湘的微信推给了顾怡云。

第二天一早,许湘就感觉好多了。她起床打开手机,一看怎么有新联系人加微信的邀请,"顾怡云",这个名字有点熟,这个人是谁?她想起来,原来是左彬的夫人,"她加我干吗呢?"

许湘想了想,还是礼貌地通过了邀请。

顾怡云先是问候了许湘的病情,许湘说都好了,也顺便问候了顾怡云。顾怡云又对许湘表示感谢,感谢她帮了自己家一个大忙。

"不用客气,左彬也帮过我不少忙的。"许湘回复说。

"我听左彬说你现在还单身。"

"是的。"

"我有个堂哥,做公务员的,离异,有个孩子,家里条件挺好的,很想找个能干的贤内助。我觉得你的条件特别合适,如果他能找到像你这么漂亮又能干的人做老婆,那真是太有福气了。"顾怡云打了一大段字发给许湘。

许湘吃了一惊,但又禁不住佩服顾怡云,说话如此得体,看着是为堂哥操心,隐含着为许湘操心,但许湘心里明白,顾怡云还是怕她和左彬会有什么。

"好的,有机会介绍认识一下,麻烦您费心了。"许湘礼貌地回复。她不知道自己是真的有兴趣去相亲,还是想打消顾怡云的担心。

对话结束,许湘出于好奇,翻了顾怡云的朋友圈。奇怪的很,虽然有两个孩子,朋友圈里却看不到孩子的照片,也没有全家福,只有一些歌曲的分享,其中有一位美国歌手还是许湘上大学时就很喜欢的。看上去顾怡云是个资深的音乐发烧友,这个女人不一般啊,许湘心想。这时,她的手机响了,是左彬打来的。

"许湘,你身体好点了吗?"

"好点了。"以许湘的性格,内心早就对左彬冷嘲热讽了一百句,可这时却连一句话也说不出,只说出这简单的三个字。

"我太太昨天问我要了你的微信,她说要给你介绍对象。"

"是啊,你太太真是太善解人意、体察入微了,不仅要关心你的吃饭穿衣、人情往来,还关心你同学的终身大事,怕我勾引你?"许湘满肚子的委屈,终于爆发了。

"你听过算数,不用当回事的。"

"我为什么不当回事啊?我可当回事了。我生病,不像别人有老公陪着去医院,有老公帮着挂号拿药、端屎端尿。我生个病,连能扶一把的人都没有。我可得好好把握这次相亲。"

电话那头的左彬不知该说什么好。

"这次相亲要是成了,我就能荣升左总的亲戚啦,真是太荣耀了!"许湘继续嘲讽地说。

"你别嘲我了,你身体好了就好,挂了!"左彬连忙挂上电话。

（17）琴瑟相鸣

合奏有时可以奏出美妙的乐曲,有时却是你弹你的、我吹我的。

顾怡云满怀热忱地想当一次红娘,但红娘可不好当,仅确定约会的时间地点就颇费周折。许湘和顾强工作日白天都要上班,只有晚上有空,而顾怡云晚上要管孩子,白天却宽松些。周末的白天,顾强要送孩子去上补习班,许湘也时常要加班,凑来凑去,总算凑到一个三个人都有空的周日晚上。

至于选地方,顾怡云想着一定要先顾及许湘的喜好。她想许湘这样的高级白领对环境一定是很在意的,选在高级酒店一般不会错,于是便提议在香格里拉或是金茂凯悦的咖啡厅。许湘觉得挺好,顾强却不同意。

"我是公务员,你知道我们有八项规定,去五星级酒店不太方便。"

"怎么,连相亲都不可以啊?"顾怡云觉得顾强也太过谨慎了。

"没说不可以,但万一被人拍到传到网上,多麻烦呀。多一事不如少一事吧。"

"那你有什么好的建议吗?人家家住在浦东的,你可要找个离她家近的地方。"顾怡云说。

"我知道源深体育场那边有个茶室,环境也挺好的。"顾强提议说。

顾怡云便去和许湘商量,特意说明顾强为了避嫌,不方便去高档酒店。许湘表示理解。

周日的下午许湘特意去美容院做脸,做完脸还去吹了个头发。傍晚时分,她挑了一条真丝连衣裙,配上她最喜欢的 Mikimoto 珍珠项链,天然淡水珠的光泽衬得她的脸色显得越发明媚,然后踏上 Roger Vivier,拎上爱马仕出门了。上次在医院和顾怡云偶遇,顾怡云穿戴整齐而她蓬头垢面,睡衣外面披着外套,让她觉得尴尬不已,今天无论如何也要在顾怡云面前挽回形象。

穿着高跟鞋不方便开车,许湘于是叫了车。出租车开到源深体育场附近便停了下来,司机对许湘说:"小姐,不好意思,我只能送到这里了,前面交通管制,您走一段吧。"

"交通管制,为什么呢?"许湘问。

"您不知道啊!今天晚上有中超联赛的比赛,车开不进体育场的。你要去的茶馆就在前面不远,走四五百米就到了。"

许湘无奈,只好下车步行。果然,路上好多人,都是往体育场方向走,有不少黄牛沿路问"要不要球票",还有许多小商贩兜售着喇叭、小旗和气球。许湘跟随着人流往前走,边上人大都穿着球衣、T恤衫、短裤，很多人都对她投来诧异的目光，仿佛在说："还有穿成这样来看球的？"许湘觉得尴尬不已。而且纵然是Roger Vivier，高跟鞋穿起来总是累的，这段路也不短，许湘走得一肚子气。进了体育场大门总算能和人流分开了，球场入口在右边，茶室在左边。

顾怡云已经先到，在茶室的门口等着，见许湘来了，微笑着和许湘打招呼。顾怡云穿得低调朴素，灰色的真丝衬衫配长裤，给许湘有些刻意要做绿叶的感觉。

"顾强说他还有十分钟到。我们先进去坐吧。"顾怡云说。

许湘点了点头。

两人进了茶室。许湘光彩照人，引得好几个茶室里的男顾客往这边瞄。在这些注目礼的围绕中，许湘的心里舒服了些，刚刚一路走来的气也消了一些，女人的精心装扮不就为了回头率和抬头率嘛。两人落座，许湘先点了一壶普洱。服务员送上茶壶和茶杯，顾怡云立即起身，主动给许湘倒茶，她缓缓倒茶的样子真是优雅，许湘在心里感慨，左彬真有眼光，太太选得这么优秀。突然，许湘的眼睛被一道亮光闪了一下，亮光是从顾怡云左手的无名指上发出的。是一颗闪亮的钻戒，那颗大钻差不多有两克拉，是Tiffany的经典款，切工和造型是这个牌子特有的，很有辨识度。许湘因抬头率上扬的心此刻沉了下去。她也有Tiffany，但是她没有钻戒，她买了戴在哪？戴哪都不好，所以她只买除了戒指以外的其他首饰。这时顾强到了，一个略有些发福的中年人，穿着西装，没有戴领带，路上走得急了，有些气喘吁吁地打招呼说："不好意思、不好意思，我迟到了。没想到今天这里有球赛，车开不进来，我只好把车停在附近，走过来的。"

顾怡云赶忙起身介绍说："我来介绍一下，这位就是许湘。这是我堂哥顾强。"

"幸会、幸会。"顾强一边掏出一块手帕擦擦头上的汗一边说。

许湘也站起身说："你好，很高兴认识你！"

"那我就不打搅你们了，你们慢慢聊，我先走了。堂哥，等下你负责把许小姐送回家啊！"

"好的，好的。"顾强说。

顾怡云和许湘打个招呼告别，便离开了。

许湘和顾强面对面坐着，有些无从聊起。

"听说你是我妹夫左彬的同学啊？"还是顾强先打破了沉默。

许湘点点头。

"那我的情况我堂妹和妹夫都跟你说了吧？"顾强问。

"大致讲了一些，说得不太详细。"

"那我还是先把我自己的情况介绍一下吧。我今年45岁，有个儿子上小学四年级，因为我平时工作比较忙没时间管他，只有周末才有时间送他去上辅导班。小朋友没人管总是不自觉，我经常接到老师的投诉，说孩子作业没做好啦，考试成绩又下滑啦，我真没时间和精力去管。我想这样下去是不行的，家里总归还是要有个人。"

"孩子孩子"，许湘一听孩子的事就头大，她觉得小孩子很恐怖，韩玫在儿子身上操了多少心啊，她没时间，也没精力和兴趣去管孩子啊。

顾强继续说:"不过我儿子那个学校是不错的,是区里最好的小学,在全市都数一数二的,我托区教育局的朋友帮忙弄进去的。你也知道,我们做公务员的收入是不高的,不过朋友比较多,托人办个事情还是比较方便的……"

正在这时,外面传来一阵雷鸣般的响声,似乎是某支球队进了球,观众沸腾了,全场响起了有节奏的"加油!加油!"的呼喊声。顾强还在继续说,可许湘一个字也听不清。

顾强也发觉太吵了,便招呼服务员问有没有安静一点的座位,服务员抱歉地说因为球赛,店里的每一个座位都是一样吵。"先生,您耐心等一会儿,一会儿观众安静下去,就没那么吵了。"

过了一会儿果然安静了下来。顾强便问许湘:"你能介绍一下你的情况吗?"

"我今年38岁,没结过婚。我去过美国两年,回来就一直住在上海。"

外面突然又传来一阵巨大的叹息声,大概是有个好机会但是没进球。

顾强还想再问些什么,但手机响了,他跟许湘打了个招呼,便接起电话。

"喂,张秘书。什么,几点,晚上10点在区政府开会,我知道了,我一定准时到。"

顾强放下电话,许湘小心地问:"您有急事啊?"

顾强说:"区里临时通知,晚上10点在区政府开会,现在才8点，我们还可以聊一会儿。"

"我还以为做公务员很轻松呢，周日的晚上还要加班开会？"

"可不是，外面的人都以为当公务员工作轻松，哪有啊。我们区长是个工作狂，一心扑在工作上，每天工作十六七个小时，白天到市里开会，晚上必定回办公室加班。遇到事情，不管多晚，一个电话就叫去开会。"

"这么辛苦啊。你晚上开会要开到很晚的吧，要不还是先回去照料一下孩子？"许湘问。

"好吧，你真体谅人，我刚出门的时候他还在玩游戏呢，我先回家一趟让他睡觉，再去开会。要么现在我就送你回家吧。"

"不用不用，我还想走走，散散步。等会儿我自己打车回去。"许湘说。

顾强不再客气，叫服务员买了单，便匆匆走了。

顾怡云回到家里，等到九点半光景，发了一条微信给顾强，问他和许湘在哪里，顾强回复说他们已经分开，自己正赶去单位开会。

"你给许湘打个电话，问问她觉得我堂哥怎么样。"顾怡云对左彬说。

"我去问？还是你自己去问吧，你才是红娘啊。"左彬不耐烦地说。

"她是你同学，你跟她比较熟嘛。我跟她又不熟，她不一定会把真实想法告诉我啊。"

"我不去我不去，这怎么问得出口。"

"有什么问不出口的？许湘看中了顾强，你不开心啊？"

"不是,"左彬飞速地想了想说,"我觉得许湘怎么看顾强一点也不重要,重要的是顾强怎么看许湘。如果他看中了,即便许湘看不中他,也没关系,让他多花点心思去追呗,我们再帮帮忙,说不定就能成。我现在先去问许湘,要是许湘看中了顾强,而顾强没看中许湘,那就尴尬了。"

顾怡云听左彬说得有道理,便先给顾强打了个电话,问顾强觉得许湘怎么样。

"我看还是算了吧,不太合适。"顾强说。

"怎么不合适了?"顾怡云问。

"她今天背的那个包挺贵的吧?"

"还行吧,五六万。"

"五六万!这么贵一个包唉!"

"五六万,又不是五六十万,人家是金领,背这个包不是很正常嘛,堂哥。"

"人家背什么包跟我没关系,但我的老婆要是用五六万的包,我怎么养得起这样的老婆啊?"

"人家才不用你养呢,人家收入是你好几倍好哦。"

"算了算了。我就想找一个能在家做做饭,管管孩子做功课的,她的手一看就不会做家务,我说孩子的事的时候她一点都不感兴趣,哪是个会管孩子的。我没想找个年薪百万的金领,我高攀不起。"

左彬在边上听得笑出了声,顾怡云刚挂了电话,他就说:"你以后还瞎操心不?你认为的合适不是别人认为的合适。顾强还是找个吃苦耐劳的外来媳妇吧,给别人解决个上海户口,如果对方带着孩子，把孩子在上海读书的问题也解决了，这才叫合适。"

"就像你老婆这样只会管孩子、做家务是不是？"顾怡云不高兴地说。

"我还就喜欢这样的，还懂文学、懂音乐，买东西有品位，把家里安排得妥妥当当，孩子管得服服帖帖，这样的老婆最好了。"

顾怡云听得满心欢喜，靠到左彬身上说："许湘是你同学，按说比我还大两三岁吧，可她今天看上去好年轻，三十刚出头的样子，她一进茶室，旁边的男人都在看她。你看没生过孩子就是好，显年轻。真不明白我那个堂哥是怎么想的，我要是个男人我肯定追她呀。"

"她去相亲么当然要好好打扮的，你要是好好打扮，比她年轻漂亮。"左彬说。

顾怡云又满意地笑笑，说："你别哄我了，我还是羡慕她，事业有成，能赚那么多钱。我就只会花钱。"

"你有没有搞错，花钱的竟然羡慕赚钱的。应该她羡慕你才对啊，不用赚钱还能安心花钱，你这叫躺赢，来来来，亲爱的老婆，快点躺下……"

"你这坏蛋。"顾怡云心领神会，红娘没做成，心情反倒变好了。

许湘出了茶室，就打了车回家。她说散散步只是个试探，看看男人是否对她有意，如果有意肯定就会陪她一起走一会。

其实当时还是有时间的,但顾强没有陪她走,而是顺着她的话说要先回家,她心里就明白了,她不是他的菜。那么她会是谁的菜,谁又会是她的菜?这样想着,她就意兴阑珊,到家换掉一身的行头,翻出了一部老电影《诺丁山》,躺在沙发上看起来。她喜欢朱丽娅·罗伯茨,也喜欢休·格兰特,她看看喜欢的两个演员谈恋爱,心里也是欢喜的。一个人又有什么关系,去他妈的相亲,许湘在心里暗骂。

（18）逸响风流

幸福没有直通车，寻找幸福的过程本身就是幸福。

又是一个忙碌的周一，许湘忙到中午才想起来错过了楼下食堂的饭点。算了，叫个外卖得了，她打开手机，一条微信跳了出来："不好意思啊，我堂哥觉得你条件太好了，在你面前没自信……"后面的内容许湘没心情看，本来就是意料之中，不过顾怡云还能发个消息过来，说明是个有交代的人，素质很在线。许湘觉得疲惫而低落，不是因为被发了好人卡，而是觉得为什么自己的素质也很在线，却没人疼没人爱，连这种条件很一般的中年男人对她都不待见。

这时有人敲门，是 Diana，她进来说今晚的饭局想请假，说最近身体都不好，医生说不能喝酒。许湘心里很火，心想你又不要怀孕，为什么不能喝酒，但是她又想算了，反正 Diana 去了也不替她挡酒，从前一直如此，就是一个无用的花瓶，只会让那些油腻的男人在酒桌上开更多的玩笑。她忍住了心里的火，只好准了假，然后挥挥手示意 Diana 可以离开她的办公室了。

Diana刚走，又有人敲门，是解进，他拿着一杯喜茶进来说:"湘姐，今天出了一款新口味，你尝尝。"许湘眼前一亮，不是因为奶茶，而是觉得今天的解进看起来挺帅的，干净的头发、修长的手指，凑近时甚至能闻到他衣服上被阳光晒过的味道。从前她怎么都没注意到呢？她顿时心情有些好转，笑着说:"谢谢啊，今天排了多久的队？"

"湘姐，你笑起来真好看，我排再久的队也值了。"解进大胆地说。

许湘脸上一红，很久没有男人对她说这些恭维话了。那些酒桌上的"美女、美女"她听了就烦。今天晚上的饭局想着就让她心烦，被叫美女就算了，肯定还要被灌酒。那个范总，一贯都是东北的做派，不把人灌倒不罢休。Diana今晚请了假，不如叫解进一起去算了。

"解进，今晚我们部门和通宝科技有个饭局，你有空一起去吗？"

"当然有空，谢谢湘姐给我这个学习机会，晚上几点？我开车送部门的人一起过去。"

"行，晚上比较堵，我们四点半就出发，早点过去。"

"Yes，madam."

解进走了，许湘的心情虽然有些好转，但还是没胃口，外卖也不想点了，心想就把喜茶当中饭吧。

晚上的饭局，解进的表现果然比Diana好多了，给许湘挡了很多酒，饶是如此，许湘还是喝多了。

第二天一早,许湘醒过来觉得头疼,怎么自己在一个人的怀里?天啊,竟然是解进!许湘挣脱了一下,却被搂得更紧,她使劲推开,说:

"解进,你怎么?"

"湘姐,昨晚你让我留下来的。"

"我让你留下来?我喝多了,完全不记得了。"

"真的什么都不记得了?"解进坏坏地说,又凑过来。

许湘脸红了,赶紧从床上起来,穿上睡袍:"你赶紧走吧。"

"不,我要给你做早饭。"解进也起来了,穿上衣服。

许湘的脸又红了,解进的身材真好,肌肉紧实而有张力,她依稀忆起昨晚的一些片段,不禁在心里感慨,年轻真好。

"我家的厨房你不会用,赶紧走吧。"

"你教我不就会用了,我冲的咖啡很好喝的,至少让我给你冲杯咖啡嘛。"

许湘被缠得没办法,只好带解进去了厨房,拿出咖啡豆,扔给解进,自己去了卫生间洗漱。回到厨房时,解进已经把两杯咖啡都做好了,端给了她。

"尝尝我的手冲咖啡。"解进得意地说。

许湘尝了一口,还真不错。

"怎么样,我的活还不错吧?"解进别有用心地说。

"挺好。"许湘想也没想,脱口而出,但马上意识到解进一语双关,有点下不来台。

"湘姐,我真的喜欢你,我一进公司就很欣赏你,我们交往好不好？"解进很认真地说。

"不行不行，昨晚的事就当没发生，我比你大这么多，又是同事，不可以。"许湘连忙说，"你喝完咖啡就走，我们分头去办公室。"

"湘姐，都什么年代了，还在意年龄，再说咱们公司的章程又没有明文规定同事之间不能谈恋爱。"

"我有男朋友了。"许湘坚定地说。

"你骗谁啊，公司上下都说你是单身。"解进不甘心地说。

"我没告诉他们，我男朋友在国外。"许湘继续说。

"那我参与竞争，只要你们没结婚，我就有机会。"解进说。

"我是不婚主义者，而且只需要一个男朋友。"许湘笑着说。

"他不过比我早，但是我会证明我比他好的。"解进看着许湘的眼睛，很认真地说。

"好了，咖啡也喝完了，你赶紧走。先回家去换身衣服，别让别人看出来你昨晚没回家过夜。"

"嘛，小的告退，等会公司见。"解进走前还是调皮地亲了一下许湘的脸。

许湘的脸又红了，赶紧送他出门。送走解进，许湘换了上班的衣服，去楼下药房买了紧急避孕药，然后乘地铁去上班。到了办公室，刚坐下来，解进就敲门进来，给了她一个三明治和一杯奶茶。"我想着你可能来不及吃早饭，顺手给你买的。""谢谢。"许湘客气地说。

姐弟恋？许湘从来都没想过。在她眼里，解进就是个大孩子。她一直喜欢成熟的男人，就算被解进的气息吸引，那也是生理上的而非心理上的。这就是个事故,她对自己说。可是当解进凑近时,那股带着阳光味道的清新气息又吸引着她,纯生理上的吸引就不能做朋友了么?许湘的心有点乱,不想了,随他去了。

（19）按部就班

所有的礼物，都有价格的标签。

左彬这天下班早早回到家，看到妻子顾怡云正在洗衣服，大女儿玲玲在房间里做作业，小女儿菲菲在客厅里看动画片。

"今天怎么你自己洗衣服啊？张阿姨呢？"

"张阿姨家里有事，请假一天。"张阿姨是家里请的钟点工，每天下午来三个小时做饭做家务。

"今天晚饭去哪里吃？出去吃还是叫外卖？"左彬想到，张阿姨没来家里就没人做饭了。

"看你的记性，不是早就说好了今天去和小双一家一起吃晚饭的嘛。"

左彬这才想起来，妻子几天前就跟自己说过这件事。小双是妻子的大学同学，最要好的闺蜜。前两年全家移民去了澳大利亚。这次趁着过年孩子在澳大利亚的学校放暑假回国内来看望亲戚朋友，抽空两家人家一起聚一聚。

左彬嗯了一声。顾怡云继续和他聊家常："今天我给菲菲报了个国际象棋班,每周四放学后上一个半小时的课。菲菲说班里有同学在学,她也喜欢,很想去学,我就给她报了。"

左彬听了挺高兴。他自己小时候下过围棋,虽然没下出什么名堂,但是培养了他的博弈思维,对后来从事股票投资的工作很有裨益。看来菲菲遗传了他这一点,也对下棋感兴趣。左彬不是个死读书的人,虽然他不怎么亲力亲为地管孩子读书,但是对培养孩子的兴趣爱好是很支持的。

"那谁送菲菲去呢?"左彬问,他想顾怡云还要管大女儿玲玲的功课,分身乏术。

"爷爷说他可以送菲菲去,上完课再把菲菲送回来。上课的地方就在她们学校边上。"顾怡云回答。

左彬的父母住得离左彬家很近,步行也就二十来分钟,玲玲和菲菲的学校在两家中间。左彬的父母都已经退休,平时在家里闲得慌,很愿意找点事情做。

"那蛮好。"左彬说。

顾怡云洗完衣服,边涂护手霜边说:"你知道我今天去接玲玲和菲菲的时候遇到谁了?"

"谁啊?"

"赵小虎的老婆。"

左彬听到这个女人就没好感。

顾怡云接着说:"她看上去像是发达了呢,带了两个LV。"

"两个LV?左手一个右手一个?"

"背一个,拎一个。"顾怡云笑着说。

"都是假的吧。"左彬说。

"我看是真的。"顾怡云说。

左彬知道妻子是识货的。去年去希腊旅游，在米克诺斯岛迷宫一样的小巷里，顾怡云找到一家销售各种名牌奢侈品的精品店。她选来选去，选中了一款爱马仕的限量版包包，2万多欧元。左彬虽然有点心疼，但还是咬咬牙买了。

顾怡云涂好手，开始换衣服。顾怡云的衣着风格和许湘完全不一样，许湘只穿大牌正装，而顾怡云则完全不在乎牌子，几十块一件的淘宝货也会买，只要合身、舒适、时尚就行。但是她很懂搭配，穿着便宜的衣服并不显得掉价。她的服饰总有一些点睛之笔，比如卡地亚的手镯、Tiffany的钻戒、ASAKI的珍珠项链或者名牌包鞋之类，每次只配一两样，但都是限量款。

"她做什么发达了呀？"左彬见妻子对着镜子在画眉毛，继续问。

"她说她现在是一家什么小马理财公司的区域经理了，上个季度奖金就拿了十万，马上去买了两个LV。"

"理财公司？"

"是啊，她还拼命向我推荐他们公司的理财产品呢。什么三个月年化12%，六个月年化14%，一年期的年化16%……"

"这是骗子公司吧，哪里能有那么高的收益？"

"我也觉得不大靠谱。我跟她说我们家都是左彬管钱，我只管用钱。她说哦哟，是的呀，你们左彬炒股收益好好交高来，哪里看得上这么点收益。"

左彬听得出这话里夹枪带棒的，但还是被妻子惟妙惟肖的模仿逗乐了。

"她还跟我说她动员亲戚朋友都买了,哪个医院的主任也买了,哪个法院的法官也买了,哪个电视台的主持人也买了,最后还让我动员我爸妈去买。"

"你可千万别,这很有可能是骗子。"

"我才不会去动员我爸妈呢。"

"非但不要去动员,还要给他们打打预防针,免得他们在别的地方上当受骗。"

"嗯,好的。"

顾怡云已经换好了衣服,拎起爱马仕,招呼孩子们:"玲玲、菲菲,我们要出发啦。"

顾怡云的父母都是大学教授,父亲还做到了大学的副校长。在这样一个高级知识分子家庭长大,顾怡云的人生就像是高定。小学上的是大学的附小,中学是大学的附中,都是上海顶尖的名校,然后又直升进了大学。

顾怡云从小就是个乖乖女。父母是严厉的,但从来不会打她或骂她。她乖是因为她知道自己远远达不到父母对她的期望,只好夹起尾巴做人,拼命努力以达到父母对自己最低限度的要求。名校里的每一个学生都是学霸,而且学霸中还有学霸。总有那么几个学生天赋异禀又勤奋努力。顾怡云在考前熬夜复习,勉勉强强可以及格,可是班里有那么两三个人,考前听音乐踢球,轻松 100 分。这摧毁了顾怡云想名列前茅的信心。她知道自己天资平平,但她还是拖着、拽着、坚持着,每天刷题到 12 点,周末上补习班,成绩勉勉强强地保持在前十名左右。最终，依靠父亲的影响力，保送进了大学。

顾怡云秀气而文静，从初中开始就不乏仰慕她的男生，每每这样的好感出现，必定被母亲扼杀在摇篮里。母亲是严格监控电话的，谁打来的，她又给谁打过电话，电话里说了什么。信件也是一定会被审查的。初二的时候，她第一次发现母亲审查一个男生写给她的信，她抢过来撕烂了扔进垃圾桶，跟母亲说再看她的信就断绝母女关系，但紧接着期中考试她发挥失常落到了班级中下，父亲整整三天没说一句话，脸上写满了"我失望"，从此她对母亲的审查也就不抗争了。

进入大学以后，父母就不太管她了，尤其是母亲，不再审查她的电话和信件了。

有一天，同寝室的好友小双邀她一起去泡吧"看帅哥"。酒吧，那不是不良少年出入的场所吗？但顾怡云没有拒绝，她觉得有个声音在呼唤她，那个声音叫自由。

那天晚上在酒吧，她是真被一个声音深深地吸引住了。那个台上唱歌的少年，长发披肩，边唱边弹吉他伴奏，嗓音有磁性。在唱过几首流行歌曲之后，他又演唱了一首自己编的歌，歌声时而高亢时而低沉，旋律很优美，顾怡云完全沉醉其中。演唱结束，全场响起掌声、喊声和口哨声，小双也努力跟着吹口哨，只有顾怡云静静地坐着，但其实她的内心比现场的任何人都更激动。

"怎么样，帅吧？"小双说。

"唱得很好听。"顾怡云淡淡地说。

"你看这小酒吧里，不少都是我们学校的女生呢！我听说呀他叫林放,是上音毕业的,没找到工作,在这小酒吧里卖唱,挺可惜的吧。"

"卖唱"两个字,让顾怡云听着很不舒服。"唱得好总有机会出头的。"顾怡云说。

从那以后顾怡云时常到这间酒吧来坐坐,开始小双陪着,后来小双觉得无聊不来了,她就一个人来。每次听林放唱完就回宿舍。

一天,顾怡云听林放唱完独自走出酒吧,觉得肚子有点饿,就到边上的便利店买了些关东煮,准备带回宿舍吃。出门的时候,正撞上背着吉他的林放,手上的关东煮打翻,汤水洒到了林放的身上。

顾怡云赶忙说"对不起,对不起",抬头一看是林放,心里扑扑乱跳,扭头就走。没想到林放快步追了上来,说:"你是华师大的学生吧,我看你常到酒吧来,你也喜欢音乐吗?我叫林放,我是上音毕业的。你叫什么名字?别不说话呀,说个名字没事的吧。你饿不饿,刚才把你的夜宵撞翻了……"

"我叫顾怡云。"顾怡云看到宿舍的大门口已近,加快脚步奔了进去。

整整两周,顾怡云没有再去酒吧,仿佛是一个暴露了身份的间谍,无法再混在人群中不被发觉。一天下午,顾怡云下课回宿舍,走到宿舍门口,听到有人招呼她,"顾怡云!"原来是林放背着吉他在大门口等她,"你好几天没来啦,今晚我会唱我写的新歌,你来听听吧,买饮料的钱我帮你付了。晚上见!"

顾怡云踌躇着,她知道去了就会有故事。但她还是换了身衣服去了,有个声音呼唤她,那个声音叫自由。

晚上听完歌,她在酒吧门口等了一会儿林放,跟林放说她饿了。他们一起去吃肯德基,然后林放送她回宿舍。后面几乎每天都是如此。听歌,吃夜宵,回宿舍。如果晚上学校有讲座或活动,顾怡云便会在活动结束后到酒吧门口和林放约会。

有一天,两人逛着聊着忘了时间,宿舍大门关了,林放就把顾怡云带回家——一间租的小屋,两个人偷尝了禁果。

顾怡云喜欢在小屋里和林放相伴。小屋里连一张像样的床都没有,却有不少乐器和一组音箱。两个人在一起不需要说一句话,手拉手并肩席地而坐,闭上眼睛一起欣赏音箱里放出的音乐。渐渐地,少男少女的心跳开始加速,两个人拥抱在一起,然后跟着音乐,在序章时相互抚摸、亲吻;音乐进入主题时他们也奔向主题,随着音乐的节奏起伏而起伏荡漾;最后在音乐达到高潮时他们也一起达到高潮。

顾怡云沉醉在爱情中,但是心里总有一块阴霾。林放始终没有找到正式的工作。有几次,林放提到他的同学有去北京发展得很不错的,满是羡慕的表情。上海的文化氛围确实比北京弱了很多。顾怡云的恋情很快被父母发现了。他们反对,激烈地反对。一个不务正业在酒吧卖唱的人怎么能当他们的女婿。

一天下午,林放来酒吧上班,老板说有人找他。他一看是一位中年女士。那人开门见山:"我是顾怡云的妈妈。"

林放静静地听着顾妈妈给他上课。一个是大学教授,一个是不怎么会说话的艺术生,必定是一个说一个听。顾妈妈提出了大量的理论、事实和案例,从各个角度论证了顾怡云不能嫁给他，最后的结论是他们必须马上分手。

晚上，林放对顾怡云说，他的几个同学在北京搞了一个组合，已经有唱片公司愿意签约发唱片，他们想拉他一起入伙。这是一份正儿八经的工作，像他现在这样在小酒吧唱歌是永远不会有出头之日的。

顾怡云知道分别的时刻来了。林放第二天就退了出租屋，把乐器打包寄往北京，把音箱砸烂扔进垃圾桶，买了火车票，背上吉他出发了。顾怡云到火车站送他。两个人拥抱着，非常不舍，顾怡云很想听林放说一句"跟我走吧"，她想只要林放这么说她就会跟他私奔，但林放没有说。火车开了，顾怡云想像电影里一样跟着火车跑，但她的腿完全没有力气，一步也迈不动，只能眼睁睁地看着列车远去，她觉得自己的心也空了。

林放走后再也没有消息，她试过给林放打电话，起初总是无人接听，后来变成了空号。林放已经换了手机号，故意要把她从生活中抹去了。

林放走后一个星期，顾怡云发现自己怀孕了。她没有犹豫，当天就让小双陪着去医院做了人流手术。手术后她在宿舍床上又躺了一个星期。母亲来宿舍看她，让她去医院看病，她说自己没病，只是心情不好，母亲不好再多说什么，只是每天做了好吃的送来，顾怡云也不推辞，每餐都风卷残云般吃光，吃完倒头便睡，不和母亲多说话。母亲觉得担心又无奈，但看到女儿胃口很好，只当她是失恋造成的心理创伤。人流的事只有顾怡云自己和小双两个人知道，小双自然为好姐妹守口如瓶。

后面一年顾怡云又开始了疯狂学习模式，成绩也一跃到了系里的前列，到大四的时候，获得了保研的资格。父亲和母亲都希望她能保研，但是她却放弃了保研，坚持要参加全国统考，考北大的研究生。

父母觉得不能理解，问她为什么要放弃保送的机会。

她反问说："你们不是总教育我说要努力争取最好的，北大难道不比我们学校更好吗？"

父母无言以对，但是心里明白，女儿这是在抗争。

一般而言，抗争有三种方式。第一种是对抗，你要我这么做我偏不这么做，你要我往东我偏就往西，处处跟你反着来，这种对抗往往出于逆反心理。人一旦长大就很少再采取这种方式，而是改为后两种方式抗争。第二种是无视，你说你的，我干我的，你在火里，我在水里，你着急，我慢条斯理，你发火，我装聋作哑。第三种最高明的就是矫枉过正、请君入瓮，你要我做，我就给你做到极致、做过头，做到你自相矛盾、自抽耳光。

顾怡云知道即使去了北京也未必能找到林放，即使找到林放他也未必还单身，即使他还单身他们也未必能重燃爱火。但是她仍要考，她要离开父母的势力范围过自己的生活，那是她的抗争。

这次考研也是她最后的抗争。只有雄鹰才能够在暴风雨中搏击翱翔，愤怒的小鸟是不行的。然而，顾怡云考研的分数离北大的分数线差了一分，没有考上，然后通过招生调剂，兜兜转转还是回到了华师大，回到了原点，和当初保研毫无区别。

顾怡云不再抗争了，她知道那是毫无意义的。她是暖房中的花朵,在园丁的培育下绽放,是不会飞的小鸡,在母鸡的翅膀下成长,她成人了,却割不断和父母的脐带。

研究生毕业后顾怡云留校当了老师。父母开始着急,希望她早点谈恋爱嫁人。她对谈恋爱没兴趣了,除了林放,她想她不会再爱上谁,只想找个像样的嫁了就行。经过了几次不靠谱的相亲后,母亲的同事介绍了一个相亲对象——左彬。

顾怡云和左彬真的很般配。都是上海人,都是名校毕业,都是硕士学历,一个在大学当老师,一个在基金公司上班,两家各有婚房。当然还有最重要的,两个人都放弃了爱情,都想着能找个条件匹配的结婚就行。交往了半年,两个人就结婚了。一年后大女儿出生,四年后,小女儿出生。在生完两个孩子之后,顾怡云身体不太好,她一直都有些贫血,稍微劳累点就容易头晕。高校的压力越来越大,开始实行末位淘汰制,她本来就不喜欢大学老师的工作,也不是搞科研的料,与其被淘汰,还不如主动退出,于是她请了长病假,专心在家带娃。

左彬是个好丈夫、好队友、好合伙人。他努力工作、赚钱,婚后又买了两套大房子、每年出国旅游、夫妻生活正常,也发自内心地爱两个孩子。顾怡云没什么可抱怨的,要说唯一让她有点不满的就是,他对她好像没太多依恋,常常说出差就走了,说不回来睡就不回来睡。不过顾怡云也不是很在意,因为她觉得,婚姻就这回事吧,彼此做好自己的本分,也不能对对方有过多要求。水至清则无鱼,给彼此留点空间反而更好。

（20）光怪陆离

金融不需要创新。所谓创新，就是新的骗局。

几乎是一夜之间，P2P 的风潮席卷了整座城市。路边出现了很多"××金融公司""××理财中心"字样的门面，门前挂着像银行门口一样的电子滚动招牌，介绍各种"宝"："现金宝""收益宝""财富宝"……各式各样所谓的理财产品。超市门口摆开柜台，拉起横幅，竖起易拉宝，穿着统一黑西装白衬衫的年轻人滔滔不绝地向来来往往的叔叔阿姨们宣传着各种"金"："安赢金""稳利金"……也是各式各样所谓的理财产品。而志向更加高远的公司，则在电视里、网站上、微博上、地铁里、办公室的电梯厅里打出广告。无论在什么地方，都能看到 P2P 的广告。只有躲进银行里，才能避开 P2P 广告的洗脑。当然，偷偷摸摸跑到银行去存钱是要巨大勇气的，那几乎成了偷懒、无知和不懂理财的代名词。

白石通这个老江湖是不会被洗脑的，他只是觉得迷茫。最早兴起的互联网金融，阿里巴巴的余额宝，他是看得懂的，那不就是个货币基金嘛,十几年前就有的东西,也是十几年来他自己的流动资金最主要的投资方向。货币基金可以在银行买、在证券公司买,也可以在网上买,从来都是那样不温不火,怎么到了大佬们手里就成了全民关注的焦点?他不禁佩服大佬们点石成金的能力。货币基金这样一块没啥人关注的石头到了大佬们手里就成了炙手可热的金子。

他看不懂的是这些新近冒出来的宝啊金啊什么的,动辄承诺百分之十几的利息,有些比他公司配资客户的利息还要高,他们做什么能赚出那么高的利息呢?后来他渐渐有点明白。有好几家P2P公司和他联系,要为他提供配资资金,让他介绍配资客户。不是每一家都能谈成合作。有一家在电视上做广告的大平台谈成了,那些小平台基本谈不成,因为小平台要的配资利息太高了,超过了配资客户能够承受的范围。白石通想,原来这些P2P公司并没有什么创新的"核心技术",还是要找股票配资客户这种要借钱的人,用更高的利息把钱借出去。大平台吸金的利息低,所以还能和他的配资客户匹配。小平台的钱连他的配资客户都匹配不了,能去哪里找到客户呢?

正想着,手机响了。白石通一看,是他的老金主,快马小贷公司的老板方建国。

"方老板,您好!"

"小白啊……"白石通听方建国称呼他小白,心里咯噔一下,有些不悦。他和方建国认识很多年了,在当营业部经理的时候就认识,也算是老朋友了。方建国比他还小一岁,最早叫他"白总",后来熟识了就叫他"老白",怎么现在改口成了

"小白"？

白石通寻思着，方建国打电话来一定是问配资业务的事，毕竟好久没亲自打电话来问了。当初他刚从证券公司辞职出来成立自己公司的时候，游说了好多他认识的有钱人来当他的配资金主，给客户提供资金。方建国嘴上满口答应，说："我跟老白那么多年交情了，你要做什么，一句话，我绝对相信。你要多少钱，五千万够不够？我先投五千万，可以的话我追加到五个亿。"白石通知他一向高调，喜欢说大话，根本没把五千万那个数字当回事，想想能有个五百万就不错了。可是没想到第一单快马小贷公司只给了十万，再联系新业务的时候，方建国下面的业务员说没钱了。即使只有十万，方建国也每天打一个电话来问问情况，客户有没有爆仓云云。后来第一单顺利结束，方建国觉得股票配资是个放贷的好生意，快马小贷公司总算追加到了五十万，最多的时候到了两百万。而他也不再每天打电话来，改为每周打来问问。但是最近几个月他都没有再打来电话。白石通想，除了例行的汇报一下配资业务，他也很想知道方建国在忙些什么事。白石通就是一个天生的包打听和传话筒，可他没想到方建国压根没提配资业务的事。

"小白啊，我有两个事。第一是本周六的下午，我们快马集团成立十五周年庆典，你也来捧捧场吧，过会儿我让秘书把请帖发给你。"

"恭喜恭喜，一定去一定去。"白石通心里虽然有些不快，但语气上丝毫不会流露出来。

"还有个事，"方建国压低了声音说，"你金融圈朋友多，能不能帮我换点美元搞到境外去?"

白石通心想,这是小事一桩,证券公司有 B 股业务,他原来在营业部的时候有几个专门联系的黄牛,帮客户换点美元去炒 B 股。

"您大概要换多少呀?"

"一亿美元。"

白石通先是一怔,然后从心底里笑出了声,但他赶紧收住,假装咳嗽了两声。

"那还是个挺大的数,我得去问问。"白石通敷衍道。

"你帮我问问啊,手续费少不了你的。"方建国说。

"方老板,您最近……"

"我还有点事,下次再聊,再见!"

电话那头传来嘟嘟嘟的声音。方建国已经挂了。白石通倒也不以为意。金融圈里这种莫名其妙的人和事情太多了。方建国托他换美元的事早已经抛到了脑后,这事即使是最外行的傻子也知道是不靠谱的。

第二天白石通收到了快马集团寄来的请柬,邀请他出席周末的成立十五周年庆典,地点在陆家嘴滨江大酒店。请柬制作得极为高级,厚厚的烫金的铜版纸,折叠成好几页。请柬上印着一张方建国和某位大领导的合影,后面是一篇洋洋洒洒的董事长致辞。白石通深知方建国的风格,说话都没几句是真的,印在纸上的东西就更不用看了。

周六下午,白石通来到陆家嘴的滨江大酒店。远远地,他就看到酒店广场上飘着气球,上面印着快马集团的 LOGO;

进酒店的车道两旁挂着"庆祝快马集团成立十五周年"的彩旗；在酒店的大门口拉着巨大的横幅，上面写着"热烈庆祝快马集团成立十五周年"。白石通觉得这排场都快赶上国庆招待会了。

在酒店门口还竖着一排宣传板，是快马集团的介绍。请柬上的那张照片放在开头最醒目的位置，后面还有十几张小一点的照片，全都是方建国和各级领导的合影，按照领导的级别排序。后面是董事长致辞、集团介绍，白石通瞟了一眼，没仔细看，只看到"进入世界五百强"云云。之后列着一长串集团下属单位名单，足有上百条，每家单位名字后面还有一句话简单的业务介绍。快马小贷排在第一位，后面有快马金融咨询、快马金融服务、快马金融信息……大约十匹快马的后面是几十家名字各式各样的金融、财经、理财、投资公司，什么大牛、猛虎、金丝猴……其中好几家都是白石通在马路边和超市门口看到过的，没想到都是快马集团下属的企业。这些构成了快马集团的金融板块。除了第一家快马小贷算是货真价实的小贷公司以外，其他都是做 P2P 的。接下来是文化板块，有快马影视、快马文化、快马娱乐、小鹿体育等，白石通想起来方建国确实跟他提起过要去拍电影，他当时就当成又一句不靠谱的大话抛到了脑后。后面还有 IT 技术板块，什么小虫科技、蚂蚁芯片、蜂群区块链；新零售板块，什么快马连锁、河马电商、北极熊生鲜……一瞬间，白石通有一种进了动物园的错觉。再后面是一长串合作单位的名单，排在最前面的工农中建四大行和几家大型股份制银行的名字，白石通心想方建国又在拉大旗作虎皮了。最后是一排证券公司、基金公司和金融公司的名字，其中赫然有白石通自己的公司，后面的介绍是"国内领先的证券金融公司，资产逾 50 亿元"。白石通不禁笑出声来，心想原来自己这么有钱的。不过他觉得自己应该没白来，除了见识一下排场以外，也可以新认识些金融圈的人，说不定还有机会拓展一下业务。

突然一阵鼓噪，有人叫了一声："方总来了！"

音乐声响起，门口的工作人员和迎宾小姐纷纷站立就位，拨开宾客的人群，留出中间的通道。好几辆车缓缓驶来。打头的是一辆奔驰 S600，从车上下来四个健壮的年轻人，穿着和电影《黑衣人》里的汤米·李·琼斯一模一样，黑色西装、黑色领带，黑色墨镜。他们下车后迅捷地站在四个角，警戒地看着四周，有美国总统护卫队的气势。第二辆加长版劳斯莱斯驶进四个黑衣人警戒的长方形，停稳后同样穿成黑衣人的司机跑下车来开门。这时方建国从车内走出，穿一身白色笔挺的西服，白色的礼帽、红色的领结和一双亮亮的粉色皮鞋。工作人员齐齐鼓掌，引得不少宾客也鼓起掌来。方建国摘下礼帽，向人群挥手致意。突然他似乎被后面的什么东西撞了一下，向前一个趔趄，边上的"总统卫队"赶紧扶住他，才没有摔倒。原来是他老婆也跟着下了车，只见她没有 200 斤也有 180 斤，从车里钻出来的时候一脸不悦，但随即堆上了笑容，站在方建国身旁也向人群致意。她穿着一件黑色的镶钻晚礼服，从上到下直通，看不出腰身，像一个没有擦干净的油桶，在太阳下闪着油腻的光。

方建国夫妇在享受了一分钟人群的掌声后，缓步走进酒店。后面还有第三辆车，也是加长版的劳斯莱斯，下来六个浓妆艳抹的美女，有中国人有外国人。这六个女人白石通分别在不同的场合见到过和方建国在一起，但是同时出现还是头一回。两个中国女人是方建国前后两任秘书。身材最矮小的是越南女人，方建国对外说是美籍华人。还有一位泰国美女，据说是他去泰国旅游时认识的。金色头发的大长腿是俄罗斯人，据说是在夜总会认识的。还有一个棕色头发的外国人不明来历，方建国说是法国人，白石通听说来自北非或中东。

在场的人中，白石通算是最了解方建国底细的人之一。方建国原来在动物园工作，搞宣传，后来调到了区里的宣传部门一路升任做到科长，然后下海经商。方建国做过各种各样的生意，政府鼓励什么他就做什么，常常能拿到政府补贴什么的，但是谁也说不清他到底做了什么。有人说他赚了很多钱，也有人说他从来就没赚过钱，只是不断地在拆东墙补西墙而已。白石通知道快马小贷在他这里给客户配资赚了点小钱，别的也不甚了了。

白石通跟着人群走进酒店来到会场，巨大的宴会厅摆得满满的，足足有一百桌。方建国夫妇和几位出席的领导坐主桌，第二桌是他刚从英国留学回来的女儿和六个后宫佳丽。美中俄英法，刚好凑成一个小联合国。后面二十几桌是公司优秀员工和合作单位代表，剩下的几十桌则是P2P投资人代表。白石通的座位就在合作单位区。宾客入座之后他便主动和同桌的人一一交换名片。

"我是××物业公司的,快马集团是我们办公楼的租客。"

"我是××汽车销售公司的销售代表,白总要买劳斯莱斯可以找我。"

"我是××广告公司的,快马集团的广告有一部分是我们设计的。"

……

一圈名片交换下来,除了白石通没一个是金融界的,他感到有些失望。他的座位正好在一个音箱的边上,主持人声嘶力竭的吼声和隆隆的音乐声震耳欲聋,让他觉得脑袋嗡嗡地响,勉强坚持了二十分钟,就推说有事提前告辞了。

白石通在电话里把快马集团十五周年会上的见闻告诉刘芳的时候,刘芳笑得合不拢嘴。她也收到了方建国的请柬,借口出差推托了,但是看着快马集团声名鹊起,也禁不住想了解一下。

"刘总,我白石通自认为路子有点野,但是没想到还有路子这么野的!"

"哈哈哈……哎,老白啊,你的另一个金主陈福贵怎么样啊?最近房地产调控很严,限购又加码,银行给房地产公司的贷款也收紧了,他没什么问题吧?"

"这个老头子可有花花肠子了,这段时间拼命地追求我公司的一个小姑娘。"

"他来挖你的后宫啊!"

"刘总说笑了,我哪有后宫。不过前几天陈福贵的确是把放在我这里的钱全抽走了。"

刘芳挂了和白石通的电话,又想起应该问一下许湘关于收购的进展,便打电话给许湘。许湘说会计师和律师的尽职调查底稿都已经完成,她准备周末在家里加班汇总一下,做成一份完整的尽职调查报告。

(21) 枝叶横生

信任不是昂贵的，而是无价的。

"好女怕男缠。"此话一点不假。那晚以后，解进就展开攻势，约许湘一起去世纪公园跑步，这让许湘无法拒绝，她喜欢跑步，有个伴挺好的。有时他们会从世纪公园一直跑到滨江大道，然后在江边歇一会，再跑回来。他们分享彼此跑步的音乐，发现在听歌上有很多共同爱好。在一起多了，解进就明白了，许湘根本就没男朋友，晚上基本没有男的给她打电话，她对微信的黏度也不高，于是他加紧了攻势，拉着许湘去酒吧喝酒，借机又制造了几起事故。许湘一直犹豫着，摇摆不定，虽然从理智上她觉得解进并不能作为人生伴侣，但是如果就当他是个跑步的伴，互相解决一下寂寞的伴呢？大家都是单身，又有什么不可以。只是她和解进约法三章：一，在公司不能表现得亲近；二，不是男女朋友关系；三，不过问对方的私生活。这样的约定也是无奈之举，因为许湘实在无法界定这种关系。

这样拖拖拉拉了一阵子，解进终于争取到了周末去许湘家的权利。这个周末,许湘正在电脑前计算一组数据,忽然听到手机铃声,那铃声不是她的手机,倒像是解进的。那铃声响了很久,没有人接就停了,许湘继续做她的计算。没想到过了十秒钟,铃声又响起来,许湘被铃声搞烦了,大声问:"解进,是不是你的手机在响啊?"

"是的、是的,麻烦你把手机拿给我,我刚放在餐桌上了。"解进说。

许湘站起身,循着铃声找到了解进的手机。来电的人名字挺长,有四个字。许湘走过去把手机递给解进。解进伸左手接过手机,眼睛却紧盯着电脑屏幕,都没有看许湘一眼,右手紧握着鼠标,跟电脑那头的队友说:"快放大招啊,快放啊!"

他快速地接通电话,说:"喂,朱哥……都跟你说了,不用担心,会涨回来的……我自己的钱,能不上心吗?……我在对战,不多说了。"说完就挂了,把手机放在电脑边上,继续投入地玩游戏。

许湘轻轻叹了口气,回去继续工作。

过了一会儿,她正想到一个关键的地方,又听到解进叫她:"小湘姐,小湘姐。"

许湘只好停下手头的工作,不耐烦地问:"又怎么了?"

"给我倒杯水,谢谢喔。"

许湘从冰箱里拿出一瓶矿泉水,走到解进身边,重重地放在电脑桌上。解进沉浸在游戏中,依旧没有看许湘一眼。许湘回到电脑面前,觉得真不该同意让解进过来,就为了那片刻的温存?他来了只有添乱,虽然他厨艺不错,可以给她做美味的三餐，可是她对吃真的很不在意，叫外卖或者自己随便煮点什么就对付过去了，对她而言，更重要的是无人打扰，让她能专心工作。

许湘连续忙了几个周末，整理出了尽职调查报告，发给刘芳，刘芳觉得很满意。下一步就是要敲定最终的收购价格和商务条件了。

许湘按照左彬的建议，向 Schulz 提出最终的收购报价为 8500 万欧元。Schulz 说要上报给董事会。过了几天，Schulz 打电话通知许湘，董事会已经原则上同意了 8500 万欧元的报价，可以让律师起草合同了。许湘暗自高兴，立刻将这个好消息告诉了左彬和刘芳。刘芳很满意，连连称赞许湘。许湘说是左彬的建议。

但过了两天，Schulz 突然发来邮件说，有别的公司愿意出价 1.3 亿欧元来竞购 ASE。因为是许湘这边先接洽的，而且跟这个项目已经跟了很久，如果能够出到相同的价格 BY 公司还是会优先考虑许湘这边。如果出不到那个价，董事会肯定会考虑卖给出价更高的人。许湘看到邮件，觉得当头被浇了一盆冷水，她立即发邮件问 Schulz 竞争对手是谁。Schulz 回复说他必须保密，不能说。许湘觉得很错愕，怎么会突然冒出来一个竞争对手？会不会是 BY 公司的谈判策略，故意虚构一个竞争对手来抬高价格？她立刻打电话给左彬。左彬听后也觉得蹊跷。他想了想，分析说德国人故弄玄虚的可能性不大，如果是故弄玄虚没必要把价格喊得这么高，这么高的价格刘芳很可能会放弃。左彬觉得 1.3 亿欧元肯定是不值得的。他相信，BY 公司还是真心想卖掉 ASE 的。但是谁会出那么高的价格来收购 ASE 呢？他也百思不得其解。

许湘又赶紧通知了刘芳。刘芳也很惊讶，但是她不打算放弃。她告诉许湘，先不要急着回复 Schulz，等弄清楚竞争对手是谁再说，没有不透风的墙，这么大的一个收购案总会透出些消息的，她会通过领高资本去了解情况。要了解情况没有那么困难，三天以后，红土地公司发公告称，公司拟以 1.3 亿欧元收购德国 ASE 公司，因为涉及 IPO 募集资金用途变更，要提请股东大会审议通过。公告后半部分还对 ASE 大吹特吹了一番，说 ASE 是全球安眠药龙头企业，研发能力如何如何强。红土地的股票一开盘就不明就里地涨停了。

许湘在证券报上看到红土地的公告一下子就怒了。红土地是吕腾飞的项目，吕腾飞竟然来挖自己墙脚了。她冲到吕腾飞的办公室，把报纸扔在吕腾飞的面前，质问道："吕腾飞，你这是什么意思？"

"什么什么意思？你什么意思？"

"红土地今天的公告，要收购 ASE，你不会不知道吧。ASE 公司是我的客户要收购的标的。"

吕腾飞一脸满不在乎地说："你的客户可以收购，我的客户也可以收购，你凭什么来质问我？"

"吕腾飞，我的客户是跟海明证券签的合同，不是跟我许湘个人签的合同，你这不是在挖我的墙脚，是在挖公司的墙脚。"

"你别说得那么大义凛然，还不是在乎你自己的业绩和奖金？资本市场上价高者得，谁钱多谁是大爷，你有本事让你的客户出价更高啊。"

许湘心想,跟吕腾飞这种流氓争吵也没有意义。她去向总经理周海涛投诉。于是她把事情跟周海涛汇报了,周海涛安抚她说,他一定会调查清楚,秉公处理,给许湘一个交代。过了一会儿,周海涛让许湘再到总经理办公室去。许湘进门一看,吕腾飞也在。周海涛招呼两人坐下。他先问吕腾飞:"腾飞,你帮红土地收购 ASE 公司,事先知不知道 ASE 公司也是许湘客户的收购目标?"

"不知道。"吕腾飞说。

"你撒谎!"许湘想起刚才去质问吕腾飞的时候,吕腾飞完全不像不知情的样子。

"许湘,吕腾飞事先不知道就不能算他挖你墙脚啊!市场上巧合的事情总是有的,两个人从来没有沟通过也会买一样的股票嘛,你不能说他偷了你的研究成果啊。"

"可他是知道的。"许湘说。

"你有证据吗?"周海涛一边问,一边从桌上拿起一份合同,"我刚刚特意看了我们和领高资本签的合同,上面只写了收购一家欧洲医药公司。我理解这么写是为了保密。但是并没有明确说是 ASE 公司啊!而且你在晨会上也从来没有提过 ASE 公司的名字。"

"许湘,我们都只知道你去德国谈生意,具体哪一家只有你和你团队的人知道。难不成你跟哪个男人睡的时候告诉了他,错记成告诉我了吧。"吕腾飞挑衅地说。

"吕腾飞,你嘴巴放干净点!"许湘怒火中烧,若不是在周海涛面前,她早就扇了吕腾飞的耳光。

周海涛瞪了吕腾飞一眼,又问许湘:"你告诉过吕腾飞或是他们部门的人吗?"

许湘摇摇头,又质问吕腾飞道:"你和红土地公司又是怎么知道 ASE 的?"

"上网啊,现在网络这么发达,找到一家医药公司总比找个男人方便吧。"

"好了好了,管住你这张嘴,"周海涛对吕腾飞生气地说,"这个项目不管是领高还是红土地,收购成功都是我们公司的业绩。大家要团结嘛!我看这样,许湘前期也做了很多工作,如果最终红土地收购成功,业绩也要算给许湘十分之一。"

吕腾飞瞄着许湘说:"这下你满意了吧。"

许湘愤怒地起身快步走了出去。吕腾飞肯定在撒谎,周海涛在帮着他撒谎,两个人在演戏。可是吕腾飞是怎么知道 ASE 的?她来不及细想,要赶快通知刘芳,以免刘芳误会自己。

在许湘来电话前刘芳已经看到了公告。她丝毫没有怀疑许湘。许湘告诉她是吕腾飞搞的鬼,周海涛也支持吕腾飞,刘芳听了也很生气,她告诉许湘自己不会轻易放弃。许湘的心情非常郁闷,按她的脾气立刻就想辞职,可是刘芳说"还不放弃收购 ASE 公司",这句话让她还不能辞职,财务顾问的工作她还得继续干下去。

中午吃饭的时候,许湘在公司食堂遇到了风控部门的杨嘉。杨嘉见许湘心情不好,便问她怎么了。许湘把吕腾飞帮红土地公司收购 ASE 和她起冲突的事跟杨嘉说了,他听后也为她忿忿不平。他压低声音对许湘说:"我觉得红土地这家公司有很大的问题,当初内部过会的时候我就坚决不同意签字。"

"什么问题?"许湘也压低声音问。

"我怀疑它财务造假。"杨嘉说。

"你有证据吗?"许湘又问。

"没有。"杨嘉无奈地摇摇头。

杨嘉吃完先走了,许湘心事重重,盘子里的饭菜还剩了一大半,就再也吃不下,坐在那里反复地想,吕腾飞是怎么知道关于收购 ASE 公司的事情的。这时,解进走过来坐在她对面,关心地问:"湘姐,怎么了,心情不好啊?"

"没什么。"

"听说上午你和四部的吕经理大吵了一架。"

"是关于收购 ASE 公司的事,我不明白吕腾飞是怎么知道这个项目的……"

"也许是戴姐告诉他的吧。"

"Diana?不会吧。"许湘不太相信。

"我看戴姐和吕经理关系挺好的,有一次我还看到他们中午一起在外面吃饭呢。"

经解进这么一说,许湘倒真有点怀疑 Diana 了。她看不惯吕腾飞油里油气的流氓样子,她亲眼见过吕腾飞当面对 Diana 说:"今天这条裙子真不错,显得你前凸后翘。"Diana 并不觉得厌恶,一笑而过。许湘有些怀疑,但并没有证据,即便有证据又如何,大家在一个公司里,谈不上泄密,也无从追究违纪违规。她觉得身边危机四伏,每个人都不可信。

三天后，徐一帆发来邮件，说他和他的团队已经决定，只要国内有风险投资机构愿意投，他们就回国来创业，希望许湘能帮他在国内找风投。在邮件的最后，徐一帆还说他已经签了离婚协议，儿子跟着妈妈继续在美国生活，而他决定回到国内来发展。许湘的心里咯噔一下，但工作上的千头万绪让她无暇多想其他。她回邮件说她会努力帮着找风投。

下班后，许湘刚走出办公楼，手机响了，一看是刘芳打来的。许湘接起电话。

"许湘，你现在赶紧去买个新手机，明天上班，老手机和手提电脑都不要带，老手机上的东西也不要拷到新手机上去。我只能说这么多了。"

许湘觉得奇怪，还想再问一问，刘芳已经挂了。她想刘芳让她这么做一定是有原因的。于是她到附近的商场里去买手机。她已经好久没在商场里买过电子产品了，早已习惯了在京东上买。她在手机柜台前看到一男一女两个穿着校服的中学生手拉手在挑选手机，女孩看中了一个，男孩便买给了她。许湘心想现在的孩子真是和自己小时候不一样了。

许湘买好手机，突然看到了韩玫，边上一个高大的外国男人正是Franz。韩玫也看到了许湘，有点不好意思地跟许湘打招呼。Franz和许湘也互相打了招呼。

"Franz来中国出差，我陪他出来逛逛。"韩玫说。

许湘心知肚明，不好当电灯泡，便赶紧和韩玫道别。

（22）电闪雷鸣

坏人的底线是把牢底坐穿。

第二天早晨许湘一到办公室，就觉得气氛异常。办公室主任在门口候着，将她引入一间小会议室。两个穿着西装的人在里面等着。

办公室主任向那两个人介绍说："这是投行二部的许湘。"

"我们是中国证监会稽查大队的工作人员，现依法对海明证券投行部进行立案调查。请你予以配合。"

许湘有点丈二和尚摸不着头脑。但她知道，此刻她什么也不能说，只有配合。

"请您交出手机和手提电脑。"

许湘这才明白昨天刘芳电话的意义，心里一阵感激。自己的手机和手提电脑里虽然没什么违法犯罪的东西，但是隐私的内容总是有的，被别人看去总归不舒服，也不知道会惹什么麻烦。

许湘把手机放在桌上。"我没有手提电脑。"许湘说。

工作人员把手机连同一张写着许湘名字的纸条放进一个透明塑料袋中封好，示意她可以走了。办公室主任低声让她到大会议室集合。许湘到走廊上才发觉，投行部的办公室里多了很多陌生人。有些人在翻阅文件资料，有些人正在把文件资料和电脑主机打包贴上封条。她来到大会议室，投行一部二部三部的人都坐在里面，唯独不见吕腾飞部门的人。她随手拿了一瓶矿泉水，坐到郝仁怀的边上，轻声问："出了什么事？"

"红土地造假上市。"郝仁怀幸灾乐祸地说。

这时解进也进来了，显得有些慌张，看到许湘赶忙过来问："许经理，出什么事了？"

"别慌，不是我们部门的事。"边上的郝仁怀代替许湘回答了。

这时，总经理周海涛恭恭敬敬地引着两个人走了进来，并排坐在主席位。平时开会周海涛都坐在中间，今天谦让了一番后他自觉地坐在左手位。

"我先介绍一下，这位是证监会稽查大队的冯处，这位是上海证监局的张处。他们今天来是调查红土地造假上市的问题，负责这个项目的吕腾飞等人已经被隔离审查。"

"我们公司发生了这样的事，作为总经理，我感到非常自责、非常难过，平时我对投行业务关心不够，导致出了这么重大的问题。我会向董事会做出深刻检讨。但是我一直都强调，要严守风控合规的底线，违反证券法律法规的事是绝对不能做的！可是就有那么一些人，知法犯法，为了个人利益铤而走险。你们虽然没有直接参与红土地项目，但是一定要全力配合证监会的调查工作，有违法犯罪线索的一定要主动交代。你们各自的业务中有违法违规行为的，也要立刻投案自首，争取宽大处理。接下来请证监会稽查大队的冯处说两句。"

"刚才让各位交出手机，那是规定的程序，过会儿就会还给大家。我们会检查一些数据，各位请放心，你们的个人隐私和与案情无关的我们不会看更不会传。还有电脑和其他资料也一样。这几天影响大家的正常工作大家就克服一下吧。"

周海涛的表演让许湘觉得恶心，但冯处的讲话倒很实在。

散会后周海涛回到办公室，锁上门，翻箱倒柜地找出自己藏的一本护照。按规定，周海涛的护照是要上交的，但他特意藏了一本。然后他用桌上的固定电话订了一张当天下午飞往加拿大的机票。订好机票后，他从衣橱里找出一个行李包，打开看了看确认一下，里面是一大包美元现钞。他拎着行李包就出门了。在门口遇到了办公室主任，拿着个透明塑料袋说："周总，您的手机。"

"放我桌上吧。"

"您出门要不要我叫司机啊？"

"不用了，我就到附近办点事，很快回来。"

周海涛下楼叫了辆出租车直奔机场。他一分钟都不想耽搁。

45分钟后他就到了浦东国际机场，快速地办完机票，走向出入境检查站。

在检查站，边防警察将他的护照在电脑前扫了扫。他不安地等待着，过了一会儿，过来另外一名警察，将他请到一边，把护照和登机牌还给他，说："请你回去吧，你现在不能出境。"

瞬间，周海涛从头凉到了脚跟。

周海涛回到住处。房子是位于陆家嘴的豪华酒店式公寓，租的，他一个人住。老婆孩子早就送去了加拿大。整个下午，他用家里的固定电话想方设法地给老领导、老同事、老朋友，或者一切他认为可能有门路的人打电话，希望能托到关系。然而要么无人接听，要么被拒听，好不容易接通了一个，对方听到他的声音就立刻挂断，再打就被拒了。周海涛再度感到绝望。他觉得自己已是瓮中之鳖。最后他鼓起勇气打给一个律师朋友，推说是自己的一个朋友卷入了证券犯罪，问有没有办法免于坐牢。

"周总，您是知道的，我们办案是有价码的。"

"大概要多少钱？"

"像您朋友的这种情况，要免于刑事起诉的话，2000万吧。"

2000万，周海涛是有的，但现在拿不出来。他早就把几套房子都卖了，大部分的财产已经转移去了加拿大，国内只剩下两三百万。到了晚上，他打国际长途联系上了妻子，加拿大刚刚是清晨。他在电话里说自己东窗事发，已经被限制出境，律师说要2000万能免于坐牢，让老婆赶紧卖掉加拿大的一套房子准备钱。

"周海涛，我们离婚吧！"

周海涛愣住了，他没想到妻子是这样的反应。

"你别拖累我们母子啦！"说完妻子就挂断了电话。

周海涛彻底瘫倒在床上。他原本想再捞两年就辞职退休，去加拿大和老婆孩子团聚安享晚年，没想到却是这么个结局。

他想自杀，但实在没那个勇气。他想到自己还有点钱，自杀岂不是便宜了那个绝情的女人？于是他决定不自杀了。整个晚上他都睡不着，几次幻听有人敲门来抓他。直到第二天天亮，他实在困得不行了，才睡了过去。醒来时已经是下午。抓他的人仍然没来，他又撑过了一天。

这天晚上，他接到一个奇怪的电话，声音很陌生。但他一接起电话对方就能叫出他的名字。

"是周海涛吗？"

"是……是的。"他想，大概是要抓他的人在找他。

"你知道是谁举报的吗？是你们公司的许湘。"

说完，那边就挂了。

此时的周海涛已经丧失了理智。他对这个奇怪的匿名电话没有丝毫怀疑。许湘的确是最有举报动机的人，她的项目被吕腾飞抢了，她一定怀恨在心伺机报复。周海涛怒由心生。他想着许湘有什么把柄在他手上，这样他向办案人员交代的时候也可以拉许湘垫背。可是他想来想去也没想出来。想想她工作上有什么违法违规的？许湘一向小心谨慎不越雷池。再想想她私生活上有什么问题，她一个单身女人能有什么问题？吸毒？酒驾？乱穿马路？周海涛越想越离谱。突然，他清醒过来，为什么要等到被抓了以后再拉许湘垫背呢？他现在还没被抓，还是总经理，还有权力报复。

许湘直到下午下班前才拿回自己新买的手机。打开手机上的证券软件一看，红土地公司已经紧急停牌等待发布公告。她的心情很复杂，马上就拨通了左彬的电话。

"左彬，公司出了大事，"她刚想说下去，一个证监会的工作人员从她身前走过，她意识到在公司里讲话不方便，便说，"等会我再跟你说。"

回到家，许湘再次拨通了左彬的电话。

"左彬，我公司出大事了。"

"是不是跟红土地有关？"

"你怎么知道？"

"我猜的。红土地今天紧急停牌，说有重大事项要发布，你们公司是红土地的上市保荐人，我想大概跟这个有关。"

"你猜对了，红土地涉嫌造假上市，今天证监会稽查大队调查组进驻我们公司，吕腾飞他们部门的人都被抓了。"

"这么严重！这帮家伙胆子也太大了，造假上市可是要坐牢的呀。"

"是的。"

"单凭吕腾飞做不了那么大的案子吧，也许会牵涉到更高层。"左彬继续分析。

许湘心想，周海涛肯定脱不了干系，但她还有更重要的事要跟左彬商量。

"刚才我在想，那个 ASE 公司的并购项目也许可以起死回生了。你想啊，红土地造假上市被立案调查，他们不可能再去收购 ASE 公司了，那我们就有机会了。"

"是的。事不宜迟，你最好马上给德国方面发邮件。红土地之前发了要收购 ASE 公司的公告，虽然它不能收购了，不排除还有别人看到公告加入竞争。"左彬提醒道。

许湘立即写邮件给 Schulz，说她知道红土地公司已经被证监会立案调查，没有能力再收购 ASE，建议他还是考虑自己这边的收购意向。Schulz 很快回复说感谢许湘提供的信息，但他们还要向红土地求证，如果她能提供什么证明材料的话，他可以立刻向董事会报告。许湘想德国人果然严谨，不过那么重要的事仅凭她空口白牙肯定是不行的。于是她打开电脑，上了上交所的网站，等最新的公告。过了一会，红土地的最新公告发布出来。内容很简短：

"本公司因涉嫌欺诈发行遭中国证监会立案调查，特此公告。"

许湘赶紧下载了公告，微信上发给何晶让她翻译。不一会，何晶就把翻译好的汉德对照的公告发了过来。许湘立刻又写了一封邮件，把红土地的公告原文、汉德对照的翻译件，还有上交所发布公告的网址都发给了 Schulz。

第二天，红土地造假上市的消息登上了各大证券报的头版。《财兴》杂志还刊出了一篇深度报道，说红土地虚增销售收入和利润，所谓的虫草种植基地全是荒地，价值十几亿的虫草存货子虚乌有，总之造假恶劣程度触目惊心，还说红土地之前要收购德国公司就是为了把资金转移出境。

许湘来到公司，自己的办公室已经恢复了正常，调查组集中到了投行四部的办公室工作。

突然，办公室牛主任和人事部张经理一齐走进了她的办公室，把一份公司的红头文件放在她面前。张经理手里拿着另一份向她宣读："许湘因严重违反公司纪律，即日起立即开除。"

文件上盖了公司的公章。许湘知道这是周海涛狗急乱咬人,她本来心情就极差,一下子站起身来,爆发了:"你们这是什么意思?说我严重违反公司纪律,我违反了哪一条,你们给我指出来?"牛主任和张经理没有生气,反而对许湘发火觉得很理解。人事部经理说:"我们也觉得莫名其妙。可这是周总下的命令,一点道理也不讲,说谁不执行就开除谁。"边上牛主任也说:"我们这是例行公事,最近公司事儿挺多的,证监会还在调查,结果怎么样都还不知道,你就先忍忍吧……"许湘明白对这两位发脾气没有意义。她拿起红头文件,问道:"上面写着即日起,我现在可以回家了吗?"

两个人互相望了一眼,异口同声说:"可以。"

许湘把红头文件收进包里,快步离开。刚走出办公楼,手机响了。许湘一看,是杨嘉打来的。

"湘姐,我刚才收到了人事部经理给我的红头文件,说我严重违纪立即开除。我问他我违了什么纪,他说他也不知道,是周海涛的命令。你说气人不气人!"杨嘉在电话里很气愤地说。

许湘心想,原来周海涛乱咬的还不止她一个。她平静地说:"我也被开除了,也是同样的理由。"

"您也被开除?这公司简直是黑店,无法无天了。"

"你打算怎么办?"许湘问杨嘉。

"我说了,公司无故开除我,我要去劳动仲裁。"杨嘉说。

"我支持你。"许湘说。

许湘的心情差到了极点。她想到自己在公司工作这么多年兢兢业业,最终却是这么个下场,心寒极了。此刻,她想找个人说说话,她打电话给解进,他却没接。于是她又打给左彬。

电话接通,左彬一下子就听出许湘情绪非常低落。

"我被公司开除了。"许湘说。

"开除!?为什么呢?"

"没有原因。就是周海涛狗急乱咬人。"

左彬沉默了一会儿,说:"许湘,我觉得这对你未必是坏事啊!"

"不是坏事?"

"你想啊,红土地造假上市被查,你们公司是保荐人,如果查实了,按照证券法的规定,你们公司的保荐资格至少被暂停六个月,你要留在公司的话新股 IPO、增发什么都做不了,到时候也会被逼着跳槽。"

许湘觉得左彬的分析很有道理,他到底还是比自己冷静,这么快就能权衡利弊。她也冷静了下来,很快就发现另一个问题。

"可是 ASE 公司的并购项目也做不下去了。刘姐是跟海明证券签的财务顾问合同,我离开了,这个合同就没人做了。"

"你可以想办法把这个项目带走啊。我建议你先给刘芳打个电话,听听她的意见。"

许湘经左彬这么一提醒,才想起来应该给刘芳打个电话。

电话接通。"刘姐,对不起。是我们海明证券出了内鬼,让您收购 ASE 公司的计划遭遇了波折。"许湘先做了自我检讨。

"哦,这种事情防不胜防!"刘芳说。

"刘姐,还有一件事,我被海明证券开除了。"

"开除？为什么？"

"是周海涛。红土地造假的事他肯定脱不了干系，他现在是狗急乱咬人了。我告诉您是想提醒您，收购 ASE 公司的财务顾问协议海明证券履行不下去了。"

"这倒是有点麻烦，财务顾问协议上是有排他条款的，换一个财务顾问的话就是跳单了，还得付钱给海明证券。你有什么办法吗？"刘芳问。

"我来想办法。"许湘说。

（23）不赌天意

屋漏偏逢连夜雨，花未开全月未圆。

　　许湘答应了刘芳想办法，其实她心里完全没底。不管怎么样得先找份投行的工作。可是一投简历才发现，现在的招聘广告，很多都设了年龄限制，有的明确写了，只招35周岁以下。许湘为这种赤裸裸的年龄歧视感到愤愤不平。她投了好几份简历，却都石沉大海。
　　这段时间许湘歇在家里，解进来得就多了，他平时都要住这，周末许湘催着他回父母家。许湘并不习惯一个男人的长住，虽然她喜欢他身上的味道，可是她不喜欢他留在卫生间里的味道。他回父母家以后，她连忙让钟点工阿姨过来，把家里彻底打扫，重点清洁了卫生间。她想她真的不适合婚姻，不适合和一个人同居。她有洁癖＋强迫症，家里什么东西放在哪都是固定的，桌面上除了电脑和纸巾盒，不能有其他东西。可是解进一来，什么东西都随用随放，家里被弄得一团糟，她还经常找不到自己的东西。家里何必多这样一个人呢？大家就跑跑步，有空花前月下一番就好了呀。而且越交往下去,她觉得两个人的共同语言越少,毕竟成长的环境和年代不同,说到一些事总是观点相左,两个人往往观点不一致也就不往下聊了,甚至都没吵过架。解进喜欢打游戏,兴奋起来还拉她来观战,可是她对游戏一点都不感兴趣。细想起来,两个人的感情就靠一起运动维系着,当然也包括床上运动,不可否认的是,在这方面他俩还是很和谐的。从前工作忙许湘也没空去想这些,沉静下来才明白,解进只能作为一个约会对象解解闷,并不适合做伴侣。她决定要找个机会跟他聊一下。

解进回到父母家,给许湘发了个信息说到家了。许湘简短地回复"好的"。他们一直都这样,虽然交往不久,但就像老夫老妻一样,微信就是用来通报的,从不多聊,大概觉得反正天天公司都能见面。而且两个人的话语体系差异挺大,许湘喜欢打字,很少用表情符,解进恰恰相反,不喜欢打字,要么表情符,要么语音,有的表情符许湘觉得挺幼稚的,好像在提醒着她,两个人就是两代人。

这天,解进下了班来许湘这,许湘做了几个菜,等他吃完,开了口:"解进,我跟你说点事。"

"啥事啊?"解进有点诧异。

"你看我最近找工作不太顺利,经常觉得心烦,我想一个人待一阵子。"许湘继续说。

"你是要来大姨妈了吧?你也就大姨妈来了的几天会心烦,我都适应了。"解进嬉皮笑脸地说。

"我是认真的,我一直习惯一个人生活,说实话我努力适应你了，但还是很不习惯。"

"我总想着如果你心情不好，你烦的话有我陪着会好点，想不到你烦我。"

"不是烦你，我就是不习惯，喜欢一个人待着，我们还可以继续见面，一起跑跑步什么的。"

"你就是烦我，如果真的喜欢一个人就是很喜欢和他在一起，总觉得和他在一起的时间不够，我对你就是这样的。你就是不喜欢我。"解进将了许湘一军。

"我……"许湘愣住了，"我喜欢你"这句简单的话她就是说不出口。

"行，我明白了，一直以来都是我一厢情愿。我这就收拾东西走，不烦你了。"解进说罢，就气呼呼地去房里收拾东西。

许湘看着他，挽留的话却说不出口，她心里也有点舍不得，但是和自由相比，她更爱自由。或许解进说得对，她心里其实并不是很喜欢他。

很快解进就收拾好了，他在许湘这里的东西很少，他塞进上班的双肩包，重重地拉上门走了。走时连个礼节性的"再见"都没说。

"真是个孩子。"许湘在心里叹了口气。

一周后，许湘接到了牛主任的电话，让她第二天到公司去一趟。

"有什么事吗？"许湘在电话里问。

"不是公司的事，是证监会的调查组有些事情要向你了解情况。"牛主任说。

许湘觉得可以理解。

第二天上午,许湘又来到海明证券。办公室主任把她引进投行部的会客室,冯处长和另一个工作人员在里面等她。许湘曾无数次在这个会客室接待客人,如今她成了这里的客人。

"您好,您是海明证券投行部的许湘吧?"冯处长问。

"原来是,上个月被解职了。"许湘回答。

"哦,那没关系。我们是中国证监会的工作人员,今天找你是关于红土地公司的事情,向你了解些情况,希望你能配合我们的工作。"冯处长说。

"好的。"许湘回答。

"你是什么时候开始参与红土地公司相关的工作?"冯处长问。

"我从来没有参与过和红土地公司相关的任何工作,这个是吕腾飞部门的项目,我是另外一个部门的,他们的项目我不参与。"

"任何相关的都不参与?"

"都不参与。"

"那收购德国ASE公司的事呢?"

"那个,"许湘愣了一下,她没想到冯处长会提到这个项目,但是既然调查了,她也问心无愧,"那个项目是吕腾飞从我手上抢过去的。ASE公司本来是我的一个客户想要收购的标的,不知怎的被吕腾飞知道了,他就去安排红土地公司抢先收购。为此,我跟他大吵了一架,还吵到了周海涛那里。"

"所以后来你们就合作做这个项目了?"

"没有,怎么可能呢?为这个事情我和吕腾飞都闹翻了,怎么可能合作呢。"

冯处长点点头,又问:"你自己做股票吗?"

"不做。"

"有亲戚朋友做股票吗?"

"我爸妈也不做的。其他亲戚朋友么总归有人做的吧。"

"有人把账户交给你管理吗?"

"没有。"

"那你有没有把红土地收购 ASE 公司的消息透露给哪个亲戚朋友?"

"没有,那不可能,我自己都是在证券报上看到红土地公司的公告才知道它要收购 ASE 公司的。"

"你是说你没有提前得到信息?"

"是的,我是看到报纸上的公告才去和吕腾飞吵架的,这件事吕腾飞和周海涛都很清楚。"

冯处长沉默了一会儿。边上的工作人员问道:"你认不认识一个叫诸葛明达的人?"

"不认识。"

"你确定吗?"

"我确定。"

冯处和边上的工作人员低声商量了几句,便递过来一张名片,说:"感谢你的配合。我们在调查和红土地相关的一起内幕交易案,如果你想起来什么事情,可以打名片上的这个电话找我们。另外你近期最好不要离开上海,我们可能还要打搅你。"

许湘接过名片,问道:"我可以走了吗?"

冯处长点了点头。

走出海明证券，许湘的心情更加低落。从冯处提的问题中她听出了怀疑她参与了内幕交易。可是她从来没有买过红土地的股票，也没有向任何人推荐过红土地的股票，即便有人做了内幕交易，怎么会怀疑到她呢？最近为什么厄运接二连三？把刘芳的业务搞砸了，工作丢了，现在又莫名其妙地卷入一桩内幕交易案。

她想来想去，会不会和左彬有关系呢？她邀请左彬参加过红土地的上市路演，左彬也和她一起去德国考察 ASE 公司，也许左彬买了红土地的股票，让证监会怀疑到她了。

她立刻拨通了左彬的手机。

"你好，许湘。"左彬接起电话。

"左彬，你有没有买红土地的股票啊？"许湘跟左彬不用绕弯子。

"没买过。买了不就倒霉了，造假上市会被直接退市的。"左彬说。

"从来没买过？我是说有没有买过又卖了？"许湘问。

"从来没买过。"左彬说。

"你确定？"

"我非常确定。我买过的股票自己还能不知道吗？发生了什么事？"

许湘便把刚才配合调查的事详详细细地跟左彬说了。

左彬听了，知道事关重大。"你先别担心，我帮你去打听一下。"左彬放下手机，思索片刻，拨打了葛飞的手机。

(24) 不猜人心

"知人知面不知心",适用于金融圈的任何时间、任何地点、任何人。

半小时后,左彬打回给许湘。

"许湘,我去打听过了。第一,证监会找你谈话并不是说你一定有问题,而是说他们要了解情况。如果你真的没做违法违规的事,也是不用担心的。"

"我肯定没做违法的事。可是他们为什么会怀疑到我呢?"

"这也是我要说的第二点。证监会不会平白无故地来找你的,他们一定是掌握了一些证据能够怀疑到你。"

"会是什么样的证据呢?"

"有很多。第一是 IP 地址,如果那个做内幕交易的账户,是用你家的网络 IP 地址交易的,那就会怀疑到你。第二是通话通信记录,如果做内幕交易的人跟你有频繁的通信联系,也会怀疑到你。第三是资金转账记录,如果做了内幕交易的账户里的钱最终转到你的银行卡上了,那肯定也会怀疑到你的。"

"这么多线索,真是大海捞针啊。"

"监管部门也是通过大数据来找线索的。我的朋友告诉我说,上个月他们的大数据监控系统就发现了一个可疑账户,在红土地收购 ASE 公司的消息出来前大量买进了红土地的股票,而且别的什么股票都没买,只买了红土地,然后在消息公布后股价涨了就卖掉了。他们根据下单的 IP 地址查到和海明证券的一个员工家里的网络 IP 地址是一致的,然后上周他们把犯罪线索移交给了证监会稽查大队。我怀疑可能这就是证监会找你谈话的原因。他们找你谈话前一定先去调查那个账户,那个账户是谁的你知道吗?那个人牵连到你了,你好好想一想。"

经左彬这么一提醒,许湘想起来谈话中证监会的工作人员提到的"诸葛明达"的名字,那很有可能就是参与内幕交易的人的名字。这个名字她没有听说过,但似乎又不是完全陌生,而是在哪里见过的。许湘挂了电话,努力地想"诸葛明达"这个名字。突然,她想起这个名字好像在解进的手机上出现过,上次她把手机递给解进的时候看到那个长长的名字,前面两个字好像就是"诸葛"。常跟解进通话的那个"朱哥",其实应该是"诸葛"!想到这里,许湘觉得毛骨悚然,浑身冰凉。

上次解进走后,两个人一直冷战,已经很多天没有通消息了。许湘想事关重大,还是放下面子约解进出来见个面。许湘直接打电话给解进约他晚上在他们从前常去的那家餐厅吃饭,解进倒是很痛快地答应了,似乎就等着许湘这个电话。

晚上见了面,许湘试探性地问:

"今天股票行情不错啊。"

"今天行情一般般啊，没涨多少。"解进说。

"从前有个什么朱哥的经常打电话给你，最近你都推荐他买些什么股票呀？"许湘问。

"没推荐他买股票，就买些基金，业绩好的那种。"解进说。

许湘停下手中的刀叉，仍然不动声色地问："你是不是不仅仅给他建议，也会帮他的账户操作一下呀？"

"是啊。其实我自己的钱也放那儿，我自己不是不方便炒股嘛，就把钱也放在他账户上做。他哪里懂啊？都是我操作的。"

"你在手机上操作？"许湘低着头说。

"是啊，怎么了？"解进见许湘有点异样，便说，"我知道这是有点违反公司的规定，可也没什么大不了的吧，你要是不高兴我以后不再做就是了。不用那么严肃吧。"

许湘放下刀叉，沉默了一会儿，强压住自己的情绪，又问道："你只给他买基金？"

"是啊。"

"没买过股票？"

"没有，一只都没有。"

"红土地呢？"

解进愣住了，憋了半天，说："湘姐，你怎么知道的？"

"这句话该我问你，你是怎么知道红土地收购 ASE 的事情的？"

解进又语塞了。

"是你告诉吕腾飞的是不是？"

"湘姐，你这么不相信我？"

"我今天问了 Diana，她说她从来没有把 ASE 的事情告诉过别人。这件事情公司里就我们三个人知道，我没说 Diana 没说，除了你还有谁？"

"你为什么信 Diana 不信我呢？Diana 她可以说谎啊！"

"你别再装了。今天我跟人事部的朋友聊了，他说一个多月前吕腾飞找过他，说要把你调到他们部门当他的助理，如果不是因为他出事，你恐怕已经高升了吧。"

"湘姐，你听我解释，我是想，大家都是一个公司的同事，项目信息分享一下也没什么大不了的。"

许湘已经站起身，说："我跟你不是一个公司的了。不是什么事情都没什么大不了的。我不想听你的解释，你要解释的话有听你解释的人和地方。"说完，许湘头也不回地离开了。

第二天，解进在公司里被证监会稽查大队带走调查。许湘接到了海明证券人事部经理打来的电话，通知许湘回去上班。

"这可不对啊，我已经被开除了。"许湘说。

"那是前任总经理周海涛的错误决定。"张经理说。

"前任总经理？"许湘惊讶地问。

"是的，前两天上级党委和金融办的领导一起到了海明证券，宣布免去周海涛的一切职务，任命了代理总经理。"人事部经理解释道。

"但是你们给我的开除通知上盖着公司的公章呢，这可是代表公司行为的。"许湘经过左彬的分析，已经再也不想回海明证券上班，她对海明证券已经失望透顶。

张经理哑口无言。

"还有啊,我看了我和公司签的劳动合同,公司无故解除劳动合同,要赔偿我三个月的薪水。我正准备去劳动仲裁呢。"

"别别别,许总,有事好商量。"张经理知道这个仲裁海明证券必输无疑,到时候他也得担责任,"我们那么多年同事,你有什么要求,就跟我说嘛。能办的,我一定帮你争取。"

"那就按合同赔偿。还有,原来我在公司时做的项目要允许我带走,留在那里也没人做,损害客户利益。"

张经理觉得许湘的要求并不过分,便去和代理总经理商量。代理总经理刚刚上任,就是个来救火的临时工,多一事不如少一事,反正是周海涛拆的烂污,如果搞成劳动仲裁败诉反倒是自己的责任,于是爽快地答应了。

"好马不吃回头草。"许湘就是这样,尽管这一个多月她努力地找工作,投出去那么多份简历都没回音,也绝不会回去求海明证券收留。

这天,许湘接到了一家猎头公司打来的电话。猎头公司说中高证券投行部正在通过他们找人,问许湘是否有兴趣。中高证券是中字头券商,业内排名前三,许湘很高兴地表示愿意去试试。猎头让她把最新的简历发过去。许湘早已经准备好,就发邮件给了猎头公司。不一会猎头公司又打电话通知,让她第二天就到中高证券总部去面试。

第二天早晨许湘来到中高证券总部。许湘虽然有多次求职的经验,但到中高证券面试还是有点紧张,她想竞争一定非常激烈。接待她的是中高证券的人力资源部经理。握手之后,人力资源部经理说许湘是猎头公司推荐的,简历他已经看过了。

"您过去三年有没有受到过证监会的处罚?"

"没有。"

"有没有其他刑事犯罪记录?"

"没有。"

"有没有被列为严重失信人?"

"没有。"

"如果被录用的话,您什么时候可以入职?"

"随时可以。"

"我没有问题了。"经理说,拿起桌上的电话拨号。

许湘心想这未免也太草率了,一个跟专业相关的问题都没问,难道自己是来陪跑的?她悻悻地起身。

"请坐请坐,"经理做了个手势说,"我们马董事长说要亲自见见你,请稍等一下。"

许湘心中一怔,原来考验还在后面。不过董事长亲自面试未免也太隆重了。人力资源部经理在电话里向秘书确认了马董事长可以接见,便引许湘去到董事长办公室。董事长办公室很大,90度角的景观落地窗,隔着玻璃幕墙可以看到黄浦江和外滩的全景。

"这位是许湘。这位是马董事长。"经理做了介绍。

马董事长做了个手势示意两人坐下。

"许湘,你的事我已经知道了。"马董说。

许湘想起当初带左彬见刘芳讲玉龙医药,刘芳也说过类似的这么一句话。

马董继续说:"我们是央企,和海明证券不一样,资源更多一些，不过机制可能没有海明证券灵活。不过你放心，好好干的话你的收入不会比在海明少的。怎么样，愿意加入我们吗？"

"能够加入中高证券是我的荣幸。"许湘十分高兴，没想到面试这么顺利。

"什么时候能来上班？"马董问。

"我随时可以。"许湘说。

"那明天就正式入职吧。你的分管领导刚好去党校学习，工作中的事你就直接向我汇报吧。"马董又招呼了一下人力资源部经理，"今天来都来了，你带许湘在公司各处转一转，认识一下几位副总和各部门的负责人，方便以后开展工作。还有，许湘，原来你带的团队，如果你觉得合适有用的人也可以一道带过来，具体的你让人力资源部安排。"

许湘简直受宠若惊。自己和这位马董素未谋面，他却如此器重她。

从中高证券出来，许湘立刻给刘芳打了个电话，告诉刘芳自己已经入职了中高证券，并且可以把在海明证券负责的项目带到中高证券去。

"很好，我马上安排和中高证券签新的《财务顾问协议》，收购 ASE 的工作你继续推进吧。"刘芳很高兴地说。

马董提到团队，许湘想到了杨嘉，这是她在海明证券里唯一觉得有能力并且人品可靠的人。她立刻打电话给杨嘉，可他说自己已经在一家律师事务所找到了工作。许湘觉得有点可惜。

（25）三杯两盏

年少不懂诗中意，再读已是诗中人。

第二天，许湘就到中高证券上班了。

自从许湘告诉徐一帆对他的项目有兴趣，可以帮他在国内找风投之后，两个人开启了几乎每天通话的模式，但交流越多、了解越多许湘就越觉得，他已不是当年人。徐一帆想重拾恋情的试探处处都在，而她却觉得越来越不可能，她发现这些年隔开的，不仅是曾经的伤痛，而且是迥异的思维方式和价值观。加之刚被解进所伤，她真是不想再发展什么感情。如不是看好这个项目的前景和左彬的撺掇，她还真有些后悔答应和徐一帆的合作，对她而言，不掺杂私情的合作更好。

这天，许湘正在上班，徐一帆突然打电话来说已到上海，问她晚上是否有空见面。许湘立刻打电话给左彬，要他晚上参加她和徐一帆的饭局，一来她不想和徐一帆两个人私会，再者，左彬也说了要见见徐一帆这个人。下班已是5点，换作平时，她也不会再回家换装，今天她想了想，还是回家换上了她喜欢的 DVF 裹身裙，略微补了下妆。准备出门时，邮递员敲门，她一看是封挂号信，随手放进包里就赶去晚餐的酒店，丽思卡尔顿的 52 楼。

她到时左彬已经到了。许湘一直保持着商务饭局提前半小时到的习惯，没想到左彬到得比她还早，提前量比她还足。两人边聊边等徐一帆来。德国那边的尽职调查已经接近尾声，等着会计师和律师出尽职调查报告。德国人做事认真仔细，一板一眼，但效率着实不高。尽职调查已经做了近一个月。

正说着，徐一帆到了。

左彬吃了一惊，没想到许湘的初恋竟如此帅。这个中年男人身材保持得很好，看得出一直在健身，衣着讲究、气宇不凡，是女人喜欢的类型。左彬为许湘感到高兴，他欣赏许湘，衷心希望她能幸福，也感到有些遗憾，能给她幸福的不是他。

"左彬，这是徐一帆，我们基因靶向药项目的发起人。"

"徐一帆，这是左彬，我的大学同学。"

许湘做了介绍后，就把舞台留给了这两个男人。三个人重点聊了基因靶向药物项目的很多推动细节。也许是因为在国外待了十多年，徐一帆对国内的情况很不了解，很多事跟他解释起来都很吃力。为了制造气氛，左彬和许湘聊了一些大学期间对方的糗事，互黑得不亦乐乎，徐一帆看着他俩有说有笑，有点吃醋，感觉自己像个局外人。徐一帆对左彬有着一种来自直觉的敌意，左彬没察觉到，许湘却察觉到了。

此时窗外的浦江夜景到了最美的时分，许湘觉得非常开心，能回忆往昔，又能立足现在，畅想未来，这样把酒对月的夜晚，人生能有几个？她那开心的笑容、她那或许是因为喝了些酒微红的面颊，在餐厅柔和的灯光下被映衬得分外美，两个男人都忍不住不时看她。饭局快结束时许湘拿起手机想抢着买单，没想到服务员指指左彬说："这位先生已经付过了。"徐一帆有点郁郁，于是提出想送许湘回家，被她婉言谢绝了，她说地铁就几站路，方便得很，也不用折腾，让他直接回房休息。其实，她是不想接下去发生些什么，这次见面，她感觉和机场的那一面又有些不同。

左彬陪许湘一起去乘地铁，他也喝了酒，就把车停在了酒店，他想陪许湘一来一回，跟她再聊聊正好能散散酒，然后回酒店取车。许湘觉得这样也好，她也想听听左彬对徐一帆的看法。到了楼下，左彬觉得酒还没散，就说："上次你说请我去你家喝茶，现在能上楼喝杯茶再走吗？"许湘愣了一下，没有拒绝，两人一起上楼。

这么多年来，左彬还是第一次到许湘家，她家整洁得不多一物，家具的颜色和许湘衣服的颜色一样，黑白灰，典型MUJI的中性风。左彬想，许湘是不是也和她的衣服和家具一样冷冷的？她在床上会是什么样的？但这种想法又让他羞愧，怎么能对老同学、好朋友，尤其在自己危难时刻还帮了大忙的她，产生这样的想法？左彬正想着，许湘就端来一杯普洱，在沙发的另一端远远地坐了下来。这时许湘的手机响起，原来是徐一帆打过来的，问她到家了没有，许湘说："到了，你也早点休息吧"，就挂了电话。

左彬说："我看你这初恋不错，要不你考虑考虑？"

许湘说:"是还不错,不然当年我也不会和他在一起。"

左彬提醒道:"你有机会了解一下,他离婚时的财产分割和其他处理。分手见人品,离婚见人性,对前妻太狠的人,你可别考虑啊。"

许湘说:"老同学不愧是老同学啊,这点我倒没想到。我不太想去问别人为什么离婚以及离婚后和前妻的往来,我总觉得,那是人家隐私,要尊重。再说那跟我有什么关系呢。"

左彬说:"真的打算在一起,还是要问的,最好问一下旁人,也不能光听他说。"

许湘说:"嗯,有道理。等需要了再问吧。那你呢?你会为了外面的女人离婚吗?"

左彬说:"瞎说什么呀,我外面没人,日子过得好好的,干吗离婚。"

许湘说:"我才不信,那个肖虹,肯定跟你有一腿。"

左彬一惊,心想许湘就听到几次他和肖虹的电话怎么就察觉他们之间的暧昧?女人的直觉真是见鬼了。他急忙辩解:"我们清白得很,不跟你扯了,我走了。"

许湘听到他这么快就自己提出要走有点惊讶。她的内心非常矛盾,既想左彬再多留一会聊聊,又担心他们之间会发生些什么。她实在没想到,左彬真的喝杯茶就走了。而且,茶还没喝完。她有点懊悔,是不是自己说了不该说的话,今天真是喝多了。左彬急着走,是因为他太贪婪此刻的温馨,今天的许湘,裹在合体连衣裙里的身材显得玲珑有致,深 V 领口戴着的珍珠项链衬得锁骨越发性感,他怕再坐下去就不想走了,现在处于各种低谷的他，实在不想再惹什么麻烦。

左彬刚走没多久，许湘的门铃就响了，她还以为是左彬落了东西折回来取，开了门却是徐一帆，捧着一大束玫瑰。许湘看着捧着玫瑰的初恋情人有些恍惚，想起了他们过的第一个情人节，他也是捧着一大束玫瑰，在她的宿舍楼底下等她。

"还愣着干吗？不请我进去？"徐一帆说。

"你怎么知道我家的？"许湘问。

"这还不容易。"徐一帆晃了晃手里的那封挂号信。他捧着玫瑰，大剌剌进了门。

徐一帆进了客厅，许湘想去饮料柜里拿些喝的。红酒后劲足，刚才和左彬坐了一阵，心思荡漾，许湘愈发觉得有些昏昏沉沉。突然，有人从背后抱住她，她脑子里想到的是左彬，是刚才她请左彬上来喝茶呢，她觉得左彬在亲吻她的背，让她觉得很松弛、很舒服，他又拉开她连衣裙的拉链，一路亲吻，让她意乱情迷。她闭着眼，感觉左彬将她抱起，放到沙发上，突然，一个声音在她耳边说："许湘，让我们重新开始吧。"她睁开眼，眼前却是徐一帆，她突然就清醒了，奋力推开徐一帆。徐一帆被许湘这一推搞得不知所措。许湘拉起连衣裙，说："你走吧，我要睡了。"徐一帆赶忙道歉。许湘拉开大门，毫不客气地请徐一帆出门。许湘裹上薄羊毛毯，一个人对着漆黑一片的世纪公园。此刻的她，又陷入了无边的孤独。

她迷迷糊糊地想，刚才自己喝多了错把徐一帆当成了左彬，但如果真的是左彬还会把他推开吗？她不知道。她又觉得后怕，她和左彬交往很多年了，以前从来没有像刚才那样的感觉。随着这些日子因为各种事的接触,她对他越来越了解,也越来越欣赏,欣赏他在困境中的韧性,欣赏他保留着读书人的一些品质,欣赏他的判断力。但那个肖虹,到底是不是他的情人?左彬自己走了,反而让许湘对他的好感又多了几分,觉得他是个自律不轻浮的男人。

想着想着,她想起一句古老的爱情名言:"女人应该找一个爱自己的人当老公,自己爱的人当情人。"是不是因为出现了徐一帆,这个"爱自己的人",所以她会去想谁是"自己爱的人"。但徐一帆是真的还爱她吗?还只是因为她对他的事业有帮助?而她呢,对左彬的这种情愫是爱吗?她又想起韩玫,不禁感叹女人最终得到的往往是"一个爱着别人的老公,和不爱自己的情人"。

（26）乍暖还寒

那些经过的、错过的，才是人生。

左彬下楼就打电话给肖虹，此刻的他不想回家，迫切需要释放。

"你在家里吗？我现在来找你。"左彬说。

肖虹接到左彬的电话觉得有些突然，但又很开心。她盼望着见到左彬，她想跟左彬讲讲弟弟找工作的事。弟弟很努力，前些日子告诉她接了一份临时的工作，跟一个演出团去了香港，还发给她几张香港的夜景照片。她问照片在哪里拍的，肖雷回复说在文华东方酒店。肖虹又问他找工作的事，他说还在找，让肖虹不要担心。可她没法不担心。她原想赚出给弟弟出唱片的钱，结果却赔得血本无归。她已经欠了左彬30万，当然不好意思为了弟弟的事情再向左彬要钱，但是她想左彬本事大人脉广，说不定能有一些门路。

她想应该换身衣服。平时和左彬见面多半是工作日的中午或下班以后，她都穿着职业装，可今天在家里，可以换一件随意些的。她在自己的简易衣橱里翻，翻来翻去找到了一件绿色的无袖连衣裙，刚工作不久那会儿买的，虽然很便宜但是她很喜欢。那时候她的眼光还很少女，穿上这件衣服显得特别稚嫩，仿佛还是一个在校生。肖虹很久没有穿了，平时工作穿着不合适，今天穿挺合适的。

左彬叫了辆出租车。晚上车不多，司机开得贼快。曾经有一位著名的F1车手来参加上海站比赛的时候，称赞上海的出租车司机个个有开F1的潜质。这位司机也一样，左彬坐在后座上，就像是坐上了游乐场里的海盗船，左摇右晃。刚才喝的酒，后劲很足，再这么一晃，左彬觉得酒气只往上涌。出租车很快把左彬送到了肖虹的住处门口，一个老旧小区，肖虹租的房子就在一楼。左彬扔给出租车司机一张钱，几乎忘了拿找零。这个地方他送肖虹回家来过两三次，但之前都没有进门。

左彬晕晕乎乎地敲了肖虹家的门。肖虹很快来开门了。

楼道里暗暗的，屋里的灯光很亮。肖虹开门的一瞬间，那件绿色的连衣裙衬得她的肤色格外白，头发随意地扎起，露出了颀长的脖颈，让左彬看得眼前一亮。那不是自己的初恋情人吗？自己心中永远无法抹去的那个人。

"小倩，你怎么会在这里？"左彬一把抱住了肖虹，"你能回来找我真是太好了。"

肖虹闻到左彬身上的酒气，又见他语无伦次，知道他是喝醉了，已经有些站立不稳，便费力地扶他躺到床上。

"小倩来陪我，别再离开了。"左彬继续在梦呓。

"我是肖虹。"肖虹很大声地说，有点不高兴。

"肖虹?！哦，真对不起……我就是来找你的，小虹。"左彬的舌头都有些硬了。

"你喝醉了，我去给你倒杯水。"

左彬的头一接触到枕头，就真的做起梦来。他梦见送许湘到家里，跟着许湘进了屋里。突然许湘走过来抱住他，头靠在他的胸口，他闻到了秀发的香味，还有许湘身上淡淡的清香气，那么纯洁、宛如处子，他忍不住说："许湘，我喜欢你，我想要你……"许湘却松开他，淡淡地说："你喝醉了，好好睡吧……"

肖虹倒了一杯茶回来，见左彬已经睡着，便调暗了灯光，坐在左彬身边。刚才左彬叫了一个陌生的名字，让她觉得不太高兴，但心想也许是因为自己穿的这身衣服勾起了左彬的什么回忆，他喝醉了，也就不计较了。她俯下身，轻轻把头靠在左彬的胸前，心中充满了甜蜜。没想到却听见左彬说的梦话："许湘，我喜欢你，我想要你……"肖虹顿时感到很受伤，她跑进卫生间，锁上门，坐在马桶上，想静一下。她这时才知道自己已经陷了进去，虽然她明知左彬不会离婚跟她在一起，但从前她觉得，左彬还是有些喜欢她的，如果不喜欢怎么会定期约她出来呢？如果不喜欢怎么会帮忙解决爸爸生病的事呢？如果不喜欢怎么舍得为她花了30万元呢？可是刚才，他竟然连叫了两个女人的名字，却都没有她，这让她崩溃。原来她完全错了。她不愿意当小三，而在左彬这里，不说小三、小四，连小五能不能轮得上都不知道。是的，左彬只是觉得她一直候着他，随叫随到，所以他可以毫不避讳地喊别人的名字，那么深情。她欠了左彬30万还有父亲的一条命，所以她一直有点想报恩，当然，她也是喜欢他的。但是今晚她才明白，原来一直以来，她都是在单恋。过了一会儿，肖虹走出卫生间，看到躺在自己床上熟睡的左彬，从柜子里拿出一条毛巾毯，睡在了沙发上。

左彬早晨醒来，还有点昏沉，他看看周围的环境很陌生，一下子不知道自己在什么地方。想了一会儿，才想起昨晚的事，他从许湘那里出来以后叫了一辆出租车到肖虹家，把她错当成了自己的初恋情人，后来的事都想不起来了。这里应该是肖虹家。肖虹已经走了，不辞而别。他打开手机，看到肖虹发给他一条微信。

"左总，您不要再来找我了。欠您的30万请给我点时间，我会慢慢还您。"

左彬心想，肖虹究竟是怎么了？昨晚上还好好的，是我做错了什么事？还是不满意了作一下？或是不想再跟我维持这种关系了？他想打电话给她，但在接通前又按掉了，也不知该如何回复这条微信。他知道自己没有什么能去挽留肖虹。如果此刻他去挽留她，他能用什么去挽留？他能离婚，给肖虹一个正常的恋人关系吗？他能给她什么呢？他从前还能给她钱，但现在他连钱都给不了了，他什么也给不了，也什么都不想给。他觉得有些惆怅。他想了想，还是静观其变等等看，也许肖虹作几天就没事了，也许她过一阵还会来找他，又或许，他们不会再见。

（27）待价而沽

一切都是生意。

肖虹来到公司，心不在焉地上了一会班。跟左彬断交的微信是发出去了，可那30万块到哪里去找？还有弟弟要找工作，要出唱片。现在自己的事情都一团乱麻，弟弟的事恐怕更帮不上。

这时陈福贵来了。

陈福贵最近仍常常来纠缠，有时送束花，有时送条项链，有时送个名牌包。肖虹把花扔进垃圾桶，别的礼物一概不收。

今天肖虹的心情特别糟，她心想，刚好来个出气筒。

陈福贵今天倒是什么礼物都没带，见到肖虹，满脸堆笑地说："美女，中午我请你吃饭。"

"请我吃饭？可以啊，不过讲清楚，我陪你吃饭是给你面子，可不是欠你人情啊。"

"那是当然，那是当然。"陈福贵没想到肖虹这么爽快地答应，喜出望外。肖虹心想，自己能省一顿饭钱也是好的。陈福贵在滨江的一家高级餐厅订了一个景观包房，可以看到外滩的全景。肖虹走进包房，对陈福贵说："你不是要在这包房里又动什么坏脑筋吧。"

"不敢不敢。"陈福贵连连摇手，"上次是一时冲动，控制不住自己，向你道歉向你道歉。"

肖虹心想，收了陈福贵的钻戒，算是扯平了，也就不再抓住不放。

陈福贵叫了一桌的菜，肖虹心情不好，也没啥胃口，吃了几口就放下筷子。陈福贵不断地称赞肖虹有多美，说自己如何喜欢她。肖虹听得不耐烦，说："陈老板，您就直说了吧，您也不用费那么多口舌，之前说让我做你一年的女朋友，你直接开个价吧。"

陈福贵愣了一下，一拍桌子说："美女真痛快，我就喜欢你这股劲儿。你说要多少？"

"200万！"

"200万，行啊！"

肖虹原想喊个大点的数，让陈福贵知难而退。她听说过大学里那些有金主的女生一个月也就三四万，一年200万绝对是天价。但是没想到陈福贵这么爽快就答应了，她倒是有点骑虎难下了。转念又一想，和谁好不都一样？反正都没有真情。有了这200万，不仅可以还清左彬30万的人情债，还可以给弟弟20万出唱片，剩下的钱够在上海首付买套小房子安家，所有这一切，如果只要付出一年的时间，还是划算的。

"我还有三个要求，"肖虹说，"第一，200万得一次性付清,你什么时候不想要我了,这200万不退。第二,你得给我个住的地方。第三,有我就不能再有别的女人,我受不了共享男人。你要是有别的女人,被我发现了我就立马走,这200万也不退。"

陈福贵想了想说:"第二第三条都没问题,你愿意的话住我家都可以,500平米的别墅现在就我一个人住。你要不愿意,我公司的楼盘还有尾盘样板房没卖出去的,都是精装修带家具的,你拎个包就能进去住。只是这第一条,你要是收了200万反悔了怎么办?或是过了一个月就反悔了怎么办?要不还是分十二个月,每月付17万,万一你反悔我的损失也小些。"

"那不行,如果你就付了第一个月的钱,之后你不付钱了我找谁去?"

陈福贵的如意算盘眼看着因为付款条件谈不拢就要落空了,他觉得很可惜,不能就这么放弃,于是他想了一会儿,说:"美女,我有个主意。我们俩都是单身……"

"陈老板,我是单身,您有那么多女人,哪能算单身啊?"

"我在法律上是单身啊。我们俩都是单身,不如就搞个假结婚。结婚一年后再办离婚。离婚协议在结婚的时候就可以签好。我每个月给你17万,要是我有别的女人,你马上就可以要求离婚,连同已经给你的钱总共给你200万,要是我提出离婚,也是一样给你200万。要是你因为别的原因提出离婚,已经给了的钱是你的,后面就不再给了。你看怎么样?"

肖虹心想,也亏得陈福贵这个老江湖能想出这种馊主意。

"我可是未婚啊，这么一搞，将来就成离异了。"肖虹说。

"要不我再加你20万。为了买房限购搞假结婚的也只要10万。"陈福贵做房地产的，对这个行情很了解。

肖虹心想，跟陈福贵做了交易自己就不是什么好女人了，有没有婚史也无所谓了。她还想到一件事："我还有最后一个要求，能不能先付两个月，就算是聘礼？"肖虹想弟弟现在急着找工作，急需20万帮他出唱片，左彬的钱可以等两个月再给。

"没问题。两个月是34万，4不好听，我再加2万，给你转36万。"

"钱到账我们就去领证。"

陈福贵当场就转给她36万。于是当天下午，肖虹和陈福贵就去了婚姻登记处。肖虹看到几对新人在排队，脸上写满幸福，准新娘都穿得很靓丽，有两个还穿着婚纱。肖虹还是穿着上班的衣服，觉得自己特别悲哀，她想象过无数种踏入婚姻殿堂的方式，和初恋男友、和左彬，但没想到是现在这种方式。她安慰自己，这不是婚姻，这只是一笔生意。陈福贵倒是一脸幸福，和准新郎的身份很般配。

肖虹绷着脸拍了结婚的证件照，领了结婚证。她正准备告诉弟弟筹到20万可以帮他出唱片了，肖雷发来了微信，高兴地说自己已经找到了工作。他已经和一家知名的娱乐公司签约，加入一个男生演唱组合，马上就要出第一张唱片，非但不要自己出钱还有工资和版权的分成。肖虹既为弟弟感到高兴，又为自己感到悲哀，黯然把30万元转给了左彬。

肖虹按约定搬进了陈福贵的大别墅。陈福贵提议要办个婚礼，肖虹拒绝了。肖虹说本来就是假结婚，何必假戏真做。肖虹希望知道的人越少越好，她生怕被父母和弟弟知道，她只希望早点履行完这一年的契约。她向白石通辞职，说想换个环境。白石通猜到一二，便说在她找到新工作前可以停薪留职，如果她愿意回来工作，随时欢迎。

陈福贵也很守约，再也不去夜总会，每天都回家陪肖虹。一周后，陈福贵带了两个江发银行的工作人员到家里。他有一笔贷款要续贷，这笔贷款以他在公司的股份作为抵押，原本只要陈福贵一个人签字就可以，如今他结了婚，按照银行的规定，必须夫妻双方共同在借款合同和抵押合同上签字才行。

"陈老板，原来你的钱都是借来的呀。"当着银行工作人员的面，肖虹还是一点都不客气。

"我的姑奶奶，你就帮忙签个字吧。"陈福贵好言相劝。

"这签了字我就成了借款人，等我们离婚之后，我还要帮你一起背债啊！"肖虹不乐意地说。

"姑奶奶，你快别说了。"陈福贵觉得很没面子。

边上银行的工作人员都在偷笑。其中一个人说道："陈夫人，您放心。我们银行就是为了防止客户借假离婚转移财产，所以才要夫妻双方共同签字。如果离婚后您不分得公司的股权，您是不用承担还款责任的。明天还得请您和陈老板跟我们一起去一趟工商局办理股权抵押登记手续。"

肖虹听到不分股权不用承担责任，就很配合地签了字，然后很郑重其事地对工作人员说："别叫我陈夫人，我叫肖虹。"

（28）同病相怜

能赚到大钱的人，一定不会只凭运气。

刚开始肖虹很讨厌陈福贵，觉得自己是嫁给了猪八戒的高秀英。但渐渐地她觉得陈福贵对自己挺好的，比如结婚时送了她一套周大福的婚礼黄金套装，特意声明不在200万之内，是礼物。他陪肖虹逛街，但凡她看上的他都会掏钱，也声明不在200万之内。他请了保姆，不让肖虹做家务。陪肖虹看电视的时候，也由她选台。就是在行男女之事时，还是不太行。所幸陈福贵也不是每天都要行男女之事，多数时候只是抱抱亲亲。

肖虹开始和陈福贵聊天。聊着聊着，觉得陈福贵其实是个挺有意思的人。他1958年出生在上海市川沙县，吃奶的时候正赶上三年困难时期，营养不良长僵了，所以个头不高。他告诉肖虹，自己小时候很苦，六岁母亲去世，小学读了三年就赶上"文化大革命"，也就识了几个字，没再怎么像样地读过书。"不过我现在可是研究生学历，EMBA。花钱买的。"15岁读完初中父亲又去世，他只好跟着一个族叔学做泥水匠的手艺。18岁应征入伍参了军。20岁参加对越自卫反击战,在一次战斗中负伤,留下了一点残疾,影响了他的男性功能。

后来他退伍回到老家,当时农村已实行包产到户,他家只有他一个人,分到的地很少,他对种地没什么兴趣,就把承包的地交给亲戚种,自己仍干起泥瓦匠的老本行。村里照顾他是退伍军人,修路建房之类的工程都交给他来做,他很快有了些积蓄。当时农村盖房仍是砖木结构的平房,而城里基本都盖楼房了。在做工程中,陈福贵了解到盖楼房都要用水泥预制板,觉得这个生意有前途。当时政府正鼓励兴办乡镇企业,他就开了个建材厂,做水泥预制板。1990年中央宣布浦东开发开放,川沙县被并入浦东新区,浦东开始大搞基建,陈福贵的建材厂生意火爆,赚了不少钱。后来一些先知先觉的人开始在浦东开发房地产。有个香港老板看中了陈福贵建材厂的土地,准备买下来盖住宅。香港老板仗着政府急于引进外资,在第一轮谈判中坚持以成本价买陈福贵的工厂,态度强硬,寸步不让。陈福贵回来后一边组织工人到香港老板下榻的宾馆去堵香港老板,一边偷偷拎着一包钱寻门路去疏通。第二轮谈判,香港老板老老实实地同意按评估价买下陈福贵的建材厂。陈福贵一下子有了几百万,但也迷茫了一阵子。水泥预制板的生意竞争越来越激烈,利润越来越薄,做下去是没前途的。回去搞建筑更不行,随着浦东一座座工厂拔地而起,本地的年轻人都不愿意再干建筑行当,上海的建筑市场都被浙江和江苏的建筑队瓜分了。最后还是那个香港老板的房地产项目启发了陈福贵。那个香港老板盖的房子,多层卖三千多,小别墅卖五千多,很快卖完,赚了一大笔钱。陈福贵怎么都没想到浦东的房子能卖到这么贵,上海本地人一向有"宁要浦西一张床,不要浦东一间房"的情结,香港老板的成功真是颠覆了他的认知。于是他转向做房地产。他资金不多,大项目拿不起,还是从村里着手。村里有个垃圾焚烧站,边上有大片空地。他了解到垃圾焚烧站很快会搬迁,于是便用很便宜的价格拿下了边上的一块地搞房地产。陈福贵的第一批房子造好了,可垃圾焚烧站还没有搬,他的房子一套都卖不出去。区里的规划一改再改,有一阵传出消息说垃圾焚烧站不搬了。陈福贵急了,他所有的钱都砸在了那块地上,连农民工的工资都要付不出了。他自己是农民工出身,不愿意拖欠农民工的工资。于是,他故伎重演,一边发动村民和农民工去堵环卫部门的门,一边拎着一包钱去疏通关系。一个月后,垃圾焚烧厂确定搬迁、关闭。正在这个时候又传出了通用汽车落户金桥的消息,陈福贵的楼盘涨价了四次,仍然一抢而空。这以后他就一个项目一个项目地开发。渐渐地他发现上海的房价虽然一直涨,但是地价涨得比房价还要快,面粉永远贵过面包。他卖完一个楼盘的钱,买不起同地段的一块地,只能到更远的地方去开发,辛苦造房子还不如囤地赚得多。于是最近几年他改变策略,不再努力造房快速开发,而是放慢节奏,能捂则捂,能不卖就不卖。

陈福贵退伍回来后经亲戚介绍认识了当纺织女工的发妻。妻子是工人他是农民,妻子是城市户口他是农村户口,再加上他有小残疾,所以妻子结婚后就很看不起陈福贵,女儿出生后他们就再也没同过床。后来妻子下岗,陈福贵的生意做大,妻子便当起了全职的麻将太太，整天打麻将，每月问他要生活费，其余事情一概不管，既不管他，也不管女儿。三年前的一天，妻子在麻将桌上奋战两天两夜后猝死，陈福贵后来也一直没再娶。

女儿从小就没人管，妻子不管，陈福贵没空管。好不容易熬到高中毕业，高考肯定没戏，女儿提出要出国留学，陈福贵满心高兴，又砸钱让女儿去了澳大利亚，先读语言学校，后来去了一所毫无名气的大学，混了六年也没毕业。女儿在那边的主业就是换男朋友，从留学生到当地华人到当地白人到阿拉伯移民换了个遍。陈福贵花几百万给女儿在澳洲买了房，每月给两万澳元的生活费。女儿除了要钱，再没有别的事和陈福贵交流，他不知道女儿在澳大利亚过得怎么样，女儿也不关心老爸怎么样。陈福贵的发妻去世时，女儿只在分遗产的时候回来过一次。虽然发妻从来没管过陈福贵的公司，但他的公司仍算是夫妻共同财产，发妻有一半的股份，死后他和女儿各继承25%。

陈福贵发达之后就成了夜总会的常客。他觉得自己15岁之后就是一个人，一直是一个人，所以他只能到夜总会这样的地方花钱买热闹，花钱买尊重。陈福贵看上肖虹，起初只是看中她的脸蛋和身材，后来，如他自己所说，喜欢上了她身上的那股劲，那股不服输的劲头，很像年轻时的自己。他的内心很想有个家，哪怕家里是个跟他作跟他闹的人，也胜过家里一个人都没有。

肖虹知道了陈福贵的故事后有点同情这个老头子，不再对他冷嘲热讽，说话也温柔起来，有时也会在生活上叮嘱他一些事，比如高血压不要吃含糖分太多的东西等。有一天晚上，陈福贵拉住肖虹要亲热，试了一会儿有了感觉。陈福贵拿出一粒蓝色小药丸，说吃了药之后能让肖虹更满意。肖虹没让他吃药，说对身体不好，这样发自内心的关心让陈福贵更喜欢她了。

(29) 浮沉各异

在股市上成功的秘诀就是：学而思。

左彬和肖虹失联后，生活简单了许多。肖虹真的还了他30万，没再和他联系。左彬确定肖虹是真的不理他了。现在他有了充足的时间和心思来思考。在股票市场上，会不会思考是镰刀和韭菜的区别，没有之一。镰刀会思考，韭菜不会。韭菜学会了思考就晋升为镰刀。

左彬当初指导肖虹，主要出自喜欢看美女的心理，但也多少有点想让初学者少走弯路的善心。想当年左彬初入行时就时常感到迷茫，走过很多弯路。如果把股票投资当作一门学问，这门学问和数学、物理甚至语文都很不一样。十本不同的数学书上，乘法口诀表都是一样的；十本不同的物理书上，万有引力公式都是一样的；语文略微复杂，有时候观点有分歧，但也不会大相径庭。而股票投资，不同的书上教的有时截然相反。比如，有的书上说要分散投资，不要把所有的鸡蛋放在一个篮子里；有的书上又说要集中持股，把鸡蛋放在最坚固的篮子里。

又比如说面对套牢的股票，有的书上说要敢于越跌越买，有的书上说绝不可亏损加仓，有的书上则说要及时止损。这叫初学者如何是好？左彬刚进股市时也常有这个困扰。读书时有搞不明白的地方靠多看书多做题便能解决，而在股市中书看得越多越迷茫。于是他学会了停下来思考，一边实践一边思考。

渐渐地他明白了，所有书上说的都是对的，人家教你的不是一个招式，而是一个套路，套路没有好坏，只有在不同的情况下适用或不适用。这就像武术，教刀法的让你靠近敌人砍他，教枪法的让你和敌人保持距离捅他。很多人看了书自以为十八般兵器样样精通，到了战场上一手拿刀一手拿枪，结果被人轻松收割了。

股票投资的另一个陷阱是，正确的做法不一定赚钱，闭着眼睛做也不一定亏钱，野韭菜也有春天，赵小虎不也有赚钱的时候？所以不仅股票的涨跌不可预测，股市里每个人的盈亏都不可预测。不仅普通人如此，那些有名的投资大师也是如此。巴菲特早年默默无闻，到老了成了股神；利弗莫尔年少成名，后来却破产自杀。中国的股票投资者，包括左彬，往往嘴上是巴菲特，心里是利弗莫尔。巴菲特是赚到很多钱，但人到了七老八十，九个肖虹围在身边都没反应的时候还要那么多钱做什么呢？成名要早、发财要快，在这个飞速发展的时代，等待太奢侈了。

左彬心想，这大概就是老钱和新钱的区别。中国人的钱都是新钱，有钱人基本还是富一代，不冒险不拼的人哪能成为富一代？大家的目标永远都是赚更多，大不了回到当年一贫如洗的状态。他在玉龙医药上就是贪心冒险犯的错，他为了大富贵放了杠杆，配资放杠杆是表象，内心的贪婪才是真正的魔鬼。而手里有传了几代的老钱阶层可能就不会贪心冒险了，他们犯不着，从小就大钱在握，他们保住财富的心态远胜过冒险创造更多财富的心态。但这种人他在股市上极少遇见，在股市里的人大部分是赌徒。

左彬继续反思自己，虽然谈不上大富大贵，但也衣食无忧了，而且一向行事小心谨慎，是什么打开了他心中贪婪的魔鬼？是一切都太顺利了吧，是因为想征服肖虹吧。曾凝望过破产的深渊，峰回路转后肖虹却离他而去，现在的生活又回到了正常的轨道上。

这天，左彬正在公司里看盘，手机响了，他一看，是配资公司的小胡打来的。他觉得很奇怪，自己和配资公司已经毫无瓜葛了，小胡为什么还打电话给他呢？他接起手机，里面传来小胡的声音，和之前照本宣科死板的语调不同，小胡现在显得客气且热情。

"左总您好，您还记得我吧，我是小胡，原来在配资公司工作的。"小胡说。

"记得。你找我什么事？"左彬问。

"我早就离开配资公司了。我换了工作，现在在一家咨询公司当分析师。"小胡说。

"哦，做哪方面的咨询啊？"左彬问。

"股票咨询。"

"股票？"左彬觉得很惊讶，一个配资公司的小弟竟然摇身一变成了股票分析师!

"左总,我这个分析师在您面前就是个冒牌货,您才是真正的专家。我今天打电话给您就是想跟您聊聊,看看我们公司和您公司有什么可以合作的地方。"小胡看来很有自知之明。

左彬被他的提议搞得丈二和尚摸不着头脑。"你们公司究竟是干什么的,怎么提供股票咨询的,和我有什么可以合作的?"左彬一连问了几个问题,心想难不成小胡来拉自己去当他们公司的分析师,那他可是一点兴趣都没有。

"左总,要不这样,我加您个微信,您通过一下。等会儿我把您拉进一个群,里面有我们公司业务的介绍。您了解了之后我们再谈合作,您看行不行?"小胡提议说。

"好吧。"左彬勉强同意了。

挂断通话后,小胡很快发来了加微信好友的邀请。左彬加了他好友,小胡便将他拉入一个微信群。群名叫作"日日涨停VIP群"。群主叫"古月老师",左彬猜想就是小胡了。群里消息不断,非常热闹。

古月老师在群里发消息说:"今天早上推荐让会员买入的'美丽科技',强势涨停!"下面好几个人送上了大拇指、鼓掌和鲜花。有一个人说:"多谢古月老师,我听您的话早上全仓买入美丽科技,今天就赚了5万块。"另一个人说:"真后悔啊,今天早上太忙错过了古月老师的指示,少赚了几十万啊!不过上周听古月老师的建议买了'大力矿业',连赚三个涨停,这个月还是翻倍了呀!"又有人好奇地问:"古月老师,还有什么短线牛股可以买?"古月老师回答说:"每天早上9点半,我会在群里发布'短线超级牛股'名单。如果成为我们的超级 VIP 会员，会在前一天的 2 点 57 分收到我们的'短线超级牛股'名单。"

左彬看了一会儿就没了兴趣。这不就是个"股票黑嘴群"吗？老掉牙的骗术了。

左彬在交易软件上打开"美丽科技"的走势图，果不其然，这只股票开盘一分钟就被拉上了涨停。这是只小盘股，之前成交清淡、冷冷清清，有大量资金冲进来自然就涨停了。

过了一会儿，小胡的电话又打来了。

"左总，您看我们这个群做得还不错吧，挺热闹吧。"小胡说。

"是挺热闹。"左彬说，"不过我可不会成为你们会员的。"

"左总，你想哪里去了。这点小把戏就是骗骗散户的，哪里瞒得过您啊！咱们明人不说暗话，这群里经常发声的都是我们自己人，简单讲就是托。但是还真管用，说几次就真有不少人都跟着买股票。"小胡得意扬扬地说。

"你既然知道我不会相信，那你找我做什么呢？"左彬问。

"我们可以从别的角度合作呀，"小胡说，"左总，您是做私募大生意的，我们是做小生意的，但是您的大生意也有用得着我们小生意的地方。您要是操盘做庄一只股票，拉到高位，我们可以帮您出货啊。您刚才只看到我们一个群，我们在全国各地这样的群有上千个，跟着我们的会员有几十万个。您要出货的时候跟我们打个招呼，我们就在全国各个群里强烈推荐您要出货的股票，统一号召会员买入。你别看我们的会员都是些小散户啊，每个人钱都不多，这个 3 万，那个 5 万，可是架不住人多啊，几万个人一起买，几个亿的货保管您一天就出完了。您成功出货后赚到钱分我们一点就行，我们要求也不高，10%，不算过分吧。"

"小胡啊，真没看出来，你……你还真是个人才啊！"左彬略带讽刺地说，"可这不是诈骗吗？"

"您这话可就说重了。我们这些会员大部分都是不付钱的。那些小散户，都是买个菜一块两块都要还价的人，让他们掏个几千块的咨询费那可比登天还难。我们不问他们收钱，怎么能叫诈骗呢？我们只提供建议，最后操作还是他们自己的事。"小胡说。

左彬觉得小胡一定是被洗了脑，明明在做一件违法的事情却毫不自知。小胡提议的事左彬肯定不会去做，但是左彬相信，自己不和小胡合作，总会有人愿意和他合作。左彬的内心有一丝善念，希望说服小胡不要在错误的泥潭里越陷越深。"你的客户、会员，都是些平头老百姓，没多少钱的人，他们相信你，可你把他们都坑了，可能让他们倾家荡产，你心里不难过吗？"

"左总，您在股市上赚了不少钱吧？"小胡突然反问道。

左彬被他问得一愣，回答说："是啊。"左彬心想，自己在基金公司工作的这些年，前前后后为公司和客户赚的钱能有几十亿，然后自己的数百万年薪、房子、豪车，都可以算是间接从股市上赚来的。

小胡说："可是炒股的散户大部分都是亏钱的，十个里面有八个都是亏钱的，我自己这几年都已经亏进去二三十万了。我现在是想明白了，那些散户总归是要亏钱的，就算不是听了我们的投资建议亏钱，最终还是会亏给你这样的投资大鳄的。你这些年从散户身上赚了那么多钱，你心里不难过吗？"

左彬竟被他问得哑口无言。

小胡接着说："左总，您现在不接受没关系，来日方长，我们保持联系，以后说不定会有合作的机会。"说完挂断了电话。

左彬从来没有想过这个问题：他要不要为在股市上赚了钱而难过。他从来都没有赚了钱觉得难过，也从来没见过任何人赚了钱难过。小胡的问题让他很不舒服，"这能是一样的吗？"他心里想，"他分明是在诈骗，而做股票赚钱是合理合法的。"他这样想着，心中略感安慰。他打开微信，退出了"日日涨停VIP群"，同时把小胡拉黑了。

（30）危在旦夕

银行永远是下雨收伞的。

陈福贵最近在生意上确实有点烦心。限购和银行贷款政策收紧对他有很大的影响，尤其是银行贷款。他现在捂房囤地，资金是最大的命门。房地产是高杠杆的生意。国家规定房地产开发项目要有35%的自有资金，严禁贷款资金用于购置土地，但实际上房地产商们八仙过海各显神通，用各种各样的办法突破这些限制。银行贷款拿不到可以找信托，可以找AMC（资产管理公司），贷款资金不能用来买地可以搞明股实债，可以挪用另外一个项目的开发贷款来拿地，搞来搞去能有10%的自有资金就算不错了。一般人做生意是十个锅九个盖，做房地产的是十个锅一个盖。

陈福贵也是如此。他捂房囤地的钱大部分都来自银行和信托。银行政策宽松的时候，拿到贷款很容易。一幢房子，去年押给银行借一亿，今年押给银行可以借1.2亿，因为房价涨了，多出来的2000万付掉利息还可以拿去做别的用。但是现在银行贷款收紧,去年借一亿现在还是只能借一亿,甚至只能借9000万。陈福贵借到的钱少了,但利息、工程款、公司吃用开销、女儿的生活费、肖虹的包养费还是一样要支出,资金就渐渐紧张起来。

过几天有一笔江发银行的5000万流动资金贷款到期,但另外一笔信托的钱却迟迟放不下来,陈福贵有点急。实在不行就只能卖房子了。但是按现在的行情,房子卖得不好,想要快速地卖出去只有降价,这是陈福贵最不愿意的。按照他的经验,政策调控是一时的,只要顶过去房产市场还会起来。降价出售就相当于把股票割在地板上。于是他打电话给江发银行陆家嘴支行的行长李响,商量那笔贷款的事。李响说那笔贷款只要陈福贵先还了,一个星期后就能再借出来。陈福贵想,关键是找到一笔过桥的钱,顶过这一个星期。他想到了方建国。他和方建国是通过白石通认识的,方建国是做小贷生意的,应该能帮上点忙。他打电话给方建国说要借一笔过桥资金。方建国问他要借多少金额多长时间。他说要5000万,借一个月,没有5000万的话能帮个一两千万也可以,陈福贵知道银行贷款手续冗长时间上是靠不住的,所以得多准备些余量。没想到方建国一口答应,5000万借一个月没问题,第二天就可以去签合同。不过方建国要的利率很高,一个月2%,相当于年化24%。陈福贵谢过方建国,一个月2%的利息还是让他有点心疼,不过总比降价卖房子好多了。他想找李响再做一下努力。

"李行长,您看我这笔贷款能不能做个展期,展半年?"

李响一惊,赶忙说:"老陈啊,你就别为难我啦。我都跟总行信贷部说了,你这笔贷款会按时还,现在又说要展期,这对你的信用评级肯定会有影响的。你放心,你还了以后一个星期肯定再放给你,我保证!"

陈福贵听李响这么说,也不好再多说什么,挂了电话准备和方建国签合同去了。

李响放下电话觉得心烦意乱。他很担心陈福贵能不能还上这笔 5000 万。除了这笔 5000 万,陈福贵在他这里还有好几笔贷款,要是还不上的话都会变成不良贷款,他今年的考核就完蛋了。陈福贵还了之后能不能再放给陈福贵,他自己也不知道,这要看总行的政策,但他知道自己不那么说,不保证后面能贷出来的话,陈福贵更加不想还了。

当个银行的支行行长太不容易了,外人看上去光鲜亮丽,其实像一只负重前行的蜗牛。行里事无巨细,都有考核指标。李响数过,他年终的考核指标有 123 项,任何一项不达标都要扣分,存款有指标、贷款有指标、收入有指标、利润有指标、不良率有指标……信用卡有指标,甚至今年连办 ETC 都有指标。李响搞不懂他们做银行的和高速公路收费有什么关系,但是总行布置下来的任务从来就不讲道理。李响记得去年总行推广江发银行手机支付 APP,让各支行去开发支付场景。但是手机支付早已被支付宝和微信垄断,谁会再去装个江发银行的手机支付? 好在总行只要商户愿意接受就可以,客户实际用不用不考核。最后行里的一个老阿姨想出了办法,说附近的菜场里商户最多,给他们点好处他们会愿意接受。于是李响带着几个客户经理去菜场里和小摊贩们挨个地商量。后来果然,几乎没有客户用江发银行的手机支付 APP，唯一的改变是，他手下的一个客户经理把家里买菜的活儿包了。达不到指标就要扣分，扣分扣多了就要影响奖金和升职。当然还有政治思想觉悟也是重要的，生活作风问题也是重要的，他和那个孙老师的事绝对不能让单位知道。李响心里暗自回味，有艺术气息的女人果然别有一番风味，只可惜自己是无福消受了。

许湘既然改换了门庭继续推进 ASE 的收购项目，原本聘请的律师事务所、会计师事务所的合同都要重签。她打电话给何晶，说把之前的翻译费先结算一下，后面的翻译还继续请何晶做。何晶非常开心："太感谢了，许总。"

"别一口一个许总的，叫我许湘就行了。"

"那怎么行，要不我叫您湘姐吧。"何晶说。

"既然你认我这个姐姐，我也只好占你便宜认你这个妹妹啦。"许湘说。

何晶说："求之不得呢！您这么干练，是我心目中的榜样。"

这个项目对何晶来说做得太值了，不仅翻译费很丰厚，她还收获了爱情。何晶在德国时就和李查德互生好感。李查德名校毕业，温文尔雅，有令人羡慕的工作，是她心目中理想的对象。回国之后，她就开始和李查德约会。李查德开门见山，说自己年龄也不小了，想早点结婚，他觉得何晶是很合适的结婚对象。他说自己是上海人，现在和父母住在一起，去年已经在大宁买了新房准备当婚房，是期房，明年交房，等交房的时候就可以办婚礼。

"大宁在哪个区啊?"何晶是路盲。

"原来是闸北区,现在是静安区了。"

静安区可是高大上的地方啊,何晶心想。

第二次约会,两人先去海底捞吃晚饭,又去看电影。电影院里两人坐情侣座,李查德一直搂着何晶,借机吻了她。散场时已是十点钟。何晶想要回家。

"今晚就陪我吧。"李查德说。

何晶想也没想就拒绝了:"我觉得有点太快了。"

"我们早晚要在一起的,我想快一点确定关系。"

何晶心里也是很喜欢李查德的,她犹豫了一下,但又想,都老大不小了,也用不着那么矜持,于是当晚就和李查德共度良宵。

第二天下午,何晶发微信给李查德问他下班后的安排。过了一会,李查德回复说接了项目要出差一周,马上要赶去机场。何晶知道会计师的工作就是这么辛苦,以后结了婚估计也要经常出差,但是收入很高,也算有得有失吧,哪里有既轻松又高薪的工作呢?后面几天何晶时不时地发微信去问候李查德,有一次李查德晚上回得不及时,何晶还小作一次,抱怨李查德从来不关心她。李查德发过来一张在办公室工作的照片,说自己每天都要加班到12点。何晶赶忙道歉,说自己只是惦念他了,让他注意休息,别太累了。

聊天中她看到有陌生人新加自己好友,留言是:"你是何晶吗,请加我好友。"对这种陌生人主动求加微信,何晶向来是不理的。这种人多半是微商,或是搞非法生意甚至是电信诈骗的。

第二天，她又收到了同一个人发来的请求，留言改成了："你是李查德的女友吗？请加微信。"何晶觉得有些奇怪，这人怎么知道李查德的？是她的手机中了病毒导致和李查德的聊天记录被监听？还是上次和李查德开房的信息外泄？或是对方纯粹瞎蒙？何晶觉得有些毛骨悚然。但仍然没有同意加好友。

第三天，李查德告诉何晶项目接近尾声，自己明天回上海，晚上想和何晶约会。

"去哪呢？"何晶充满期待地问。

"还去上次的酒店吧。"

"我想看电影。"

"别看电影了，抓紧时间，直接去酒店吧。"

何晶有些不悦。

过了一会儿，她又收到了加好友的请求，仍是前两天的那个人，同样的头像和名字。留言是："会计师李查德是渣男，别再上当。"何晶心头一紧，赶紧通过验证。新加的好友微信名叫"金融 IT 女"。

"你叫何晶？"

"是的。"

"你是李查德的女朋友？"

"你怎么知道的？"

"金融 IT 女"发过来一张长长的图片，打开一看是篇图文并茂的长文，标题是《揭露四大骗色渣男真面目》，作者署名"金融 IT 女"。

文章开门见山，指名道姓地说 GMPK 会计师事务所的李查德是个专门骗色的渣男。然后说自己是大龄未婚女,因为工作关系认识了李查德,他追求她,两个人谈恋爱。恋爱中她总觉得李查德有所隐瞒,便留心偷偷看到并记下了李查德的手机开机密码。两天前趁着李查德熟睡,打开他的手机,将他的照片和微信导出到自己的电脑里,自己经过分析,这才揭开他的真面目。李查德总是盯着金融圈将近三十岁或者三十出头的未婚女子下手,以恋爱和结婚为诱饵,约会两三次就要去开房,开房几次后就提出分手。从微信聊天记录看,他半年里交往了三十多位女性,同时和十来个人保持恋爱关系。作者警告金融圈的未婚女性,不要再上这个渣男的当。后面还贴出了他和好几个不同女子的亲密合影,女子的脸都被打上了马赛克,还有他和好多女子的暧昧聊天记录的截屏。

何晶看得头皮发麻,浑身发抖。

"金融 IT 女"继续发来信息:"他是不是跟你说出差去啦,骗你的,他前天晚上还跟我睡在一起,他一直在上海。"

何晶连忙拿起手机打电话给李查德,他的电话已经关机了。

当天晚上,"金融 IT 女"的爆文就传遍了金融圈。有趣的是,大家最关心的并非李查德,而是那些脸上打了马赛克的数名女子究竟是谁。如同四季酒店的偷情视频那样,又传出各种各样的版本。许湘在朋友圈里看到这篇图文,暗自吃惊。她马上给李查德的上司,GMPK 会计师事务所的合伙人 Tracy 发微信,问她是否知道李查德的事。

过了一会儿,Tracy 回复说:"你已经是今天第十二个来问我的人了。"

"那是不是真的呢？"

"应该是真的吧。我们所里至少也有两个女生中招，都是和他一起出过项目的。"

Tracy还说，会计师们做一个项目往往几个星期甚至几个月连续出差不回家，一个项目组的人朝夕相处，晚上又住同一个宾馆，男女之间很容易产生情愫。偶尔也会撮合一两对，但多数时候随着项目结束各奔东西，也就不了了之。所以公司对这种事情向来是睁一只眼闭一只眼，不干涉员工的私生活。

许湘心想，这和电影明星倒是很像，拍一部戏爱上这个，再拍一部戏又爱上另一个。

"那李查德的事公司也不会干涉咯。"

"这个事搞太大了，影响了公司的声誉。今天下午 HR 已经找李查德谈过了，希望他主动辞职，公司会赔偿他一个月的薪水。"

"公司为什么还要赔偿他？"许湘不解地问。

"渣不违法。"Tracy 回答说。

问完八卦，许湘也不忘关心一下 Tracy 在忙些什么。Tracy 说最近在看房子，因为想要生二宝，现在住的房子太小了，打算换个更大的，不过她觉得房价还会下跌，所以不急着出手。许湘不知道 Tracy 的确切年龄，估计和自己差不多，想想她这个年龄工作这么忙还要拼二宝，也是很不容易的。

许湘又把这篇八卦文转给了左彬和韩玫。

韩玫秒回了，"天下男人一般渣"。

过了一会儿，左彬才回："这个李查德是和我们一起去德国的李查德吗？"

"是啊，就是他。"

"看不出来他这么有本事啊！"

"所以才有那么多渣男和他惺惺相惜啊！"许湘听左彬把渣男说成有本事，狠狠地怼了他。

许湘想了想，没把这个八卦转发给何晶，在德国的时候她就已经发觉何晶和李查德走得特别近，她搞不清楚状况，不想惹麻烦。

(31) 放下拿起

这个世界上存在那个对的人吗?

许湘没有想到的是,何晶主动打电话给她了。

"许总,哦不,湘姐,您有时间吗?我想和您见面聊聊。"何晶说。

许湘已经大致猜到何晶想找她聊什么,便约她第二天中午共进午餐。

"湘姐,您这么忙,我还来打搅您,真是不好意思。"何晶一见面就说。

"别说这么见外的话,有什么事尽管说。"许湘说。

"嗯……上次跟你一起去德国,回来以后又发生了一些事。这些事跟工作是没有关系的,跟您也没有关系,是我自己的私事,本来是不该来对您说的,可是我实在找不到可以说话的人。这个事情别人都不知道。韩玫姐……我看她最近情绪不太好,不好意思去给她添乱……我想来想去也没有别人可以说,但是憋在心里又很难受……"

说到这里,何晶突然沉默了。

许湘看着何晶。何晶的眼神却故意避开了,只低着头。过了一会儿,许湘知道何晶难以启齿,便主动打破僵局说:"你想说的是李查德的事吧?"

何晶略微有些惊讶地抬起头,说:"你知道这件事了?"

许湘真诚地看着何晶说:"这事其实没什么,金融圈里这种事我们见多了。这样的人你就当他是人生中的一个BUG,一个电脑病毒,发现了,删除了,一切就恢复正常了。"

何晶点点头,说:"我和李查德交往的时间不长,也谈不上有多深的感情。现在知道他是游戏人间的人,我倒觉得是好事,早知道早止损。我不是为了这件事感到悲伤,我是为我自己感到悲伤。想想自己,读了那么多年书,到现在一无所有,两手空空。"说完,叹了口气。

许湘理解像何晶这样的女孩子,一个人在上海工作、生活本来就很不容易,受了些挫折,就会有很强的挫败感。感情上的挫败一时半会也解决不了,只能引导她在别的方面找一些安慰。

"你的翻译做得很好啊,无论是口译还是笔译,都很好。这次的收购案有很多专业术语,我看你都应对自如,一点都不陌生。"许湘故意把话题引到何晶的工作上。

"我在德国交流学习的时候,学了很多金融类的课程。金融也算是我的半个专业吧。"何晶说。许湘听何晶说学过金融,心中闪过一个念头。

何晶继续说:"您的这个项目是我这些年做得最开心的一个

项目,倒不是因为收入,而是因为跟我的兴趣相符,而且让我学到了很多。可是很多时候就没那么幸运了,翻译的任务五花八门,工程类的、科技类的、会展类的……各种各样,有兴趣没兴趣的都得做。最重要的是,因为我是自由职业翻译,就无法在一个行业持续积累。一个项目结束了,下一个项目和前一个往往一点关系也没有,又是从头开始。"

许湘继续试探地问道:"我听说这两年人工智能技术开始运用到翻译领域,对你们的工作有影响吗?"

"影响可大了,很多同行都觉得早晚我们这行会被人工智能所取代。现在有些学术类的、技术类的文献,如果对译文质量要求不高,都可以用机器翻译,谷歌一下意思就看得差不多了,根本不需要专业翻译。机器翻译淘汰了翻译的低端市场,我们这些做高端市场的目前还能存活,但以后就难说了。"何晶又叹了口气,低落地说,"俗话说'女怕嫁错郎,男怕入错行'。我是郎也嫁不到,行也入错了。"

"那你怎么没想着改行去做别的工作呢?"许湘问。

"我毕业的时候给好多金融机构投了简历,可是一份面试通知都没收到,最后只能做自由译员了。那时候都没机会,现在就更不用想了。湘姐,我知道你们这行门槛很高,无数人打破了头要挤进来。至于别的,我还能做什么呢?我也想过的,做翻译好歹还是我的专业,虽说赚不了大钱,养活自己是没问题的。本来还想做个贤妻良母,可惜看男人的眼光也不准。唉!"何晶又长叹了一声,"不管怎么说,还是得谢谢你啊,湘姐,跟你聊聊天,把话说出来就好多了,否则憋在心里难受。"

许湘微微笑着，问何晶："如果有金融行业的职位你愿不愿意尝试一下呢？"

何晶一愣，充满希望地看着许湘，问道："湘姐，您是认真的？"

许湘说："我刚到新公司不久，要招一个助理，你愿不愿意来试试？"

"当然愿意，当然愿意，"何晶一下子激动起来，但很快又犹豫了，"可是，湘姐，你觉得我行吗？"

"行不行得看你啦，这世界上可没有躺着就能赚钱的好工作呀。你学过金融，有基础，人又聪明，只要你愿意学习，上手应该是很快的。"许湘说。

其实许湘心里也不是很有底，毕竟对何晶了解不多。但从有限的接触中，许湘觉得何晶人很聪明、一点就通，也勤奋，再加上是韩玫推荐的，也算是知根知底。许湘现在觉得，身边的人最重要的是可靠，她不想再发生解进那样的事。

何晶想了想，突然站起身来认真地说："湘姐，我来做你的助理，我相信自己能做好的。要是做不好，说明我能力不足，大不了继续回去做翻译，不再怨天尤人了。"

许湘让何晶回去准备一份简历，并且准备一下面试——虽说招助理许湘有决定权，但是必要的程序还是要走的。何晶雨过天晴，心情大好，吃饭的胃口也开了。

与何晶道别后，许湘给左彬打了电话，告诉左彬自己找到了新的助理，就是何晶。

"真是有点小小的意外呢！何晶怎么突然成了你的助理了。"

左彬说。

"怎么,你觉得何晶不行吗?"许湘问。

"不是,不是,我觉得何晶还挺合适的。"左彬说。

"那你意外什么呢?哦,你是想说我配不上何晶吧。"许湘调侃地说。

"那就更不可能了。我意外的是你这样什么都能自己搞定的女强人怎么突然要找助理了,之前都没有告诉过我呀。"左彬反嘲道。

"早点告诉你又能怎么样,你有什么人选要推荐吗?"许湘问。

"有啊。"左彬说。

许湘听左彬说有人推荐,未免有点后悔,她本能地觉得左彬推荐的人一定会更合适,但是那边已经答应了何晶,也不好改了。

"谁啊?说说情况呗。"许湘问。

"我啊,我做你助理够格吧。"左彬调侃道。

许湘松了一口气,说:"我还当是谁呢,原来是你啊。不要不要。找助理靠谱最重要,你太不靠谱了。"

"我怎么不靠谱了?"左彬问。

"你要是靠谱,这天底下还有不靠谱的男人吗?"许湘开玩笑地说。

三天以后,何晶就以许湘助理的身份到中高证券正式入职了。

收购 ASE 公司的工作到了最紧张的时候,何晶一来许湘便让她全力投入这项工作。"这个项目你是熟悉的。现在已经到了起草合同的阶段，合同是中德双语的，你要确保两种语言的文本意思一致，不产生歧义。起草合同的过程中肯定会有一些之前大家没想到的地方，你发现的话要赶紧提醒我。"许湘说。

"还有，在合同起草的过程中如果有内容和我们之前谈判的不一致，你要坚决按照我们谈判一致的来写，不要让对方钻了空子，做了手脚。如果对方提出些新的要求，要我们再做些让步，你该怎么做？"许湘故意问何晶。

何晶想了想，说："赶紧向您汇报。"

许湘点了点头，说："你先说 NO，然后再来跟我说。你是我之前的第一关，我可不想被别人这么容易就攻破了。"

何晶说："我明白了。"

(32) 重装上阵

婚姻就是合营,合营意味着妥协。

一个月后,玉龙医药发了两则不起眼的公告,一是拟出资850万欧元收购德国 ASE 公司 10% 的股权,因为金额不大,不需要开股东大会,董事会批准即可。二是大股东崔玉龙将自己所持的全部玉龙医药的股票质押给了中高证券。在经过那过山车似的连续跌停又连续涨停的激烈行情后,玉龙医药的股价已经沉寂了很久,跌到了 9 块多钱,比当时左彬爆仓的价格还要低。

前一天晚上,许湘就知道了这个消息。红土地退出后,ASE 的并购谈判进展得非常顺利。德国方面很快接受了 8500 万欧元的收购报价,准备签订正式合同。这时,刘芳告诉许湘,收购方不是领高资本一家,而是领高资本带头的三方,领高资本出 5100 万欧元占 60%,玉龙医药出 850 万欧元占 10%,玉龙医药的大股东崔玉龙出 2550 万欧元占 30%。

玉龙医药!那不是之前让左彬险些折戟的股票?种种疑团

浮上许湘的心头。刘芳知道她的疑惑，说 ASE 公司收购下来之后还是要有人经营管理的。自己是做金融的，对经营医药公司一窍不通。崔玉龙是自己的老朋友了，所以拉崔玉龙和玉龙医药入伙，以后 ASE 的经营管理就交给玉龙医药。

许湘把这个消息告诉了左彬。左彬想了一夜，也猜不透这葫芦里卖的是什么药。玉龙医药已经发了公告，这件事已是公开信息了。这一天，他早早就到公司，想看看财经媒体对这个消息的分析，但找了半天，主要媒体都没有报道。只有一个小公号提到了这件事，评论也是负面的，说原来红土地没有收成，如今玉龙医药跑去收购，而且只买 10%，对玉龙医药几乎没有影响。

开盘了，玉龙医药的股价纹丝不动，市场上大多数人就和那个小公号的理解一样，没把这个消息当回事。但左彬还是觉得里面大有文章。玉龙医药收购 ASE 公司 10% 的股份是很少，它也的确只拿得出那么多钱了。但是大股东崔玉龙还收购了 30%，而且是向中高证券借了钱来收购。还有刘芳，收购了 60%，又说和崔玉龙是老朋友。但是，他也了解 ASE 公司，这家生产安眠药的公司并没有什么特别的，刘芳也许只是财务投资，崔玉龙为什么要借钱收购？ASE 公司能够提供的投资回报还抵不过他借钱的利息，为什么要做亏本生意呢？他怀疑这件事背后不那么简单。他想通过许湘去打听打听，但如果打听到了消息再买进就是内幕交易，他想起了葛飞给他的忠告。他看到玉龙医药的股价在低位横盘了许久，心想，我现在什么都没去打听，知道的全是公开信息，买进去总没有问题。于是他打开交易软件，开始买入玉龙医药。

经历过爆仓线上的起死回生，左彬老实了很多，再也不玩配资，甚至都不再用自己的账户炒股，而是把自己的钱也投到自己管理的私募基金中。玉龙医药割肉卖出的人不少。一天下来，左彬已经买到了基金 10% 的仓位，他的私募基金能够买入的上限。左彬想，接下来就等着谜团一层层揭开吧。

左彬下班回到家，在电梯厅里正好遇到同样下班的张阿姨。

张阿姨见到左彬说："左先生下班回来啦！"

"回来了。"左彬说。

张阿姨压低声音对左彬说："太太在屋子里对玲玲发脾气呢。"

左彬推开房门就听见顾怡云吼娃的声音。

"你才五年级，小小年纪追什么星啊。边做作业边听歌，你看看你做错了多少！今年小升初，你想不想考兰生啊！就你这个样子能考上吗！"

左彬觉得有些奇怪，顾怡云很少发这么大的火，于是他顺着声音来到玲玲的房间。

"你知道这个培训班有几个人能报上，妈妈费了多大的劲才帮你报上？你怎么就这么不懂事呢？一点都不知道珍惜，如果你这次培训班考试排名在后面，就进黑名单了，你懂不懂？"顾怡云仍在发飙。

玲玲很少被骂，被吼得眼泪吧嗒吧嗒地往下流。

"什么事啊？"左彬看着女儿的样子，心疼极了。

看到左彬回来，顾怡云的火气收敛了一些。她拿起一盘 CD

给左彬看。

"看看你女儿买的。她现在可有能耐了,会追星了。刚才一边做作业,一边用 CD 播放器在听音乐,你看看做错了多少。"顾怡云又拿起女儿做的卷子,递给左彬看。左彬瞟了一眼 CD 的封面,是三个帅气的小男生。心想女儿五年级,开始追星也是挺正常的。耽误学业固然不好,但顾怡云也不至于发那么大的火。

左彬虽然心里不认同,但从来不会当着女儿的面反对妻子的教育方式。在教育孩子方面,他主管出钱、陪玩,所有学习上的决定都支持妻子。其实他并不主张玲玲去考兰生,因为玲玲在学习上资质一般,不是上名校的料,就算勉强考上了,也会很辛苦。可惜他没有丈人当年的能量,能用自己的社会资源让女儿进名校,所以也只能缄口不言。他希望有一天顾怡云能自己醒悟,放弃名校情结。婚姻需要妥协,尤其在育儿问题上,左彬深深明白这一点,所以他来做妥协。

顾怡云右手拿着 CD 盒在手上晃了晃,接着说:"这张 CD 我暂时帮你保管,等你考上兰生就还给你。这张卷子你等下订正。你先把墙上贴的海报撕下来。"左彬这才发现,女儿房间的白墙上贴了一幅海报,海报上也是那三个小男生,和 CD 的封面一模一样。

左彬每天早出晚归,前段时间又去了一趟德国,很久没有踏进玲玲的房间了,女儿房间里的变化他都不知道。女儿继续呜咽着去搬凳子,那张海报贴得挺高,女儿够不着,当初应该是费了不少劲贴上去的。左彬赶忙把卷子交还给玲玲,说:"爸爸来撕爸爸来撕,你赶紧去订正吧。"

左彬凑近那张海报,突然觉得中间的小男生很面熟,有点似曾相识的感觉,但又实在想不起哪里见过。他的目光又扫到海报的下半部分,印着三个男生的名字,因为色彩的关系不是很醒目,中间的小男生边上印着"肖雷"。

"肖雷,那不是肖虹的弟弟吗?"左彬心里一惊。

一想到肖虹,左彬觉得一阵燥热,汗都要下来了。随即他又想,肖虹的弟弟成了明星!那肖虹不用再愁钱了,再也不会跟自己有任何瓜葛了。想到这里,又觉得心中一阵发凉。

妻子见左彬愣在那里,问:"你怎么了?"

左彬缓过神来,尴尬地笑笑说:"真的是很帅啊,每个都比爸爸帅多了,难怪我们玲玲会追星呢!"

"去你的!"顾怡云没有怀疑什么,反倒像松了一口气。

左彬把海报轻轻地揭下,生怕撕坏,然后卷起来递给顾怡云。顾怡云用左手接过。左彬的出现让顾怡云冷静了下来,她意识到自己之前的反应太激烈了。她对玲玲的管教很严,不让孩子玩手机,也没有平板电脑,因为要听英语给孩子买了个CD播放器。玲玲是个非常乖巧的孩子,听话懂事,像极了小时候的自己。

（33）春江水暖

不要去问上涨的理由。没有理由的上涨才最踏实。

顾怡云之所以失态是因为她在唱片的封面上看到一个名字"作词、作曲：林放"。现在平静下来，她觉得有点后悔。她觉得现在的自己像极了当年她的父母。她终于成为了自己讨厌的样子。顾怡云和左彬一起走出玲玲的房间，顾怡云把CD递到左彬的手上，顺手关上了门。左彬发现菲菲不在家，便问："菲菲呢？"

"上国际象棋课去了。"顾怡云回答。

左彬和顾怡云回到主卧。左彬想自己跟肖虹的关系肯定是彻底结束了，他有点沮丧，但又觉得轻松了下来。他关上房门，躺到床上，觉得有些事情应该跟妻子说一说。

"怡云，前段时间我工作压力很大，家里关心得少了。前段时间我做得不太好，亏了些钱，几百万吧，不过你放心，对家里的生活不会有影响。"

顾怡云将海报放在一边，过来躺在左彬身边，说："老公，知道赵小虎因为炒股跳楼,我就很担心,但又不敢主动问你。你别太拼了,别压力太大了,家里的钱够花了。"妻子的话让左彬觉得很安慰,他想伸手过去搂住她,发现手上还拿着那盒CD。他突然来了兴致,说:"我们来听听女儿喜欢的歌。"他起身把CD放进播放器,把音量调小以免让女儿听见。音乐开始播放,他又躺回床上。他觉得妻子望着他的眼神有点朦胧,让他很有感觉。他解开顾怡云的上衣,露出她雪白的身体,那样的雪白,仍然有让人亲吻的欲望。顾怡云的反应也和从前不太一样,平时她在床上都很淑女很被动,是一种尽义务的感觉;而今天的反应却很强烈,一副很享受的样子。左彬伴着音乐运动起来,顾怡云从来没有表现得像今天这样投入、这样陶醉。左彬觉得这样的顾怡云真是太好了,胜过任何一个女人。小别胜新婚,两个人都感觉到了前所未有的和谐。这时外面传来玲玲的喊声:"妈妈,我订正好了!"

过了几天,玉龙医药又发了一则公告,说公司之前的新药研究虽然失败,但公司不打算放弃,仍然会继续研究,不过这次不再是独立研究,而是和参股的 ASE 公司联合研究。这则公告同样没有引起外界的多少关注。没有人觉得是利好,有的只是冷嘲热讽,那个关注玉龙医药的小公号发了分析文章,标题是《骗我可以,注意次数》,说上次玉龙医药研发失败跌六个跌停让无数股民损失惨重,如今又要故伎重演。

左彬看了公告则暗暗高兴,之前自己的直觉得到了初步的验证,玉龙医药参股 ASE 公司果然不简单,背后是有动作的。

但这次新药研发能不能成功呢？会不会又是功亏一篑？既然是和 ASE 公司联合研究，而刘芳是 ASE 公司的大股东，刘芳应该会知道更多内情。是不是可以通过许湘打听打听？

"许湘，今天玉龙医药的公告你看到了吧。"

"你是想知道新药研发的事吧。"许湘也一直关注玉龙医药，猜到了左彬的心思。

"你真聪明，你这边有听说什么吗？"

"没有。"

左彬有些失望。

"不过我有好消息带给你。刘姐想见你。"许湘继续说。

左彬立即来了兴致："好啊！"

"左彬，你知道了消息，可别搞内幕交易啊。"

"我该买的都已经买好了，能做什么内幕交易？"

"你都已经买好了，还向我打听干吗？"

"要是没戏，我可以卖了呀。"左彬说。

再一次来到刘芳的办公室，左彬的底气比上次足了很多。上次他在破产的边缘，有求于她，而这次他无所求。对刘芳的风格他也有点了解，上次拐弯抹角、云山雾绕，搞了半天都不知道这个女人想做什么，直到知道了她和玉龙医药的董事长崔玉龙是老朋友他才确信上次出手的就是刘芳。这次他不想再做那么烧脑的游戏，他准备直截了当，该问的就问。

可没等左彬开口，刘芳就主动提及了玉龙医药。

"左总，你想了解玉龙医药和 ASE 公司联合研发新药的事情吧。"

"是的。"左彬说。

"你稍等一下,过会儿有人会解答你的疑问。"刘芳说,"我先要谢谢你,上次你给许湘的建议,让我们收购 ASE 公司省下了 1500 万欧元。"

"那次收购成功主要是靠许湘的能力,我做的事情微不足道。"左彬客气地说。许湘在一旁腼腆地笑了。

这时秘书打电话进来说客人到了,然后有人敲门,刘芳站起身,左彬和许湘也跟着站起身。一个五六十岁的中年人走了进来。刘芳对来人介绍说:"老崔啊,这位是许湘,我们收购 ASE 公司的财务顾问。这位是左彬,私募基金经理,我跟你说起过的。"随后又向左彬和许湘介绍:"这位是玉龙医药的董事长崔玉龙。"

"崔董,幸会。"左彬向崔玉龙打招呼。

"我听小叶,就是我们的董秘叶善武,说起过你。你的基金现在买了我们不少股票啊!"上市公司能从交易所查询自己的股东名册,所以崔玉龙能知道左彬的基金成了他们的重要股东。

"当初叶董秘差点让我破产呢!"左彬想起了那次险些爆仓的经历,毕生难忘,心里还有些不悦。若非叶善武诓骗了自己,自己也不会放杠杆涉险。

"哦,那是小叶他不了解情况,他不是故意骗你的。"崔玉龙说。

刘芳心里想,素未谋面的两个人在证券市场上却已经有了那么多的恩恩怨怨,真是不打不相识。她总是带着一丝神秘的微笑,别人轻易看不出她内心的想法。"老崔啊,左总之前在你的股票上吃了点亏，但是人家不计前嫌，现在又买进了你的股票，可见人家对你是真的有感情啊！再说了，这次收购 ASE 公司，他的一个建议让我们省下了 1500 万欧元，我们还欠着他一个大大的人情呢。不管怎么说，现在他也是你公司的重要股东，应该算是自己人了，你这次可不能让他再吃亏了啊！"

崔玉龙说："刘芳，看你说的，我崔玉龙你还不了解吗？我最讲义气，从来不会让朋友吃亏的。左总也是个讲义气的人，以后就是我的兄弟了。"

左彬客气地笑了笑，这种称兄道弟的场面他见多了。所谓"听其言观其行"，他并不在乎口头上多么亲昵，而是要看到实实在在的共同的利益点。能够找到共同的利益点，哪怕之前是仇敌，也可以把酒言欢合作共赢。找不到共同的利益点，就算是亲兄弟，一转身就各忙各的了。

左彬心里惦记的还是玉龙医药的种种疑团，刘芳看出他的心思，主动把谈话引入正题："老崔，既然把左总当兄弟，就把你们在做的事情，还有下一步的计划，都跟左总说一说。和盘托出，别藏着掖着。"

崔玉龙说："这事说来话长啊。我们公司几年前就开始研究一种治疗阿尔茨海默病——就是老年痴呆症——的新药。事情的起因是我的一个老同学，他原来在美国的一个药物实验室工作的，就专门研究这个东西……"

刘芳插话说："老崔，左总的时间也很宝贵，你就长话短说，讲重点。"

"好的。到前年有了点成果，开始做临床试验。二期临床的时候,总的效果不是很明显,眼看着这个研发就要失败了。但是很偶然的机会,我们发现一个特殊的病例,用了药之后效果特别好,比别人都好。我们觉得很奇怪,就问这个病人家属,他还在用什么别的药。你猜猜怎么着?"

"还在用 ASE 公司的安眠药?"左彬猜。

"果然是明星基金经理,脑子就是转得快。是的,家属说病人有睡眠障碍,一般的安眠药没啥用,他女儿在德国,就买了 ASE 公司的安眠药寄给老爸服用。后来我们经过研究,发现 ASE 公司安眠药的机理和别的安眠药不一样,它会在你睡眠的时候让血液从大脑流出,让脑脊液进入大脑,从而让人进入深度睡眠。我们的新药就是要和脑脊液一起发生作用,清除大脑中的淀粉样蛋白斑块,这是导致阿尔茨海默病的元凶。之前单独用我们的药,大脑处于充血状态,药物没有办法和脑脊液发生作用,所以效果就不好。"

左彬听崔玉龙讲了一堆术语,似懂非懂。

崔玉龙继续说:"后来在第三期临床试验的时候,除了正常的观察组和对照组,我们还搞了一个第二观察组,这个第二观察组就是同时用我们的药和 ASE 的安眠药。结果显示,第二观察组的疗效非常显著。"

"但是我们不能用这种方式申报新药啊。把两种药的成分放在一起才是一种新药。可人家是个德国公司,人家药的配方是有专利保护的。想来想去,要么和人家联合研发,要么问人家买专利,后来刘总说,干脆把那家公司全买下来,把知识产权拿到自己手上,以后不会受制于人。"

后面这段左彬听明白了，难怪刘芳和崔玉龙要收购 ASE 这么一家其貌不扬的德国公司。

"还是得谢谢刘总，"崔玉龙说，"我们没钱，买不起 ASE。刘总出了大部分的钱，让我们能够完成收购。"

刘芳笑笑说："不用客气啦，老崔，事情还是得由你们来做。新药的进度现在怎么样？"

"很顺利，过半年就能出成果了。"崔玉龙信心满满地说，"等出了成果我们再把 ASE 公司的全部股份注入上市公司。"

左彬心中的谜团都已经解开了，自己之前的怀疑和猜测得到了答案，而且是最好的答案。可是，刘芳和崔玉龙为什么要告诉自己这些呢？难道是为了谢谢自己为他们省下 1500 万欧元？

刘芳似乎看穿了左彬的心思，沉着地说："左彬，今天的会面只有这房间里的四个人知道。但是外面想知道玉龙医药葫芦里卖的什么药的人可不止你一个呀，你是明星基金经理，江湖上传你是最懂玉龙医药的，你去帮他们分析分析呗。"

左彬笑着点了点头。刘芳又转向对许湘说："许湘，正好老崔也在，你给我们详细讲讲那个基因靶向药物的项目。"

左彬与刘芳和崔玉龙会面的第二天上午接到一个陌生的电话，他接起来听。

"左彬你好，我是李兰君。"

左彬吃了一惊："李总你好，你怎么有我的手机号码？"

"你一个朋友给我的，中午有空吗？"

左彬说有空。李兰君约他在一个僻静的咖啡厅见面,"交流交流"。

中午,左彬到了约定的地点。李兰君已经点了一杯咖啡在等他。咖啡厅里除了店员就只有他们两个人。左彬坐下,点了杯橙汁。

"玉龙医药和ASE联合研制的新药有多大可能成功?"李兰君直截了当地问。

"很大。"左彬说。

"成功后有多大可能装入玉龙医药?"李兰君继续问。

"很大。"左彬说。

"谢谢,"李兰君站起身,"这顿你买单,等下次我买单。"说完转身离开。

这时服务员才刚刚端上一杯橙汁,说:"先生请慢用。"

"真是个怪人。"左彬心想,又想起刘芳说的想知道玉龙医药内情的不止自己一个,似乎已经明白了。他不赶时间,慢慢地喝着橙汁。过一会到了一点,股市又开盘了。他打开手机一看,玉龙医药已经直线涨停了。

又是一个周末,许湘应约又来到了静安寺那家法式咖啡厅和韩玫见面,韩玫说有要紧事和许湘商量。

"昨天我跟李响提离婚了。"韩玫直截了当地说。

许湘吃了一惊,便问:"他和那个美术老师还没断?"

"可能断了,也可能没断。我不知道,也不关心。"韩玫说。

"都没搞清楚断了没断为什么要离婚?就因为他出轨了一

次？韩玫，别那么小气了，他要是和那人断了，说明他还是想回头的呀。"

"不是那个原因。"韩玫说。

"不是那个原因那是什么原因……难道是为了 Franz？"

韩玫点点头。

许湘愈发惊讶。韩玫却很镇定地说："我爱 Franz，Franz 也爱我。我想离婚，然后和 Franz 结婚。"

"你跟李响说了？"

"没有，我只跟他说离婚后我去德国。"

"韩玫，你别傻了。"许湘觉得韩玫是着了不切实际的爱情的魔，作为好友她有责任去提醒她，可是话到嘴边又不知从何说起，憋了半天，才想到一个她觉得很实际的问题："那亮亮怎么办？"

"这正是我最担心的。我提出亮亮跟我，可是李响不同意，说要跟他。昨天我问了律师，律师说如果打抚养权官司的话一般是会偏向女方的，但是我的情况有点特殊，一来我的留学中介公司盈利一直很少，体现出来的经济状况不太好；二来是我主动提的离婚；三来我离婚后要移民，这都对我争取孩子的抚养权不利。所以我才来找你商量。"

"那要是你争不到抚养权呢？"

"争不到也离。孩子跟着他爸也没坏处。"

许湘心想，都说男人变了心九头牛都拉不回，女人变了心比男人更决绝。她说："韩玫，你着了什么魔？Franz 是不错，是个好男人。可是……可是……你可以跟他做情人啊。"

"Franz 信天主教，不搞情人这一套。他说只要我离了，他就马上娶我。"

许湘觉得不可思议。她怀疑坐在她面前的不是三十多岁的韩玫，而是一个 16 岁初恋的小女生。

"韩玫，我知道你现在和 Franz 感觉很好，可你想过没有，你们这样的热度能维持多久？跨国婚姻有文化差异，离婚率很高的，你如果跟他处不好再离？你要想清楚呀。"

"许湘，不瞒你说，我爸妈都说我脑子坏了，每个人都说我脑子坏了，甚至我自己都怀疑我脑子坏了。我对李响已经没感觉了，他对我也一样，他只是因为他的位子而不离……你说的很对，我也想过，就算我嫁给 Franz，也不能确定这一段婚姻就长久。Franz 只是让我下了要离婚的决心，没有他我也想离了，也许不是现在，也许是明天也许是后天，因为我的婚姻已经死了。而相反，如果我现在放弃 Franz，我会后悔的。我需要爱，我不需要没有爱的婚姻，我不需要婚姻这个空壳。如果哪天 Franz 不爱我我也不爱他了，我也会和他离婚的。"

许湘无言以对。韩玫说得没错，爱情和股票一样，未来是不可预知的，能够把握的只有现在，只有当下。如果现在相爱，却因担心未来的不爱而畏首畏尾；又或是现在不爱，却憧憬着未来会燃起爱的火焰而苦苦等待，是不是都很可笑？

"好吧，韩玫，你想清楚了就好，我希望你幸福。"

韩玫觉得很感动，转而问许湘："你和徐一帆怎么样了？"

"他下个月就会回上海。他的公司很快就可以成立，我帮他找到了风险投资。"

"我是说你俩之间有没有可能。"韩玫说。

"我对他没感觉。"许湘说。

一个月以后,徐一帆的劳伦斯基因科技公司在张江高科技园区成立,领高资本投 1000 万占 20% 的股份,崔玉龙个人和张江的政府创投基金各投 500 万,各占 10%。徐一帆和他的团队也出了点钱,但主要是以技术入股,占 60% 的股份。

（34）一波三折

美貌是一种红利，还是一种诅咒？

肖雷成了大明星的事让肖虹的心情非常复杂。一方面她很为弟弟高兴，觉得弟弟终于有了大出息，另一方面又为自己感到悲哀。她每天都关注肖雷的新闻，是肖雷的亲姐粉，但她又尽可能地减少与弟弟的联系，对认识的人，包括陈福贵都绝口不提弟弟的事，生怕让人家知道肖雷有她这么个姐姐。如果被人知道了肖雷有个被包养的姐姐，肯定会对肖雷产生负面影响。

她和陈福贵相处得越来越融洽了。陈福贵多次跟她说，让她不必考虑那个离婚协议的事，只要她愿意，他们的夫妻关系可以一直保持下去，陈福贵也会一直给她钱。这让她感到矛盾。初恋男友和左彬都让她对爱情感到失望。陈福贵看起来是真心对她好，更重要的是，她并不喜欢他，所以他伤不了她。

自从向方建国的 P2P 公司借了 5000 万还掉了江发银行的贷款之后，陈福贵便整天提心吊胆。还款的当天，他再三问李响贷款再放下来有没有问题，李响拍着胸脯说没有问题。可一个星期以后，贷款没有放下来，他再次打电话给李响，李响说贷款已经在总行审批，再过一个星期肯定没问题。又过了一个星期，贷款还没有放下来，他又打电话给李响，李响说审批已经通过，正在等领导挨个签字，某个领导出差去了，要几天后才回来，回来签了字就能放款，让陈福贵再等一个星期。这次，陈福贵没有等到一个星期，只过了四天就给李响打电话了，李响说领导回来了，可是发现材料有些问题，要求重新补充材料。陈福贵慌了，李响保证一个星期，他准备一个月，可是现在三个星期过去了却回到了原地。银行果然是下雨收伞落井下石的家伙。他赶忙打电话给方建国，问方建国借的5000万能不能再多借一个月，方建国说不行，那个5000万他拆成了若干小份通过互联网卖给小散户了——也就是真正意义上的P2P。当然，方建国没有告诉陈福贵他问陈福贵收24%的利率而给小散户12%的利率，中间赚了个大大的差价。陈福贵觉得走投无路，没办法，只好卖房子了。可是现在的房产行情不好，售楼处一天都没有一组看房的客人。要快速卖掉回笼资金，只有打折。陈福贵和公司的销售部门连着开了一天一夜的会，拟定打折促销的方案。当然不能全打折，只拿出一部分楼盘来打折销售，凑足5000万的回款就可以了。

下午陈福贵回到家中，觉得有些疲劳，心情又很郁闷，但是看到肖虹他就来了精神。男人在遇到挫折的时候最渴望的就是找一个女人满足一下自己的征服欲，尤其是他喜欢的女人。陈福贵生怕自己不行，便先偷偷吃了一粒伟哥，凑近肖虹亲热起来。伟哥果然有效，陈福贵坚挺了一会儿，可是因为疲劳，又萎靡了下去。陈福贵看到肖虹有些失望的样子觉得很不甘心，又吃了一粒伟哥，过了一会儿他刚要行事，手机响了起来，他想不去理睬，可是手机一直响个不停。他不耐烦地拿起来，看到是售楼处打来的。他接通电话，那头传来焦急的声音："老板，不好啦，老业主把售楼处堵了，说要砸了售楼处呢！"

陈福贵连忙赶到售楼处，这时售楼处已被上百个老业主围得水泄不通。门口有人拉横幅，上面写着"还我血汗钱""坚决要求退房""不良开发商欺诈销售"。陈福贵刚要上前，手机又响了，一看是方建国打来的，他赶忙接起。

"陈福贵，还有三天你那 5000 万就要到期了，你就是砸锅卖铁也要还，你要是还不上可别怪老朋友翻脸无情，咱们法庭上见。"陈福贵心中更加郁闷，方建国真是说翻脸就翻脸。

陈福贵跑上前，人群中有人认识陈福贵，高声叫："那个就是陈福贵，地产公司的老板。"众人听见，纷纷向他涌来。陈福贵想对大家解释说这次打折只是个别房型，和老业主买的户型没有可比性。老业主们哪里听得进去，一个劲地喊口号："退差价！退差价！"可陈福贵哪里有钱退给他们。众人见陈福贵不肯答应退差价，便围着他大骂，骂他是个大忽悠、大骗子。他还想解释，声音却被众人的骂声盖住。有几个脾气火爆的，高声喊道："跟骗子没什么好谈的，把售楼处砸了！"陈福贵这时觉得喘不过气，眼前一黑便向后倒了下去。快叫救护车的喊声、叫骂声、砸碎玻璃的声音混杂在一起，乱成一团。

陈福贵被送到医院的时候，心脏已经停止了跳动，医生在死亡原因一栏中写着"因药物过量引起的急性心肌梗死"。陈福贵的死引发了连锁反应。他欠方建国的 P2P 的钱毫无悬念地违约，各家银行听说陈福贵公司欠 P2P 的钱违约了，争先恐后地冻结了公司的所有账户，查封了所有的楼盘、土地和别的资产。更倒霉的是方建国，陈福贵的这笔借款违约，他也没有别的钱可以填上，快马集团的平台出现兑付困难的消息迅速在网上传开了，更多的投资人慌张地来提现，方建国更加无力兑付。有愤怒的投资人向公安局报了案，方建国得到消息，连夜带着他的后宫团逃往国外。快马集团的庞氏骗局崩塌了。庞氏骗局总会崩塌，但什么时候崩塌却无人知晓，快马集团做的为数不多的一笔真正的 P2P 业务却成了它崩塌的导火索，真是莫大的讽刺。

晚饭过后，左彬照例要去书房回顾一下当天的行情，再刷一刷上市公司晚上发的公告，顾怡云则看两个孩子做作业。这阵子玉龙医药涨势很好，让左彬心情舒畅。等孩子们睡了，两个人聚到卧室，终于可以说说话了。

"我今天又遇到赵小虎的老婆了。"顾怡云说。

"又是那个讨厌的女人，你少跟她交往，"左彬说，"她是不是又向你推销 P2P 理财产品了？"

"没有。我也不想跟她多说，可是她硬拉着我，说除了我没人可以说话了。"

"她有那么多客户，怎么会没人可以说话呢？"

"她说他们公司倒了，客户的钱全都拿不回来了。"顾怡云说。

"迟早的事。"左彬一点都不惊讶。

"几天前她被经侦叫去了公安局,说公安局里好多好多像她一样情况的人,P2P 公司的小头目,拘留所都关不下了,原来关十个人的房间现在关了三十个人,坐的地方都没有。她被关了一天,让她爸妈给保释出来了,现在是取保候审。"

"那她的 LV 包呢,有没有背到拘留所去?"

"你这人说话就是没个正经。她说她身边的亲戚朋友都让她劝着买了他们公司的理财产品,现在那些人整天都追着她要钱,她只好东躲西藏,她认识的人里面只有我没买,所以只有我还能说说话。我看她也是挺可怜的。"

左彬见顾怡云流露出同情的神情,显得更加善良可人。他觉得很心动,便一只手抱住顾怡云,另一只手轻抚她。顾怡云知道左彬想做什么,柔声说:"放点音乐吧。"左彬点点头,说:"你选。"顾怡云选了一张古典音乐的唱片,把音量调小,播放起来。两人伴着音乐,十分投入。欢畅过后,左彬心满意足地搂着妻子,顾怡云却说有点头晕。左彬有点担心,问要不要去医院。顾怡云说是贫血的老毛病,躺着休息一会儿就会好。过了一会儿,顾怡云恢复过来,两人依偎着入睡了。

第二天左彬神清气爽地去公司上班,看着玉龙医药的股价已经重上 20 元,他心情大好。突然手机铃声响起,他一看,竟然是肖虹打来的。他连忙接起来。只听见肖虹带着哭泣声紧张地说:"左彬,你快救救我。他们说我害死了陈福贵,我真的没有,真的没有啊!"

陈福贵的猝死让肖虹手足无措。她接到通知赶到医院时,陈福贵已经去世。两个人相处久了，没有爱情也有亲情，她想起陈福贵这段时间对她的照顾和关心，不禁扑到陈福贵的遗体上大哭。边上的医生赶忙解释道："救护车把您父亲送来的时候他已经去世了，你节哀顺变吧。"

肖虹回到家中，脑子一片空白。她想自己命运多舛，初恋男友走了，左彬她断交了，陈福贵死了，难道自己命中注定就要孤独一生？甚至，她现在连个可以倾诉悲伤的人都没有。父母不能说，弟弟不能说，一切的悲伤都只能她一个人扛。

三天以后，陈福贵的女儿陈珍从澳大利亚飞回了上海。她一下飞机，便直奔陈福贵的公司，打算以唯一继承人的身份接管公司。到了公司她才听说，自己竟然有了后妈！她从来不关心父亲的事，父亲也从没跟她提起过肖虹。听到消息的时候，她整个人呆若木鸡，比听到父亲的死讯还要惊讶。

公司里原本只有财务经理和司机知道肖虹。财务经理负责办贷款签合同的时候知道老板有了新妻。司机平时接送陈福贵，还会载着他和肖虹出去购物逛街，自然是知道的。这种八卦很快就传得公司里人人都知道了。陈珍虽然是公司的股东，但从来不参与公司的任何事，也不和公司里任何人相熟，所以只有人通知她陈福贵的死讯，没有人告诉她肖虹的事。陈珍马上赶去家要会一会这位继母。她到了家里，按门铃，来开门的是保姆，她一进门便高喊："谁是肖虹？"

肖虹走了出来。她认出了陈珍。她没见过陈珍本人，但照片是见过的。陈珍比她还大七岁。肖虹觉得陈福贵是她的亲人，那他的女儿也算是亲人了。她希望陈珍和她能像朋友一样相处。

"我是。"肖虹说。她本想安慰陈珍,但陈珍一见她便破口大骂,骂她狐狸精,骂她不要脸,骂她为了钱什么都可以卖。肖虹默默地听着,也不反驳。陈珍骂得还不过瘾,又开始骂自己的亲爹陈福贵,骂他是个老色鬼,骂他自私自利,骂他死有余辜。

肖虹被激怒了。"你骂我可以,你怎么能骂自己死去的父亲呢?他有哪一点对不起你?你吃的、住的、用的都是你爸给你的,你不能这样忘恩负义!"见肖虹回嘴,陈珍重新把矛头对准了肖虹,嘴里的话也更难听了:"一个婊子,竟然跟我说忘恩负义!"肖虹怒极了,冲上去给了陈珍一个耳光。陈珍猝不及防,脸上被结结实实地打中。陈珍的个头和陈福贵差不多,比肖虹矮了半个头,身材是虚胖型,不如肖虹那样结实。陈珍见动手肯定自己吃亏,便说:"你敢打我!你等着,我一定会让你付出代价的。"说完,便骂骂咧咧地出门走了。

陈珍先找了一家酒店住下,然后立刻联系律师打争夺遗产的官司。律师在陈福贵的办公室里找到了陈福贵和肖虹之前签的离婚协议,又到医院查到了陈福贵的死亡报告,说陈福贵的死有一些疑点。陈珍正好想报复肖虹,便拿了这两份证据向公安局报案,说肖虹有谋害她父亲的嫌疑,她给陈福贵下药,目的是想谋得遗产,因为根据离婚协议,她得不到那么多钱。虽然证据薄弱,但是人命关天,警方接到报案不敢怠慢。立刻传唤肖虹配合调查。肖虹没有经历过这样的事,原本就六神无主又蒙受了不白之冤,整个人几乎崩溃。警察见肖虹状况很差,让她平静一下,告诉她有权请律师。肖虹不认识任何律师朋友,家里人也不能说,想来想去,能够找的只有左彬了。

左彬在电话里来不及问肖虹事情的来龙去脉，但是他知道一定出了大事。他让肖虹不要慌张，并询问了肖虹在哪个公安局。左彬自己也没有关系好的律师朋友，他想许湘是做投行的，和律师事务所有很多业务往来，应该有律师朋友，于是便打电话找许湘帮忙。许湘听左彬说是肖虹出事，心里酸酸的，不高兴地说："你的情人出了事，为什么要找我帮忙啊？"

左彬说："现在不是开玩笑的时候，肖虹可能涉嫌杀人。"

许湘一听吓了一跳，她没想到事情这么严重。刚才左彬请她推荐律师的时候她已经想到了杨嘉。她问清了肖虹在哪个公安局，立刻打电话给杨嘉，跟他说是她的朋友遇到了麻烦。杨嘉一听是许湘的事情，立即答应了下来。

"您朋友叫什么名字？"杨嘉问。

"她叫肖虹。"许湘说。

"肖虹？"杨嘉吃了一惊，但是想到同名同姓的人很多，还是应该再核实一下，"您朋友是不是在一家配资公司上班的？"

"好像是在一家配资公司干过。"许湘想起来左彬跟她提过的配资买玉龙医药差一点破产的事，肖虹应该就是他通过配资认识的。

杨嘉马上赶去公安局，路上既兴奋又疑惑，心想："怎么又是肖虹？"

杨嘉赶到公安局，见到肖虹，初步了解了案情。这是他第三次见到肖虹，第一次见时还是未毕业的大学生，第二次见时是一个职场白领，第三次见就成了谋杀亲夫的嫌疑人，杨嘉心中不禁唏嘘。

左彬打电话通知肖虹帮她找好了律师，肖虹见律师到了，心里安慰了很多。她第一眼没有认出杨嘉，只觉得有点面熟，经杨嘉一提醒，才想起来在白石通公司里见过的。

在杨嘉的陪伴下，肖虹开始接受警察的问询。

警察先按规矩问了肖虹的姓名和出生年月日等，然后进入正题。

"你丈夫陈福贵在去世的当天有没有服用过这种药？"警察拿出一张药品的照片问肖虹。

"陈福贵以前当过兵的，他在部队的时候打仗受过伤，所以那方面的功能有点……受了点影响，可是他要吃的时候我是劝他不要吃的……"

杨嘉在边上看到警察已经露出不耐烦的神情，赶紧对肖虹说："不用说那么多话，挑重点讲就可以。警察问什么你就回答什么。"

肖虹赶忙说："哦！"又转向警察问："您刚才问的问题是什么？"

"你丈夫陈福贵在去世的当天有没有服用过这种药？"

"吃过。"

"吃了几粒？"

"一粒。"

"可医生的报告说他至少吃了两粒。"

肖虹惊讶地看看警察，说："我只看到他吃了一粒。"

"药是你让他吃的吗？"

"不是。"

"是他自己吃的？"

"是的。"

"药是哪里来的？"

"我不知道。"

"不是你买的？"

"不是。"

警察想问下一个问题，杨嘉在边上意识到这个问题的重要性，便进一步问肖虹："你知不知道陈福贵一般会在什么地方买药？"

肖虹努力地想了想，说："陈福贵一般不自己买东西，他会叫他的司机帮他去买。上次他送给我的钻戒就是让司机去买的。"警察觉得这是一个重要的线索，便停止询问肖虹，立即传唤了陈福贵的司机。司机到来后，立刻就承认了药是陈福贵让他去买的，他还清楚地记得买药的时间和地点。警察让司机带路，立即赶到那家药店。药店的销售记录、营业员的回忆和调取的监控录像都证实了司机的话。肖虹谋害陈福贵的嫌疑不攻自破了。

(35) 人去财留

破产比创业有趣十倍。

　　杨嘉原以为案子会很棘手，没想到这么快就水落石出。他想，这分明是有人故意找肖虹麻烦，他们的真正目的是什么呢？他问肖虹谁会是举报人，肖虹立刻就想到了陈珍，她对杨嘉解释说陈珍是陈福贵和前妻的女儿。杨嘉见陈福贵有专职的司机，又有这么年轻貌美的续弦妻子，猜想陈福贵一定很有钱，便问肖虹陈福贵是做什么生意的。肖虹说是房地产公司的老板。杨嘉心想难怪，他又提醒肖虹，陈珍的真实意图是争夺遗产，让肖虹早做准备。
　　肖虹也想到了。她本来不惦记陈福贵的遗产，觉得那应该是陈珍的，她只要拿到她该得的200万就行了。但是陈珍对她那么无礼，对陈福贵那么不尊重，甚至还要诬陷她想置她于死地，这让她怒火中烧。肖虹本就是不服输的脾气，她下定决心要和陈珍争一争。她问杨嘉能不能继续帮她处理争遗产的事情，杨嘉说当然可以。

果然，第二天肖虹就收到了法院寄来的传票，陈珍已经就遗产纠纷案起诉了肖虹。杨嘉让肖虹不要担心，告诉她不管什么事一定要对自己说真话，不要隐瞒，他会帮她想办法。肖虹便把她和陈福贵约定假结婚、真包养，签了离婚协议书的事一股脑地全告诉了杨嘉。杨嘉听了，心中唏嘘不已，问肖虹："那你和陈福贵到底是真结婚还是假结婚？"

"一开始是假的，后来是真的。陈福贵对我很好，我也把陈福贵当亲人。陈福贵说过，我不用去管那个离婚协议，只要我愿意可以一直跟着他，他也会一直养着我。如果他不死，我也愿意一直跟他过下去的。"肖虹说。杨嘉告诉肖虹，到了法庭上千万不要提假结婚的事，一定要一口咬定一直是真结婚。

杨嘉很快开始了工作。要打遗产官司，第一步当然是要搞清楚陈福贵有哪些遗产。经过两天的调查，杨嘉对肖虹说陈福贵的遗产挺简单的，除了几张银行卡里总共十几万的零花钱，其他就是福贵地产公司的股份了。陈福贵有福贵地产75%的股份，陈珍有25%，是从她亲生母亲那里继承来的。其他财产，包括肖虹现在住的房子、陈福贵的豪车，产权都在福贵地产的名下。所以争遗产主要就是争那些股份。

"不过，现在福贵地产的银行账户都已经被冻结，如果公司倒闭那这些股份可能一文不值。还有，陈福贵持有的公司股份都抵押给了银行，银行有权处置这些股份，你和陈珍不管谁打赢了官司都有可能什么都拿不到。"杨嘉提醒道。

"就算只争一口气，我也要争。"肖虹坚定地说。转念一想，她可以只争一口气，但是人家律师是要赚律师费的，不能只赚一口气。她问杨嘉打这个官司要多少律师费,她身边只有几十万,不知道够不够。

杨嘉赶忙说他不是为了赚钱,是看许湘的面子来帮忙的。许湘的名字肖虹听到过,不就是左彬曾在床上喊过的名字吗?肖虹有点落寞。杨嘉见肖虹不悦,还以为她担心律师费太高付不起,便说遗产官司按照遗产的金额是有收费标准的,但是现在这个金额确定不了,有可能很大也有可能是零,他提议说自己可以先收5000元,其余等到事情统统了结了再算。肖虹心里很感激。

按照程序,开庭前先由法院主持调解。这天杨嘉陪着肖虹来到法院,对方律师出席,陈珍并没有到场。对方律师一开始就抛出了那份离婚协议,说那分明就是一份包养协议,说明肖虹和陈福贵的婚姻是假的,要求法院认定肖虹没有继承权。

杨嘉不紧不慢地反驳说:"第一,根据《中华人民共和国婚姻法》,婚姻应该依法登记。我的当事人和死者陈福贵在婚姻登记机构依法进行了登记,领取了结婚证。这是形式上的。第二,陈福贵死前一直都和我的当事人同住,他公司的员工也都知道我的当事人是陈福贵的妻子,这是事实上的。所以无论从形式上还是事实上,我的当事人和陈福贵的婚姻关系都确立无疑。对方律师出具的这份离婚协议书,实际上是一份约定双方一旦离婚财产如何分割的协议,类似于婚前财产公证,考虑到我的当事人和陈福贵年龄差距比较大,陈福贵又是地产公司的大股东,做出这样的约定是完全可以理解的。现在陈福贵已经去世,这份离婚协议书已经失去了它的效力。"

对方律师还想辩论，法官让他不要在这个问题上再做纠缠，让双方就遗产分割问题进行协商。杨嘉对肖虹会心地一笑。

对方律师说，陈福贵持有的福贵地产的股权属于陈福贵的个人财产，所以应该对半分，陈珍和肖虹一人一半。杨嘉说，陈福贵持有的福贵地产的股权是夫妻共同财产，其中一半本来就是肖虹的，剩下的一半才由陈珍和肖虹对半分。

双方各不相让，调解失败。法官宣布，三天后开庭审理。

回到家里，肖虹问杨嘉今天和对方律师讨论的算不算夫妻共同财产是怎么回事。杨嘉给她分析说，陈福贵持有公司75%的股份，如果算陈福贵的个人财产，那肖虹和陈珍就各继承一半，也就是说肖虹继承37.5%，陈珍继承37.5%，加上她原有的25%，就是62.5%，这样陈珍就成了公司的大股东。如果算夫妻共有财产，那肖虹本来就有其中的37.5%，剩下的再对半分，她和陈珍各分得18.75%，这样算下来，肖虹持有56.25%，陈珍持有43.75%，肖虹成了大股东。所以看似是一个小问题，其实差距非常大，关系到福贵地产公司的实际控制权之争。

肖虹不太懂法律，但算术还是会做的。她进一步问杨嘉，法院会不会支持杨嘉的主张，认为是夫妻共同财产？说到这里，杨嘉有点泄气。他说可能性很小。因为肖虹和陈福贵结婚才几个月，而陈福贵的公司二十年前就成立，早就做大了，所以陈福贵的股权很有可能被认定为陈福贵的婚前财产。他今天这么坚持，也就是想为肖虹多争取一点是一点，反正最差也就是对方律师说的那样。

肖虹也觉得有点泄气，不过那也是事实，她从来没有参与过陈福贵公司的任何事,公司赚的钱和她一点关系也没有。她又想到一件事,问杨嘉:"如果陈珍当了大股东,是不是就可以把我从这间房子里赶出去?"

"是的,"杨嘉无奈地点点头,"如果她想把你赶出去就可以把你赶出去,毕竟这是公司的财产。"

肖虹更加不悦。不管怎么说她对这个地方也是有点感情的,想到陈珍那个泼妇的样子要霸占这里,她觉得难过。

杨嘉又提醒肖虹说:"你好好想想,陈福贵有没有写过什么遗嘱,或者他有没有写过东西说只要你跟着他他就把财产留给你,或是跟谁说过要把他的财产分给你一半?"

肖虹努力地想了老半天,说没有。

"那有没有什么你们夫妻共同签过字的文件,任何文件?"杨嘉不想放弃最后一丝希望。

肖虹又努力地想了想,说:"结婚证书。"

"除那个以外呢?"

"我好像签过一份贷款协议,是银行的人来让我签的,还有什么抵押合同之类。"肖虹回忆起来,"我还跟他们一起去了一趟工商局呢。"

一听到贷款协议、抵押合同之类,杨嘉立刻来了精神。"那些合同在哪里?"杨嘉问。

"公司里肯定有的吧。"肖虹说。

三天以后,法院开庭审理陈福贵遗产继承纠纷案。对方律师先陈词。果不其然,对方律师提出,陈福贵早在二十多年前就创立了福贵地产公司,公司两年前就做到了现在的规模,而陈福贵和肖虹结婚只有短短几个月,所以毫无疑问,陈福贵持有的公司股权是他的婚前财产,也就是属于他个人,而非夫妻共有财产。"

法官听得连连点头。

轮到杨嘉陈词。杨嘉保持了他不紧不慢的风格,拿出几份文件交给法官和对方律师,说:"我刚才提交给法官和对方律师的是福贵地产公司向江发银行贷款的合同,在这份贷款合同上,陈福贵和肖虹都签了字。"

"这能说明什么呢?"对方律师问。

"请对方律师不要着急。这笔贷款是以陈福贵持有的福贵地产公司所有股权作抵押的。你们看到的第二份合同就是股权抵押的合同,请翻到这份合同的最后一页,上面写得很清楚,抵押人:陈福贵,股份共有人:肖虹。陈福贵和肖虹都在上面签了字,这说明,陈福贵生前就已经承认,肖虹是他的股权的共有人。"

对方律师像挨了一闷棍,但仍不愿认输,说:"可是,工商登记的股东上只有陈福贵一个人的名字。"

"我刚才还没有说完,对方律师提到了工商登记,很好。我这里还有一份工商局出具的《股权抵押登记告知单》,刚才那份抵押合同是到工商局办理了抵押登记的,工商局出具的这份《股权抵押登记告知单》上也写得明明白白,股份持有人:陈福贵,共有人:肖虹。"

一槌定音,铁证如山。法官当庭宣判,陈福贵持有的福贵地产公司75%股权为其和肖虹的夫妻共同财产,其中37.5%

原本就归肖虹所有，另外 37.5% 由肖虹和陈珍共同继承，各 18.75%。

  杨嘉听到宣判结果，振臂庆祝。肖虹心里也很高兴。但她的手机上很快收到一条短信，公司财务告诉她江发银行已经向法院申请陈福贵的公司——现在是肖虹的公司破产重整。肖虹把短信拿给杨嘉看，无奈地说："你帮我辛苦了老半天，抢来抢去，最后可能真的就是个零。"杨嘉说："那我就继续帮你打这个破产官司吧。"

(36) 财聚人散

十亿元，不是十亿张一块钱堆在一起，而是前面一个一，后面九个零，外加一个人民币符号，仅此而已。

企业破产重整是一件很复杂的事情。企业一旦进入破产重整，法院会指定一个"破产管理人"暂时接管企业。江发银行是所有债权银行中贷款贷给福贵地产最多的，所以法院就指定江发银行来做福贵地产的破产管理人。银行负责这项工作的部门是不良资产处置部。李响因为福贵地产的贷款违约，没等到年底考核就被降职调岗，调到不良资产处置部当副经理，仍然负责福贵地产破产重整的事。他知道这不是巧合，而是上级有意安排的。他觉得自己流年不利，和老婆离了婚，工作上也失意，应该找个时间到玉佛寺去拜一拜。

福贵地产公司的资产还是很清楚的。总的账面资产有27亿左右，其中货币资金只有几百万，都被冻结了。最大头的23亿是三块尚未动工的土地和一个建到一半的楼盘，有三百多套已经建成的房子，是陈福贵捂盘不卖的，账面价值4亿左右，还有一些微不足道的小资产，比如陈福贵和肖虹住的这套价值3000万的别墅，公司的十几辆小汽车，还有一些办公家具和电脑。公司的负债也有21亿，主要是欠各家金融机构的贷款，也包括欠方建国的快马集团的那笔5000万P2P贷款。

　　李响的想法是简单快速处置。找一家大型的房地产公司，把福贵地产的资产和负债全部接走，可是代表股东的律师却不同意。他把杨嘉叫到他的办公室来，对杨嘉说："你看，现在万斗地产愿意出22个亿收购福贵地产的全部资产，付清全部的负债后股东还能有一个亿呢，不错啦，这样最简单最快，怎么样？"

　　"我还是坚持原来的意见，分别处置对我们股东最有利。"

　　李响是不愿意分别处置的。分别处置对那些有资产抵押的债权人比较有利。比方说一个人问甲和乙分别借了500万，甲有房子抵押，乙没有抵押，这个人还有些别的资产。如果所有资产一并卖了1000万，那就同时还给甲和乙。如果先卖房子卖了600万，其中500万全部还甲（抵押优先），剩下100万还给乙。这时乙就要承担点风险，万一其他的资产卖不到400万，它就会损失。李响现在就处在乙的位置。江发银行有好几笔贷款都是没有抵押的。

　　"现在房产市道不好，我劝你们还是早点处置，晚了就处置不掉了，"李响威胁道，"分别处置的话，股东到时候可能什么都没有了。"

　　"我建议这样，那三块土地和在建的项目组成第一个资产包，打包拍卖。建成的房子组成第二个资产包，也打包拍卖。"

杨嘉也做了些让步。

李响见说服不了杨嘉，便同意去和所有的债权人商量。"第一次拍卖流拍的话，第二次在第一次的基础上打八折，第三次打七折！"李响说。

这半年玉龙医药的股价走势和大盘指数一点关系也没有，指数下跌它不跌，指数不跌它就涨，股市小涨它大涨。半年时间里股价从10块左右涨到了40块。市场都不明白什么导致了玉龙医药的大涨，分析师们谈到玉龙医药，都说"看不懂"。玉龙医药的中报公布了，揭露了股价大涨的推手。前十大流通股股东除了左彬的私募基金外全部变成了公募基金，秋实基金占据了前三，而李兰君管的基金排在第一。

市场的疑惑更大。之前一直关注玉龙医药的小公号发了《基金抱团取暖做庄玉龙医药》的文章，告诫说散户一定要远离这种没有业绩的庄股，还大骂公募基金毫无操守。

两周后，谜底揭开。玉龙医药公告，与ASE公司联合研发的新药获得成功，股价连涨十个涨停，直接破百！接下来分析师谈到玉龙医药，都说它是医药龙头、创新标杆，各家券商研究机构纷纷出了研究报告，对玉龙医药的评级全都是"买入""推荐""强烈推荐"。又过了一个月，玉龙医药公告以每股90元的价格定向增发募集资金120亿，收购董事长崔玉龙和领高资本持有的ASE公司90%的股份。这次定增的保荐机构是中高证券，操盘人是许湘。

玉龙医药再度涨停。那个小公号又发了分析玉龙医药的文章。这次分析得很仔细,说玉龙医药收购 ASE 股权的价格非常划算,体现了大股东对上市公司的支持,收购后玉龙医药拥有新药 100% 的专利权,按照新药的市场前景计算,三年内玉龙医药至少还有 50% 到 100% 的涨幅,这是确定性最高的机会。左彬特意去翻了翻它的历史文章,发现以前写的质疑玉龙医药的文章都已经删除了。

许湘做完玉龙医药的增发,觉得一身轻松。这个项目从最初的收购 ASE 到现在定向增发装进上市公司,都是她在一线操盘,从海明证券一直做到了中高证券。这的确是一笔多赢的生意,玉龙医药的新药研制成功可以治愈很多的病人,刘芳并购 ASE 的钱赚了十几倍,左彬的基金也赚得盆满钵满,李兰君又一次当上了公募基金年度业绩冠军……

正想着,秘书打来电话说马董事长请她去办公室。

许湘走进马董的办公室。

"玉龙医药的项目你做得很好,很漂亮。"马董称赞道。

"这是靠公司上上下下和马董的支持。"许湘谦虚地说。

"接下来有一件事,我们公司刚刚和中国储油银行签订了上市辅导合同,我想让你来负责这个项目。"

"中国储油银行!那可是仅次于工农中建四大行的超级银行啊!"许湘心想,这么大的项目一般都是公司副总经理级别的人来做的,如今却由自己来负责,马董为什么这么栽培自己呢?

"担子很重是不是?储油银行的发起股东很多,有很多大国企大民企在里面,工作量是很大的,不过我相信你一定能做好的。我昨天已经跟管理层说过了,这是未来一年公司的头号项目,公司各部门,一切资源都要给这个项目开绿灯。"马董见许湘不响,担心她有什么顾虑。

许湘激动地说:"谢谢马董的信任,我会全力以赴的。"

许湘立刻就开始做新项目的工作。她翻了一下储油银行的基本资料,发现储油银行的审计机构正是 GMPK 会计师事务所。她想到可以给 Tracy 打个电话,在做 IPO 的过程中要会计师配合的工作非常多,虽然 Tracy 未必是负责储油银行项目的会计师,但是通过她熟悉一下负责的会计师也是好的。

"许湘啊,我正想打电话给你呢。"Tracy 一接起电话就说。

"这么巧啊,你找我有什么事吗?"许湘问道。

"你有朋友在万斗地产吗?"Tracy 问。

"没有直接的。是什么事情?"

"别提了。我之前跟你说过我在看房子的事吧,我老公总说房价还要跌还要跌,就一直没出手。两个月前国家出台了去库存的新政策,这两个月房价噌噌噌地涨,我们原来看得中的几套二手房,半个月不到都卖掉了。原来挂了一年多都没成交的,现在都卖掉了。好不容易有一套还在的,房东之前挂 800 万,半年前中介说可以还价到 750 万,结果再去问的时候,房东跳价到 950 万。我老公说一下涨那么多,再考虑考虑,结果第二天人家 980 万卖掉了。"

"买二手房,卖家容易跳价,不如去看看新房呢。"许湘建议道。

Tracy 叹了一口气说:"我也是这么想的。我们之前也看过一个新盘,是万斗地产开发的,在中环边上,前几个月去看的时候还没开盘,预计开盘价是 5 万。后来上周通知我们说周末开盘,均价 6 万 2。"

"涨这么多啊!"许湘惊叹道。

"关键是还买不到。周六我和老公去了,你知道有多夸张吗?开盘卖 100 多套房子,我们早上七点钟到的,排队拿号,你猜猜我们拿到几号?968 号!很多人说是周四晚上就开始排队了。结果排队的队伍没往前挪几步就说都卖完了。你说这几百万上千万的房子怎么跟卖白菜一样呢?下个月还有第二批开盘,据说好的楼层和房型没有关系是买不到的。这不我才问你有没有在万斗地产做销售的朋友。"

许湘对房产市场不太关心,一来她和父母都有房,她在世纪公园旁的房子是 2005 年回国不久买的,那时房价不高,她买了 100 多平方米的大两房;父母的住房是外婆家的祖宅拆迁时分的,也很宽敞,两套房子无论是房型还是地段都很理想,他们没有置换的需求。二来她虽是上海户口但因为是单身只能买一套,早已被政策限购。她认识的房地产圈的人大都是管投融资的,没有管销售的,所以对 Tracy 爱莫能助。

许湘告诉 Tracy 她接了储油银行 IPO 的项目,Tracy 说那是北京分所做的,她和负责人不熟,也帮不上什么忙。

刚放下 Tracy 的电话,许湘的手机响了,是杨嘉打来的。

"湘姐,我今天正好到陆家嘴来办事,很久没见你了,想来拜访你一下。"杨嘉说。

"欢迎欢迎,我今天正好有空,你到我办公室来吧。"许湘说。

半个小时以后,杨嘉准时出现在许湘的办公室。

"做律师感觉怎么样?挺有挑战的吧!"许湘问。自从离开海明证券,许湘和杨嘉还是第一次见面。

"比在证券公司工作是更有挑战些,有各式各样的案子,不像原来那么单一,都是证券类的事情,但是也更丰富多彩,更有趣。"杨嘉说。

"最近在忙些什么案子呢?"许湘问。

"主要是你朋友肖虹的那个案子。"杨嘉说。

"肖虹",这个名字有点熟,许湘想起来了,是左彬托她找律师朋友,她推荐了杨嘉。"那是好几个月之前的事了吧。这个案子到现在还没了结啊!"许湘还想起左彬说肖虹涉嫌故意杀人,不禁倒吸一口冷气。

"这事说起来还真复杂。原来您跟我说这个案子的时候,是个刑事案子,说是故意杀人。后来发觉是个民事案子,遗产纠纷。现在变成了一个经济案子,破产重整。"

杨嘉这么一描述勾起了许湘的好奇心,许湘让他说得详细一点。杨嘉便将肖虹被诬告谋害陈福贵,到肖虹和陈珍争财产,再到福贵地产破产重整的事向许湘介绍了一番。

"湘姐,您是怎么认识肖虹的呀?"杨嘉说完,想起当初许湘推荐这个案子的时候说肖虹是她的朋友,便想顺便多了解一下肖虹过去的事情。

"哦,应该说是我朋友的朋友,我跟肖虹不熟的。"许湘刚才向杨嘉打听案情,主要是想了解一下肖虹。她总怀疑肖虹是左彬的情人,虽然左彬一直都不承认。她听到说肖虹嫁了个六十多岁的地产老板,猜想左彬现在和她大概是没什么瓜葛了,但是在这之前呢?左彬肯定和那个六十多岁的地产老板一样喜欢年轻漂亮的女孩子,所有的男人都这样。

"你觉得肖虹怎么样?"许湘问。

杨嘉被问住了。想了好一会,说:"对客户我也不太好品头论足。我觉得她人挺好的。"

听到杨嘉说肖虹人挺好,许湘颇感意外。她头脑中肖虹的画像,就是一个漂亮、虚荣、爱财的花瓶。

"怎么个好法?"许湘继续问。

"她很真实,一点都不虚荣;也不装,没有坏心眼。就是脾气直了点。"杨嘉说。

许湘暗暗吃惊,杨嘉描述的肖虹和自己之前的想象完全不一样。她还觉察到杨嘉绝不是简单地把肖虹当成一个普通客户来看待。不过许湘不想去说穿,也许杨嘉自己都没有察觉。许湘又想,看来左彬不是拿进篮子都是菜,他还是有选择的。

"你今天怎么会到陆家嘴来的呀?"许湘又问。

"就是为了福贵地产的破产重整案,最后和债权银行确定资产拍卖的事情。湘姐,您有没有在房地产圈的朋友?"

许湘暗想,今天这里成了房地产专场咨询会了,刚才 Tracy 在电话里问有没有认识万斗地产的人,现在杨嘉又来问有没有地产圈的朋友了。

"有是有,但都是负责做投融资的,管销售的没有,你要买房子的话我可帮不上忙啊。"许湘说。

"那太好了,我就是要找做投融资的。福贵地产有一个资产包很快要进行司法拍卖了,其中有几块地和在建工程,我想请您帮忙给那些做房地产投融资的朋友推荐推荐,让他们有兴趣的话也来参与拍卖。我担心拍卖公司串通拍卖压低价格。"杨嘉说。

"那没问题,你有资料的话可以发给我,我转发给他们看看。"许湘爽快地答应了。

福贵地产破产重整资产处置的第一个资产包拍卖会在位于小南门附近的上海公共资源拍卖中心举行。一个多月前杨嘉在看到拍卖公告后,立刻把拍卖公告和相关的资料发给许湘,让她转发给房产圈的朋友们。

这天拍卖厅里黑压压地坐了很多人。因为报名人数众多,拍卖公司特意找了一间最大的房间,但还是坐不下。拍卖师不得已告诉挤不进来的人说拍卖会也在网站上同步进行,没必要挤到现场来,网上报价也是一样的。

杨嘉和肖虹早早来到拍卖厅,坐在最后一排。这个资产包,包括三块土地和一个烂尾的项目,起拍价是21亿,正好相当于福贵地产的所有负债。如果能按这个价格卖掉的话,福贵地产还能剩下300套建好的房子。

拍卖会开始。

拍卖师首先宣读了拍卖会的注意事项,然后介绍了本次拍卖的标的物,前前后后说了大约半个小时。肖虹的心里扑扑乱跳,觉得当初配资买玉龙医药的感觉又回来了。

宣读完毕后,拍卖师宣布起拍价是21亿,每次加价至少一千万,竞拍开始。

"21 亿,有没有出 21 亿的,有没有出 21 亿的,各位有没有愿意出 21 亿的……"

下面无人应价。

"如果 21 亿卖不掉怎么办?"肖虹焦虑地问。

"那下次就得打八折再卖。"杨嘉心里有点难过。

"那是不是 300 套房子也要拍卖了?"肖虹问。

杨嘉点点头。

"我住的房子呢?能保住吗?"肖虹问。

杨嘉勉强地说:"不知道。"

"21 亿,有没有人出价 21 亿?"拍卖师继续在喊,"21 亿第一次。"

"21 亿第二次。"

杨嘉心想,完了,按规矩,喊到第三次仍没有人应价就算流拍。还不如接受李响的建议卖给万斗地产呢,现在肖虹真的要什么都没有了。

突然有人举起了牌子,口里高喊:"35 亿。"

因为人太多,声音有点吵杂,拍卖师没有听清,就问:"那位先生你出价多少?"

"35 亿。"

"35 亿,谢谢,那位先生出价 35 亿,现在是三十五亿一千万,有没有人出价……"

"36 亿。"另一个声音喊。

"42 亿。"第三个声音喊。

杨嘉已经坐不住了,他需要出去透透风。

杨嘉出去逛了一圈，想到肖虹还在拍卖厅里，就赶紧回去。回去的时候拍卖会还在进行，价格升到了51.2亿。

肖虹到底是经历过爆仓这种大场面的人，她像看耍猴一样听着这些人喊数字，完全没理会这背后到底是什么意思。她对杨嘉说，杨嘉出去没几秒钟价格就喊到了50亿，然后速度变慢，参与喊的人也变少了。现在是一千万一千万在加，好像只有三个人还在参与。

杨嘉看到前排有一个还在参与喊价的人，左边一个人拿着两个手机，左手一个右手一个，同时打电话，右边一个人腿上放着手提电脑，疯狂地往里输入数字。

拍卖师也颇为配合，每加一个价位至少要等上五分钟，似乎就是让这些参与者有充分的时间来考虑。价格过了52亿的时候参与者又少了一位，只剩下两个人在那里对决。最后价格到了53.3亿。

"有没有人出价五十三亿四千万？"拍卖师足足等了十分钟，终于没有人再加价。

"五十三亿三千万一次。"

"五十三亿三千万两次。"

"五十三亿三千万三次。成交！"砰的一声，拍卖师敲响了拍卖槌。

拍卖厅里的人陆续站起，像电影散场一样离去。

"这就结束了？"肖虹问，似乎还意犹未尽。

"结束了。"杨嘉回答。

"那300套房子保住了吧？"肖虹问。

"保住了。"杨嘉说。

"我住的房子也保住了吧?"肖虹问。

"也保住了,"杨嘉说,"还多了不少钱。"

"有多少?"

"扣掉税大概有20亿。"

"那不是银行赚的钱吗?"肖虹不解地问。她刚刚觉得银行今天真是赚大了。

"不是,那是您公司的钱。"杨嘉说。

肖虹的高兴日子没过两天,烦心事就来了。福贵地产召开股东大会,参会的就两个股东,肖虹和陈珍。陈珍又哭又闹、又吵又骂、大闹一场,最终肖虹还是毫无悬念地当选了新任董事长。

她坐在陈福贵的办公桌前,心情却好不起来。触景生情,睹物思人。她和陈福贵在一起的几个月至少感受到了亲情。现在他离开了,还留给她这么多钱,她觉得自己亏欠了他很多,回想起一开始对他的态度,甚至都有些自责。

而另一件事是经过这几个月的朝夕相处,她觉得自己有点依赖杨嘉了。在他给她分析案子的时候,她特意试探过杨嘉:"你这么晚回去,你夫人不担心吗?"

"我还没结婚呢。"杨嘉回答。

有一次她又故意问:"七夕你给女朋友买什么礼物?"

"我没女朋友。"杨嘉回答。

但是杨嘉对她始终保持着律师对客户的尊重和距离。他从来不问她私生活方面的问题，甚至从来不问和案子无关的问题，也从来没有语言上的暧昧或任何表达。这在她遇到过的男人中实在太罕见了。也许杨嘉对她毫无兴趣。

每每想到这一点，肖虹又自卑起来。她觉得自己是根本配不上杨嘉的。人家名校毕业，大律师，一表人才。自己呢，家境差、学历低，还有不那么光彩的过去，现在不过是因为运气好继承了一笔遗产。杨嘉知道自己和陈福贵的往事，他说不定根本看不起她。她有点理解了一句话，真正的高贵是内心的高贵，而自己的内心这辈子和高贵扯不上关系了。

她想起来应该和杨嘉结算一下律师费了。给杨嘉多少她都是愿意的，她觉得眼前的一切都是靠杨嘉为她争取来的。打开手机，她看到了一条热点新闻推送，内容是"突发：歌星肖雷昨夜因车祸离世"，她一下子晕了过去。

（37）诺诺誓言

钱有什么意义？这是有钱人才会问的问题。

等她醒来时公司好几个员工围着她，他们以为新任董事长兴奋过度昏了过去。她没有说话，拨开众人跑了出去。

"弟弟死了。"她不敢相信，但是也不敢在公司里发泄情绪，生怕别人知道肖雷是她的弟弟。她躲进了卫生间，拿出手机再刷，这则消息已经登上了各大新闻 APP 的娱乐版头条，不会有错了，她的眼泪忍不住地往下流。

突然她想到了自己的爸爸妈妈，两位老人知道消息会怎么样？她得赶紧回去。她用手机马上订了一张当天最早飞回省城的机票。她走出卫生间正遇上陈福贵的司机。

"能不能帮我叫个车？"肖虹问。

"叫车？为什么？"司机奇怪地问。

"我要赶去机场。"肖虹说。

"我可以送您去啊。"司机说。

肖虹这才回过神来，说："那好，赶紧送我去机场。"

在车上，肖虹接到了母亲打来的电话，她一听母亲语带哽咽，就知道母亲已经知道了弟弟的事。母亲没有多说弟弟的事，告诉肖虹她父亲脑溢血再次复发，现在正紧急送往省第一人民医院。她让肖虹赶紧回去，肖虹劝母亲别伤心也别着急，她已经在回家的路上。

没过多久，她又接到了一个北京市公安局交警队打来的电话，问她是不是肖雷的姐姐。她回答说是。

"你弟弟的事情你大概已经知道了吧。"

"我知道了。"肖虹眼泪又一次流了出来。

"你家里的电话没人接，我们从肖雷的手机里找到了你的号码。你们家属能不能来这里处理一下肖雷的后事？"

肖虹对警察说父亲知道弟弟的死讯后突发脑溢血住院，她和母亲要赶过去陪伴父亲，实在没有人可以去北京。

"你委托个律师来也可以。"警察说。

肖虹想到了杨嘉。她立刻打电话给杨嘉，告诉杨嘉肖雷是自己的弟弟，请他帮忙到北京料理一下弟弟的后事。对杨嘉肖虹没什么要隐瞒的。

"肖雷是你弟弟？"杨嘉又大吃了一惊。他觉得肖虹真是太传奇了。但随即就明白了为什么肖虹总是一个人面对所有的事情，从来没有一个家里人过来帮忙。肖虹在说起她和陈福贵假结婚的时候曾说过是为了筹钱给弟弟出唱片，但当时没说弟弟叫什么名字，杨嘉也曾疑惑，怎么从来没见到这个弟弟出现过呢？现在终于明白了，她是故意躲着自己的家人。

杨嘉一开始是给肖虹贴了标签。虽然她面容姣好、身材火辣，但是杨嘉觉得一个为了钱嫁给老男人的年轻女人挺浅薄的。但是随着接触的增多，他觉得肖虹并不浅薄，她外柔内刚、敢爱敢恨，只是容易冲动、不计后果，这和他的性格非常互补。肖虹的试探他心知肚明，其实他也暗暗喜欢上了肖虹。有几次他想过要向肖虹表白，但是案子还没结束律师就和当事人谈恋爱太不像话了，传出去会成为同行的笑柄，所以他原想等案子结束了再去追求肖虹。但是没想到的是，肖虹竟成了亿万富姐。他又踌躇了，现在对肖虹表白她会不会觉得他看上的是她的钱呢？即使肖虹不这么想，别人也会这么想，自己成吃软饭的了。他想来想去，怎么做都不好。他总是这样瞻前顾后，想得很多却不敢做。现在知道了更多内情，他更加怜惜肖虹。命运对肖虹究竟是好还是坏？如果说命运最善于捉弄人的话，那肖虹就是那个"人"了。她天生尤物，却要委身给一个老头子，她想安心生活，丈夫却去世，她得到亿万财产，弟弟却又突遭横祸，命运这么捉弄她，难道是想证明祸福相倚的辩证法吗？杨嘉越想越迷惑，他没有再想下去，赶紧买了机票赶去北京处理肖雷的后事。

　　肖虹赶到省城，在手术室外见到母亲，母女俩抱头痛哭。母亲的头发一夜全白，肖虹明白母亲受到了多大的打击，可是这个坚强的女人仍然没有倒下。肖虹这一点像她的母亲，命运可以打击她，可以让她哭，但是不会把她打倒。

　　陈名杰副院长亲自动手术，又一次把肖建国从死亡线上抢救了回来。

　　肖虹日夜陪伴着父亲和母亲。她自己的事仍然没有告诉母亲。她不知道从何说起,也不知该如何开口。她甚至不敢带着母亲去住五星级酒店,而在医院边上的一个小旅馆住下。她想当初自己身无分文的时候住五星级宾馆,现在有亿万身家却只能住小旅馆。她深深地怀疑有钱又能有什么用。她现在完全明白了这个世界上很多东西用钱买不到。她用钱买不回弟弟的命,买不到父亲的健康,买不到杨嘉爱她。她宁可自己什么都没有,来换取这些东西。

过了两天,杨嘉打电话来,向她汇报了北京那边的情况。肖雷驾驶一辆法拉利半夜飙车,失控撞上了一棵行道树,当场死亡。事故没有造成别的人员伤亡和财产损失。法拉利是肖雷刚买的,由保险公司负责赔偿,肖雷还攒下一些钱,作为遗产由父母继承。肖雷住的房子是娱乐公司租的豪华公寓,肖雷死后娱乐公司当然不愿意再续租,杨嘉告诉业主租金他们会照付,房间里的东西谁都不能动,直到肖雷的家人来整理他的遗物。至于追悼会,警方建议一切从简,他们生怕疯狂的粉丝把殡仪馆给挤爆了。

杨嘉处理完北京的事没直接回上海,而是买了机票飞到省城。飞机落地时已是半夜,他先找一家宾馆睡了一觉,然后一早就赶去了省第一人民医院。

肖虹见到杨嘉,又惊又喜。杨嘉没有提前跟她打招呼。杨嘉一手捧着一束康乃馨,一手提着两盒保健品。

"你怎么到这儿来了?"肖虹问。

"你父亲生病住院,我来看看他,顺便也来看看你。"杨嘉说。

肖虹心里暖暖的。这几天她每天都盼望着见到杨嘉，远胜过第一次父亲住院时想见左彬。那时左彬的态度若即若离，不冷不热，每天只发一条微信，每条微信不超过两个字。而现在她和杨嘉每天都要在微信上聊很久，虽然聊天的内容大部分跟公司相关，肖虹刚接手福贵地产公司，一团乱麻什么都不懂，有太多问题要问杨嘉。

"这是我爸，这是我妈。爸、妈，这位是杨律师。"肖虹介绍说。

"伯父、伯母好！"杨嘉有礼貌地向肖父和肖母打招呼，两位老人也客气地回礼。肖虹的母亲特别殷勤，又是倒水又是削苹果。肖虹让妈妈别忙乎，然后将杨嘉叫到一边说话，她不想让爸妈知道她自己的事，生怕在和杨嘉的对话中说漏了嘴让爸妈听到。

肖母在边上观察着，来的这个年轻人彬彬有礼，又是个律师，一看就很有文化，两个人聊天有说有笑，十分默契。再从女儿的眼神中，她一眼就看出来女儿喜欢这个年轻人。在失去了儿子之后，她现在唯一牵挂唯一担心的就是肖虹。

过了一会儿，杨嘉打算告辞。肖母突然拉住杨嘉的手说："杨律师，我们家虽然很穷，可我们家肖虹是个好女孩，她心地善良，对人特别好，娶她肯定不会吃亏的。"

肖虹在边上说："妈，你都胡说些什么呀，人家是我请的律师……"

杨嘉却认真地对肖母说："伯母，您放心吧，我会照顾好肖虹，会对她好的。"

肖虹听到杨嘉的话，一转身就跑出了病房。杨嘉见肖虹跑了出去，赶紧追了过去。肖虹跑到病房走廊的尽头一扇落地窗前停下，一手扶着栏杆。上午的阳光从窗外照射进来，光影下的她显得那么圣洁。杨嘉看痴了，放缓脚步，慢慢地走近，像走向一座神像。

肖虹见杨嘉走近了，轻声地说："我们家不穷，但我不是一个好女孩。"

"不，你是个好女孩，"杨嘉激动地说，一向滔滔不绝的他有点语无伦次，"我不是因为你的钱，我们可以做财产公证，你的钱全是你的，我一分都不要。我做律师足够养活自己，也足够养活你养活全家，哦，你不需要我养活，但我的钱还是会给你花的……"

"不用说那么多，讲重点。"这是杨嘉给肖虹这辈子的第一个建议，现在肖虹还给了他。

杨嘉愣了一会儿，终于蹦出一句："我爱你！"话音未落，肖虹已经扑到了他的怀里。

（38）潋滟秋波

做研究员，要么胸够大，要么脑洞够大。

"秋凉人间意，银杏黄满地。此后更萧瑟，枫叶红几枝？"左彬看着窗外的银杏，脑子里冒出了这几句，他发给了许湘，她回了他一句"床前明月光"，他忍不住笑了。许湘是为数不多能逗乐他的女人，幽默感是一种高级的性感，源于智慧，他俩总能轻易找到对方的笑点，所以才能做这么多年的知己。

自从许湘接了中国储油银行的IPO项目之后，和他的联系明显变少了。许湘经常在外面出差。在外行人看来，储油银行IPO这种项目属于政治任务，只要想上市就肯定能上市，谁做都一样，没有什么技术含量。但左彬知道，这个IPO项目决不像一般人想的那样简单。这么大的项目牵涉到方方面面，要做到没有漏洞、没有差池一点儿也不容易，这就好像办奥运会，奥运会总是能办起来的，但要办得成功、办得圆满，背后不知道要付出多大的努力。现在他也帮不上许湘什么忙，只能常常把一些朋友圈里看到的好玩的东西分享给她，想让她能放松放松。

收盘了。今天玉龙医药的股价上了120，左彬对自己颇为满意。客户们对他管理的基金也很满意，随着基金净值的自然增长和新客户的加入，左彬管理的基金的规模已近30亿，算是一只规模很大的私募基金了。

收盘以后，他有一档预约的客人。两天前公司前台告诉他海明证券研究所的人要到公司来拜访他，问他今天下午收盘后有没有时间，他说有时间。

过了一会儿，客人到了。来的人一男一女，男的看上去比左彬还略长几岁，女的很年轻，像是刚刚大学毕业，长相很甜美，穿着一身灰色的正装，里面穿着深V白衬衫，最上面的两粒纽扣像是故意没扣似的，让人看了浮想联翩。左彬一看到这两个人，立马联想到了当年的白石通和肖虹。

左彬和那男的交换了名片，拿过名片来一看，"海明证券研究所总经理，郝仁怀"，郝仁怀这个名字好熟悉，不就是原先许湘在海明证券投行部的同事吗？怎么转到研究所去了？从投行部到研究所的跨度还真是挺大的。

"郝总，您原来是海明证券投行部的吧？"左彬问。

"哦，是的是的，左总是怎么知道的？"郝仁怀觉得奇怪。

"我有个朋友叫许湘，原先是您的同事。"左彬说。

"哦……那还真是有缘分啊！"郝仁怀说，刚才一见面他就觉得左彬面熟，总觉得在哪里见过，但又实在想不起来。经左彬这么一提醒，他才想起来当初在红土地的上市路演会上他和左彬打过照面。

周海涛在海明证券当总经理的时候，郝仁怀很不受周海涛待见。周海涛出事之后，吕腾飞被抓，许湘跳槽，再加上海明证券的保荐人资格被证监会停了半年，能做项目的人纷纷离开，投行部只剩下了郝仁怀和几个混日子的人。郝仁怀业务能力不行，但是看领导眼色行事还是很有一套的，所以很快受到新领导的器重。投行部没事可干，郝仁怀知道自己以后也没能力干好，他就找了个机会让领导把自己调到研究所去当总经理。海明证券的研究所原本是没有业务指标压力的，只管一年写出多少份报告就行，这些报告有没有人看都无所谓。但到今年，领导想投行业务没戏了，总得找个新的增长点什么的，最好研究所能做些业绩出来。郝仁怀暗暗叫苦，心想自己真是刚脱虎穴、又入狼窝。

研究所的业绩就是卖研究报告。普通散户是不会买的，主要的买家是基金公司。公募基金公司每年都有一笔费用来买券商研究所的研究报告，当然不可能每一家券商的报告都买，只会挑几家。公募基金的这笔预算是各家券商研究所的兵家必争之地，早就瓜分殆尽。郝仁怀心想，既然公募基金要买研究报告，大的私募基金应该也有这个需求，于是便找了几家大型私募基金来推销，左彬的公司便是其中之一。

郝仁怀一上来便介绍海明证券研究所有多少个博士，多少个海归，得过多少奖云云。左彬礼貌地听着，面无表情，他原本就当过公募基金的研究员，对研究所的这套了如指掌。这些东西有什么用呢？如果这些人能帮你赚钱，他们可以自己去投资，就像他现在这样，自己管一个基金，为什么要在研究所里拿死工资呢？郝仁怀见左彬对表面的东西不感兴趣，心想左彬果然是老江湖，便凑近了轻声说："我这里有几个研究员，和上市公司关系不一般，以后他们要做项目的时候，可以让左总第一批进来。"

这种所谓的"项目"，左彬是懂的。他和李兰君的那次会面，就是他让李兰君第一批进了玉龙医药。当然，他不是研究员，没有和上市公司勾兑，没有和李兰君谈任何利益，如果这些要素都具备了，那就是一个典型的"项目"。

在公募基金的时候他对这种"项目"还有点热情，参与到一个好"项目"股票涨得快、涨得猛，有源源不断的资金推波助澜。但他后来发觉有些"项目"是坑子，让他去为别人推高，接别人的棒，这让他学会了谨慎，不是什么"项目"都能做，至少要鉴别一下。

公募基金圈里有些专注于做"项目"的人。当然参与"项目"是要懂规矩的，不会每次都让你第一批进去然后让人给你抬轿子，这次别人抬了你，下次你就要抬别人。只有李兰君这样基金公司力捧的超级明星才会每次都被人抬，新加入的人往往先要抬上几次才会有被抬的机会。这样的安排不需要签合同，不需要有承诺，就是心照不宣，就是规矩，如果有谁不遵守规矩，下次就再也没人带你一起玩。而那次险些爆仓的经历，再加上葛飞的忠告让左彬对这种"项目"彻底死心。后来再次买进玉龙医药，完全凭的是他自己的分析和直觉。现在他对所谓的"项目"没兴趣了，只相信自己的研究。当然他还是很礼貌地回答郝仁怀："你们所做得挺灵活的嘛。"

郝仁怀误以为左彬有兴趣，便进一步介绍了他们研究报告服务的价格，包年从几十万到几百万都有。

"如果您买我们 VIP 级别的研究报告服务，除了第一时间能看到所有最新研究报告，您还可以随时和任何一名研究员通话。研究员会直接带您去上市公司跟老板谈。"说到这里，郝仁怀特意停了停，抬起头来看看左彬的反应。左彬还是没有任何表情的变化，只是点着头。郝仁怀继续说："还有啊，我们会安排研究员一对一服务。比方说这位谢小姐，如果贵公司成为我们的 VIP，谢小姐就会对您进行一对一服务。"

左彬看了谢小姐一眼，她立刻对他妩媚一笑。刚才一直是郝仁怀在说，谢小姐在边上一言不发，左彬几乎忘记了她的存在。

"谢小姐是你们的客户经理？"左彬问。

"不是不是，我们研究所没有客户经理，她也是我们的研究员。"郝仁怀说。

"您是哪个行业的研究员？"左彬问谢小姐。

"我是医药行业的研究员。"谢小姐回答说。

"医药行业！"左彬一听到医药行业就来了兴趣，自己也是医药行业研究员出身，没想到今天遇到了同行。

"您是研究化学药、中药，还是生物医药的？"左彬问。

"嗯……都有覆盖。"谢小姐有点尴尬，支支吾吾地回答。

左彬心想，这个小姑娘年纪轻轻竟然对所有医药的子行业都有研究，可比自己当年牛多了。

"那您在中药股里面看好哪些标的？"左彬问。

"同仁堂……嗯……玉龙医药……"谢小姐回答。

"玉龙医药是做中药的？"左彬忍不住反问。

"是医药龙头嘛，我们同事前两天还写了一份报告，说玉龙医药十年内有望超越辉瑞成为世界第一，股价能再涨20倍。反正市场都看好它，我也看好。"谢小姐说，脸上泛起微红。

那份报告左彬也看到了，只瞄了一眼标题就扔到了一边。左彬心里明白，早在自己当基金经理的时候大家就说，在券商当研究员的要么脑洞够大要么胸够大，眼前这位谢小姐虽然穿着正装可也能看出她是属于胸够大的，而她的那位写报告的同事则是属于脑洞够大的。

郝仁怀对谢小姐的回答不太满意，赶紧打圆场说："谢小姐入行时间还不长，对有些股票还不是很熟，在左总面前班门弄斧让左总见笑了。她是从英国回来的，去年刚毕业，还没男朋友呢。"

左彬对郝仁怀这么赤裸裸地拉皮条觉得好笑，他现在对这种事情已经没有兴趣了。郝仁怀和谢小姐告辞的时候，谢小姐再次妩媚地对左彬笑着说，希望他在下次评选新财富优秀研究员的活动中能投她一票。左彬不知道该怎么回答，只是一个劲地点着头说再见。

（39）乘风而去

买不到的才是无价之宝。

送走了郝仁怀和谢小姐，左彬的手机响起，他一看是家里打来的。他接起电话，传来玲玲的哭声。

"玲玲，别哭，什么事？"

"爸爸，不好了，妈妈晕倒了。"

边上传来钟点工张阿姨的声音。"刚才夫人在辅导玲玲功课，我在做晚饭，玲玲说妈妈晕倒了，我把夫人扶到床上，赶紧让玲玲给你打电话。"

"别慌别慌，你别挂电话，我马上打120。"

左彬立马用桌上的固定电话打给120急救中心，告知家里的地址，让救护车把病人送到中山医院。然后再拿起手机，对玲玲和张阿姨说："救护车马上就到，送到中山医院，我马上赶去医院。张阿姨，你晚一点走行不行，等孩子们的爷爷奶奶来，小朋友单独在家不行的，工钱我会加给你的。"

"左先生你放心吧，不要客气，夫人的身体要紧，玲玲和菲菲我会照顾好的。"

左彬挂了手机立刻又打电话给自己的父母,告诉他们顾怡云突然晕倒要送医院急救,让他们到自己家帮忙照看一下孩子,自己要赶去医院不知道什么时候才能回家。左彬的父母住的离左彬不远,听到消息也很着急,赶忙出发了。

中山医院全称是复旦大学附属中山医院,就在复旦大学医学院的旁边,左彬有好多大学同学、好友、老师都在中山医院工作,上上下下都很熟悉。左彬又给一个在急诊科工作的老同学打电话,告诉他自己的妻子突然晕厥,正由120急救中心送来,让他关照关照,老同学一口答应。打完电话,左彬电脑都顾不上关,立马就赶去中山医院。

已是下班时间,从浦东往浦西的每一条隧道每一座大桥都很拥堵。左彬开的保时捷像蜗牛一样在高架上爬行。老同学打来电话,说120已经将他妻子送到,情况还算稳定,看上去没有生命危险,他已经安排住进了特护病房。左彬表示十分感谢,心里略微宽慰了些。左彬的父母又从左彬家打来电话,询问顾怡云的情况,左彬说自己还在赶去医院的路上,但是顾怡云没有生命危险,请他们放心,让他们在顾怡云住院期间都住在自己家。

左彬赶到医院时,顾怡云的父母已经陪在病房里。左彬知道一定是玲玲通知了外公外婆。

顾怡云倚在床上,手上打着点滴,脸色苍白,但精神还好。

"怡云,你感觉怎么样?"左彬问。

"不要紧的,我就是老毛病,贫血。"

"医生怎么说?"左彬问。

"医生说要做个全面检查,刚才已经抽过血了。"顾怡云的母亲在边上说。

"我没事的,明天就可以出院了,就是贫血而已。"顾怡云说。

"可是以前贫血从来没有晕倒过呀!"顾母还是非常担心。

左彬知道顾怡云是放心不下孩子,就安慰她说:"你先把自己的身体养好,这段时间孩子我会多照顾的。现在爷爷奶奶陪着他们呢。"顾怡云安心地躺下。到晚上,两位老人回家,说第二天再来。左彬留下陪护。前半夜左彬守着顾怡云,到后半夜,左彬见情况稳定,便在病房的陪护椅上打了个盹。第二天早上,顾怡云醒来,看上去恢复了很多,顾怡云的父母又来了,左彬便离开医院,回家洗个澡换身衣服去上班。

下午左彬早早下班赶去医院。顾怡云看上去已经完全恢复,也不再打点滴。左彬坐在病床边和妻子聊了一会儿,一个医生走了进来,左彬见到他赶忙站起身:"吴教授,您好!"

吴教授是国内权威的血液科专家,博士生导师,左彬在大学时吴教授曾给左彬上过课。吴教授简单地问了问顾怡云感觉如何,顾怡云说自己感觉挺好,已经恢复了。吴教授轻声让左彬跟着自己到办公室去。

左彬跟着吴教授来到办公室,吴教授递给左彬几张纸,说:"这是你妻子的检验报告,你自己看一下吧。"

左彬仔细地看着报告,"白血病……晚期!"左彬几乎不敢相信自己的眼睛。

"是的,"吴教授说,"可以确诊是白血病晚期。"

"还有救吗?"左彬近乎绝望地问。

"你应该知道,这种情况治愈的概率非常非常小。当然也不是完全没有可能,只能期盼奇迹了。"

左彬沉默了,他知道吴教授说得很委婉。吴教授治不好的血液病,全世界没有人能治了。

过了好一会,左彬问:"我妻子还有多少时间?"

"如果不治疗可能就两三个月,积极治疗的话四五个月,也有活到半年的,活过半年以上的病例很少。你要做好心理准备。"

左彬的心情十分沉重。他寻思着该怎么对妻子说。他谢过吴教授,一转身,看到顾怡云怔怔地站在门口,刚才的对话她都已经听见了。顾怡云浑身瘫软倒了下去,左彬赶忙跑过去将她扶住。

回到病房里,顾怡云闭着眼睛躺在床上,过了很长时间,她又恢复过来,睁开眼睛。左彬安慰她说:"现在医学技术发展很快,我再到别的医院问问看,还有国外,说不定会有治疗的方法。"顾怡云笑笑说:"就在这里治疗吧,不用折腾了。左彬,我想趁着现在还走得动,你陪我再看一眼这座城市。"

左彬点点头。

他们立刻行动,跟医生打招呼告了假,先回了趟家。顾怡云换了身衣服,化了淡妆,戴上了左彬送她的 Tiffany 项链,完全看不出生病的样子。然后两人来到位于上海中心 118 层的观光平台。

上海中心是全上海最高的楼,位于118层的观光平台也是上海最高的观景点,在那里可以看到边上环球金融中心和金茂大厦的楼顶。

顾怡云看着外面的景色。天色渐晚,远处黄浦江和天空的颜色已融为一体。景物也变得模糊起来。然后杨浦大桥、南浦大桥、卢浦大桥的灯光亮起,倒映在江水中。近处,外滩和陆家嘴的灯光渐次亮起,城市像获得了新生一样重新清晰起来。上海最美丽的时刻到来了。她看了一会以后,望着左彬,缓缓地说:"彬,我要跟你坦白一件事。你从前问我,在你之前我是否有过男朋友,我说从来没有,其实我曾有过,但那次恋爱让我很伤,所以我一直不想提。真对不起,这么多年一直瞒着你。不过我不后悔。如果当初我对你坦白了,说不定你就不会娶我了。这些年我过得很幸福,比我原来想象的幸福多了。"

左彬愣住了。他想到顾怡云这些年为家庭的付出,对孩子的教育,对自己的谦让和支持。他深情地看着她,相伴十多年的妻子仿佛是第一次遇见,她是如此美丽,如此纯洁。这几个月以来,他和顾怡云之间有了一些微妙的改变。原先他总是觉得和她有点距离。他说不出她有什么不好,但也许就是因为一切都好,才让他觉得有距离。以前顾怡云对自己总是淡淡的,什么事都很得体,仿佛有一条无形的界限,从来不会越过,他想也许这就是所谓的"相敬如宾"吧。但自从那次听着音乐大和谐以后,他觉得那条无形的界限越来越模糊。

妻子的坦白没有让他感到丝毫不适,反而让他轻松了。原来他心目中的妻子是那么得体,使他在妻子面前也必须得体,他是个随性的人，但在妻子面前却必须装得体，所以有时只能到外面寻求些刺激来放松一下，而这些刺激又让他觉得在妻子面前更加卑微、更加自责、更加要努力装得体，就像一个犯了错误的小朋友看到爸爸妈妈来了假装努力做功课一样。而现在，他觉得轻松，他不必再装了。他原以为自己的字典里已经没有爱情，此刻他发觉，他的爱情，原来是有的，就是身边人啊！他原以为自己是爱情的黑洞只愿吸取不愿释放，此刻才发觉，他愿意为妻子释放出所有的爱。

"这算什么事啊，"左彬搂住顾怡云说，"娶了你是我这辈子最幸运的事。"

顾怡云看着左彬，抚着他依然乌黑的头发深情地说："彬，我也觉得自己很幸运，能嫁给你，和你过了这些年。就是感到很遗憾，不能多陪你了。"

左彬搂过她说："别说傻话了，咱们还可以一起过很久很久。"

两个人像初恋的情人一样倚在一起。顾怡云问左彬："彬，两个女儿玲玲和菲菲你更喜欢哪一个？"

"两个都一样，一样喜欢。"

"这种答案是说给外人听的，我想听你说心里话、实话。"

左彬心里早有答案："我更喜欢玲玲。"

"你知道那是为什么吗？"顾怡云问，仿佛早就知道了左彬的答案。

左彬反而回答不上来。想了老半天，说："我不知道，感觉吧。"

"我知道。"顾怡云说。

"你知道？你说是为什么？"

"我不告诉你。"

顾怡云的身体一天天衰弱下去。左彬上午去公司两个小时，有时候没有重要的事就不去了，只在手机上操作一下账户。他推掉一切应酬和出差，省下一切时间来陪伴妻子度过最后的时光。他觉得自己浪费了十几年，现在要争分夺秒。

最后的时刻还是要到来。这一天全家人都来到病房里，围在顾怡云的床边。她已经很虚弱，一天会晕厥几次。她对自己的父母说："爸、妈，女儿不能陪你们了。你们自己要当心身体。对玲玲和菲菲的要求别太高了。"

顾妈妈抹着眼泪点着头，一句话也说不出来。顾怡云又看着两个女儿，自己忍不住落下泪来，"玲玲、菲菲，你们要听爸爸的话，以后要是有了新妈妈也要听新妈妈的话。听话的孩子会让大人很开心的。"玲玲已经懂事，哭得非常伤心。菲菲仍显懵懂，看到姐姐哭，也跟着哭。

她又对左彬的父母说："爸、妈，辛苦你们了。"

左彬的母亲摆摆手，眼泪也流了下来。

顾怡云示意她要和左彬单独说几句话。四位老人带着两个孩子走出了病房。

左彬坐下来，握着顾怡云的手。此时她的手冰凉。

顾怡云说："老公，我走了以后你经常带玲玲和菲菲去看看外公外婆，他们年纪大了，别让他们闷着。"

涨跌之间 | 311

左彬点点头。

顾怡云又说:"你知道为什么你喜欢玲玲多过喜欢菲菲吗?"

左彬摇摇头,这个问题顾怡云问过他,他不知道。

顾怡云说:"因为玲玲像我,菲菲像你。以后要是你有什么不能理解两个女儿的地方,你就想想我会怎么想,你自己会怎么想,你就能理解她们了。"

左彬的眼泪忍不住滚落下来。

顾怡云还想说什么,但欲言又止,只说出:"保重。"

"我爱你,怡云!"

第二天,顾怡云在睡梦中安静地离去了。

肖虹和杨嘉从淮海路上的 DARRY RING 手牵着手走了出来,穿过几条马路,来到大上海国际广场。在一个咖啡厅里,白石通正坐着等他们。

"白总,您好!"肖虹见到白石通,主动打招呼,然后介绍说,"这是我老公杨嘉。这是白总,我跟你说过的,我以前的老板。"

"肖董,见笑了。"白石通客气地说。

"您还是叫我肖虹吧。我在您公司上班的时候您挺照顾我的,哦,对了,理论上来说我还是您公司的员工呢,我现在是停薪留职,还没办退工呢。"肖虹说。

"谢谢肖董,"白石通依然很客气,"今天我是来打扰您的。"

其实不用白石通开口,肖虹就知道白石通是来拉生意的。他原来就和陈福贵有生意往来,当然知道陈福贵的公司换了老板。

"您是不是拉我做配资生意啊?"肖虹问。

"您要是对配资感兴趣,我这里有很多客户需要配资啊。"白石通说。他心想,配资生意不用多介绍,肖虹熟门熟路。

边上杨嘉说:"可是最近最高人民法院刚出台了司法解释,所有配资合同都被认定为无效的,做配资生意会以非法经营罪论处,这个风险太大了吧。"

白石通一听,来的是个行家。最高院的这个司法解释,白石通当然也知道了。他只好点着头说:"是是是,配资现在风险有点大啊,不过我这里有一个新业务,绝对合法。"

肖虹和杨嘉对望了一眼,说:"您介绍介绍呗。"

"我这个新业务叫融券 T+0 业务。这说起来有点复杂。就是你把钱放到股票账户上,我帮你买成一篮子股票,然后你担心亏了怎么办,没关系,我再用股指期货给你做个对冲。那怎么赚钱呢?我这里有专业做 T+0 的团队,他们在你的股票账户上操作,因为你原来就有股票持仓了,他们当天买进当天就可以卖出,赚一个日内的差价。你不用担心他们做亏了,和配资一样的,他们会打保证金进来的,亏了就亏他们的,赚了呢大家对半分。"

虽然白石通已经努力地讲得通俗易懂,但肖虹还是听得云里雾里,什么一篮子股票,什么股指期货,什么 T+0,她很久没有接触股票了,当年学的一点三脚猫知识早就忘光了。可是杨嘉一听就全明白了。杨嘉在证券公司做过风控,对这些事情熟门熟路。

"他们团队一般会打多少保证金进来呢?"杨嘉问。

"不超过1%。"白石通回答。

"您这个事情和配资有什么区别呢?无非原来是把钱借给人家,现在是把股票借给人家。原来配资的时候最多10倍的杠杆,现在搞到100倍杠杆。"

"现在只做T+0,没有隔夜的风险。"白石通说。

"是没有隔夜的风险,可是日内突然涨停、突然跌停甚至突然停牌也是有的呀,杠杆这么大,遇上一次就爆仓了,你做一年碰不上,做五年、十年总会碰上一次的。"杨嘉说。

肖虹别的没听懂,容易爆仓是听懂了。她对白石通说:"白总,有爆仓风险的事我可再也不想做了。"

白石通说:"没关系没关系,这个业务做不做一点关系都没有,肖董只要认我老白这个朋友就行,以后我有好的赚钱模式,一定来跟肖董分享。"

看着白石通远去的背影,肖虹不禁又想起了很多的往事,她靠在杨嘉的肩上,这样才觉得最安心。

肖虹大幅度地精简了公司的规模,房地产的事她不懂,而且公司也没有土地和项目可以开发了。300套捂盘的房子她打包租给了"如自公司"做成长租公寓。公司有大量的现金,她把一部分投给了左彬的私募基金。她和左彬之间已经没有任何情愫,但她仍然感念左彬在她危难的关头帮过她,并且她对左彬做投资的能力还是深信不疑的。另一部分钱,按杨嘉的建议投给了领高资本。

福贵地产董事长只是她的兼职,她的本职是杨嘉的文秘。

她会帮着杨嘉查资料、整理文档、接听电话什么的。她大学毕业的时候最早拿到的 Offer 就是文秘,但却鬼使神差地去了证券公司,如今又做回了文秘。杨嘉已经是律师事务所里最年轻的高级合伙人,他接了好几个中高证券、海明证券和领高资本的案子,除了证券类业务,他还接一些公益律师的工作。肖虹跟他开玩笑说,他接的第一个公益律师案子就是自己的案子,因为她从来没付过那笔律师费。

（40）重逢于巅

蓦然回首，那人却在灯火阑珊处。

一年后，中国储油银行成功上市。

又过了一周，玉龙医药完成定向增发收购劳伦斯基因科技公司，股价再度涨停。

秋天的午后，阳光暖暖地洒下来，还是静安寺那家法式咖啡馆，许湘坐在露天位子上等韩玫。她接连做完了一个IPO、一个定向增发，现在终于可以喘一口气。过了一会儿，韩玫挽着 Franz 走了过来，到咖啡馆附近她和 Franz 吻别，然后走向许湘，落了座。

一年未见，韩玫气色很好，如果说从前的她看起来像娇艳的玫瑰，那么现在的她看起来就像是经历了寒冬的腊梅。虽然她黑了一些，但看上去很结实，很有活力。韩玫欢快地说："怎么不认识我了？我胖了这么多吗？没办法，在德国吃黄油、起司、猪手，哪能不胖呢？"

"不胖不胖，是健康。"许湘连忙说，"而且一看就很幸福！"

韩玫说她和 Franz 结婚后过得挺充实。德国人家里不请保姆，什么事都亲力亲为，她和 Franz 的家有 400 多平方米，外面有个很大的花园，德国人都很喜欢园艺，每天都要修剪树枝，经常要除草。她就这么每天干些体力活儿给锻炼出来了。

"亮亮还好吧？"许湘问。

离婚的时候韩玫没有去争孩子的抚养权，孩子的抚养权归了李响。

"当初为了孩子的抚养权左右为难，现在看来其实也没什么。平时每天我都会跟儿子视频聊天。Franz 每年都会来中国几次，每次我都跟他一起回来，回来的时候我就去看看亮亮，也会把他接过来跟我一起住几天。他跟我还是很亲的。他还说等他高中毕业要考德国的大学来德国陪我呢！"韩玫笑着，眼角却湿了。

"Franz 对你很好吧！"许湘刚刚看到了韩玫和 Franz 亲密的样子。

"是的，很好。但是，怎么说呢，去了国外我才发觉，外国女人是真独立，虽然有很多女人是家庭主妇、全职太太，但是她们的精神是很独立的。外国男人不会把女人当小孩宠，他们夫妻之间就是完全平等的关系，大家都是成年人。都说上海女人喜欢撒娇、喜欢作，我现在知道了都是男人宠出来的。以前我心情不好了，我会说这个我不想吃，那个也不想吃，什么都不想吃。但是如果我对 Franz 这么说，他会把我送去医院让我看消化科的急诊。现在我心情不好，我会直截了当地对 Franz 说哪一件事情让我不高兴了，他会道歉，然后认真地跟我讨论怎解决。"

许湘觉得很有趣，笑着问："那你觉得哪种方式好呢？"

"如果你喜欢当个小孩子，喜欢被男人宠着，喜欢靠着男人，当然是中国男人好啦。如果你想独立，喜欢平等的关系，不想靠着谁，外国人也挺好啊，"韩玫说，"我看网上很多女孩都希望被男朋友被老公宠上天，他宠你说明他把你当小孩子看，但换个角度讲，他把你当小孩一样骗你、耍你也是一样的啊，宠你和骗你不就是一枚硬币的两面嘛。"

许湘没想到韩玫对男女关系有了新的认识。韩玫结了两次婚，分别嫁给了中国人和德国人，有了比较她才会有这样的感悟吧。

韩玫接着问许湘："你这一年是不是特别忙呀？朋友圈基本不发，我发你微信你也有回没回的。"

"我怕打扰你和 Franz 的两人世界嘛。"许湘说。

"说得好听，你以前怎么就从来不怕打扰呀？你是怕我打扰了你的两人世界吧？"韩玫不服气地反问。

"我哪有什么两人世界，一直是一个人的悲惨世界。"许湘自嘲地说。

韩玫叹了口气说："我说亲爱的，你也真是的，以前呢你总说自己身边没有好男人，不是穷就是老，要么是又穷又老。如今出现了有钱又不老的，你却不珍惜。"

"有钱又不老的，你说的是谁呀？"

"徐一帆啊。我听说他的公司上市了，身价过亿了呢。他还在追你吧？"

"不是上市,是被收购了,"许湘想韩玫不知道哪里来的消息,但这是公开信息,所有认识徐一帆的人几乎都知道了,"这个收购项目还是我做的呢。"

"是你做的?我想呢,他怎么运气这么好,回国才一年多就能把公司做上市了,"韩玫还是没搞清楚上市和被收购的区别,许湘也懒得去纠正她,"唉唉唉,你真的该好好考虑考虑。"

"今天晚上,徐一帆请我吃晚饭,说是庆祝他的公司成功被收购。谁知道呢?"许湘说。

"把握机会,把握机会。"韩玫怂恿道。

许湘说:"可是我觉得跟他擦不出火花。"

"难不成你也喜欢外国人?要不要我给你介绍一个,包你满意,火花四溅。"韩玫打趣地说。

"去你的,我才不要像你一样总被送进急诊室呢。"

徐一帆订了浦西的一滴水餐厅,这里有个观景露台可以看到浦江对岸,此时华灯初上,对岸震旦的大屏幕上闪烁着"I ❤ SH"(我爱上海)。许湘准时到了约会的地点,但徐一帆姗姗来迟。徐一帆说:"不好意思不好意思,没想到你这么早到了,从前约会可总是我等你的。"

许湘说:"所以现在我还给你。"

徐一帆说:"我是去给你准备礼物了。"说着拿出了一个首饰盒。

许湘打开一看,是一枚镶钻的绿宝石蝴蝶胸针,一看就价格不菲。

许湘心中一动,却又不动声色地把首饰盒推了回去,说:

"财务顾问费我已经收过了,我不能再收你的礼物。"

徐一帆说:"这是我欠你的,当初我们谈恋爱的时候我没钱,一直没送过你贵的礼物,请你吃了饭就没钱买礼物,给你送了花就没钱去吃饭,我一直觉得很愧疚。"

许湘说:"过去的事都过去了。"

徐一帆说:"我过不去,我一直忘不了你,所以婚后的日子一直过得不顺,直到离婚。你不收这个礼物也没关系,我待会儿还给你准备了另一份礼物,吃完饭再给你。"

吃完饭,徐一帆邀许湘到外滩的江边走走,两个人默默无语,突然,徐一帆指着对岸对许湘说:"你看!"

许湘看到对岸的震旦大厦电子屏的字换了:"一帆爱许湘。"

许湘体验到了久违的感动。物质上的礼物,再贵也无法给现在的她任何感动,她想要的,自己都买得起。年轻时,没钱的时候,一顿饭也好,一束花也好,那是倾其所有;而现在呢,再贵的不过是九牛一毛,这就是重如泰山和轻如鸿毛的区别。

而现在,看到对岸电子屏上一闪一闪的五个字,她是真的感动。这是有多久,她没有听过一个男人对她说"爱",她也曾接过倾慕或欣赏的目光,却没有一个人,能这样明确、这样坚定地说"爱"。

徐一帆去拉许湘的手,"我爱你许湘。过去爱,现在也爱,再给我一个机会。"徐一帆看着许湘的眼睛深情地说。

"再给我些时间。"许湘不假思索地回答。她已不是当年的小姑娘,因为感动就可以答应。这么多年来,她只明白一件事,感动不是爱,而她一直追寻的,是爱。

什么是爱？连黄浦江也不知道。黄浦江这位阅尽沧桑的老人曾看到多少人在这里追名逐利，看到多少人成王败寇，看到多少血雨腥风，看到多少世故冷暖。潮起潮落、人来人往中它也见证了那些或温馨或伤感的时刻，听到那些甜言蜜语、那些海誓山盟、那些恋恋不舍和那些恩断义绝。

或许，在这个世界上，许湘所追寻的那种真诚的、纯粹的、至死不渝的爱根本不存在；永恒于记忆的，只能是那些温馨的、感人的、让时间曾静止的时刻。

许湘的脑子乱成了一团麻，她突然害怕了，她想要逃离。她突然想到了左彬，想起和他那些轻松谈笑的共餐时刻，她多希望，此刻自己的身旁是左彬。面对一个人的表白，却让你明白了心里真正装的是谁，这太可怕了。此刻月色柔美、夜凉如水，徐一帆拉着她手，她却毫无感觉，原来她对他的排斥源于心中另有所属。她这时才明白，她早已芳心暗许，只是一直不愿去面对这个事实。

许湘想抽出手来，但是徐一帆却抓得更紧，最后还是手机铃声解救了许湘。徐一帆松开手，许湘赶忙接起电话，是刘芳打来的。

"许湘，明天上午你有空吗，能不能到我办公室来一趟？"刘芳问。

"有空有空。"许湘说。

"那好，明天上午见。"刘芳说。

许湘一边挂断电话，一边快步向路边走去。徐一帆快步跟上来问："怎么了，出了什么事？"

"公司里有急事,让我马上赶回公司。"许湘说,她想找借口快速离开,不想再被徐一帆拖住。

"我送你吧。"徐一帆说。

"不用不用,我打车去很快的。"许湘走到路边,刚好一辆出租车停在那里有客人下车,她赶忙坐了上去,快速地关上门,对司机说:"快开快开。"徐一帆追到路边,还想说什么,出租车已经启动了。看着出租车远去,徐一帆傻站在原地,半天回不过神。

第二天,许湘应约来到刘芳的办公室。几个月不见,刘芳突然憔悴了很多,脸上多了几条皱纹,显得有点苍老,脸色也不如以前红润。

"这几个月忙坏了吧!"刘芳对许湘说。

"是啊,忙得都顾不上来看望您。上个星期中国储油银行上市,昨天玉龙增发收购劳伦斯科技完成,同时做两个项目,真是昏天黑地。"许湘说。

"接下来你有什么打算?"刘芳问。

"我想向公司请两周的年假,出去旅游,放松放松。到新公司一年多,我还没有休过年假呢。"

"是该放松放松。我是问你对自己的未来有什么打算。"

许湘不知道刘芳问的对未来有什么打算指的是工作还是感情。如果问的是感情她无法回答,她自己正在迷茫中。

"努力工作,天天向上。"许湘调皮地回答,避开了感情话题。

"许湘,我这几个月老了很多吧!"刘芳有点落寞地说。

"哪有啊刘姐,您还年轻着呢。"许湘赶紧说,其实刘芳和同龄女人相比还是显年轻的。

"上个月我动了乳腺癌手术。"刘芳说。

"刘姐,这么大的事,您怎么没告诉我呀?"

"小手术,不是什么大事。我知道你忙,特意瞒着你的。不过医生说了,这个病劳累了容易复发。忙碌了这么多年我也该退休了。正好 Andrew 初中毕业了,我想他回美国去读高中,我也过去陪陪他。这些年虽然带他在身边,但陪他的时间太少,再不陪他有了女朋友就不要我了。"Andrew 是刘芳的第二个儿子,在美国出生,刚出生的时候许湘就见过。没想到当年的小毛头一转眼已经初中毕业,许湘心中不禁感叹时光飞逝。许湘也有点感动,原来刘芳这样的女强人也有一颗慈母的心。

"那您公司的事情……"许湘心想,领高资本这么大的公司都是刘芳一个人撑着的,不知道接下来刘芳是什么打算,也许今天过来就是让她认识一下刘芳的接班人。

"这正是我找你来的原因。我想把公司都交给你来打理,你来做 CEO。"刘芳目光炯炯地看着许湘说。

许湘大吃一惊。她没想到刘芳竟然会选她做接班人。"刘姐,我知道您一直帮我,器重我,可您这个决定太……我是说太抬举我了。我哪里挑得起这么重的担子?"

"我像个草率的人吗?"刘芳笑着问,"你要相信我的眼光,也相信你自己。"

"我不是那个意思。我是想,这个公司是您一手做大的,您有那么多下属、助理，一定有比我更合适的人选。或者您可以找一个更有能力、资历更高的人。我知道您信任我。我可以辅佐他，我不会辜负您的信任的。"

许湘真的没把握能够接手那么大的公司，不过她内心其实很想成为刘芳那样的成功女性。她想自己再历练几年，有个人能带带她，这样她的压力会小很多。

"你是说让我找一个信不过的人再让我信任的人去监视他？"

"不是不是，信任可以慢慢培养啊！"

"是的，可以慢慢培养。你刚才说这个公司是靠我一个人做大的，外面人都这么觉得，其实他们都错了。这个公司是靠很多人一起做大的。你知道，这个公司背后有很多股东，有国资有民营有外资，我只是其中之一。如果说我做了什么的话我只是把这些股东凑在一起而已。还有我们做了很多项目，但这些项目也不是靠我一个人做的，比如玉龙医药，有老崔、有ASE、有中高、有徐一帆的团队，还有你，哦还有左彬、李兰君，我只是把你们凑在一起，把事做成，大家都赚钱。我们做金融的没有一个人单枪匹马可以做成事，重要的是把资源整合在一起。外面人都在比较谁有多少身家，多少财富，那个数字有什么意义？重要的不是自己有多少钱，而是能够调动多少资源。调动得了资源，把事情做好，大家赚钱，造福社会。所以，公司能有今天，我靠的就是人和。"

"许湘，你别怪我啰里啰唆说这么多废话。这个决定对你很突然，但绝不草率。其实这一年多，我已经在交班给你了。一年多前，我就查出有囊肿，当时还没有病变，我们家有家族史，我母亲和阿姨都得这个病,所以我想肯定会有这一天的。这一年多不是我在考察你,我知道你的能力和为人,不需要考察,而是我让我的朋友圈在考察你。所以才让你做了这些项目,玉龙医药、储油银行,我要让你把你的能力展示给我的朋友圈看,让他们都认可你。现在他们都认可你了,都认为你是接替我的最佳人选。"

许湘惊呆了。她想起来一进入中高证券就得到马董事长的重用,在做中国储油银行的 IPO 时拜访那么多大国企、大民企,每次都有领导接待,还有和证监会、银保监会打交道,原来都是早有安排啊!再回想一下,她拜访过的那些大公司,的确有好几家就是领高资本的股东。

"我知道你很惊讶。你也许会怪我没有提前跟你说,但我没有恶意。我只是要把我的朋友圈交给你。公司只是几台电脑几张桌椅而已,CEO 的头衔只是印一张名片而已,公司的资产股东说分就可以分走。但是朋友圈才是核心资源,我把朋友圈交给你,才算把公司交给你。现在我的交班已经完成了,你肯接我的班吗?"刘芳期待地看着许湘,又诚恳地说,"这么大的事,你不用马上回答,可以回去考虑考虑。我希望你能帮我。"

许湘沉默了。她想立刻应承下来,但是经过这些年的历练,她懂得了沉稳,懂得了要不要快速伸手并不在于你有多么渴望,而在于它会不会逃走。她知道眼前的这个机会是不会轻易逃走的,她有充足的时间想得更全面、更细致,像一个真正的 CEO 一样思考,而不是仓促做出决定。

刘芳见许湘在沉思,心中暗暗称赞,看来许湘真的是得了自己的真传。她扯开话题说:"我听说昨晚有人用震旦大厦的大屏幕向你表白啊!"

许湘也从沉思中回过神来,她说:"嗯,是徐一帆。"

"你接受了吗?"

"还没有。"

"是因为左彬?"

许湘连忙否认:"不是不是,我只是不想匆匆决定。"

"费这么大的劲儿都没能让你决定,看来他是没戏了。不知道以后谁有福气和你在一起啊。"

周五上午,左彬在顾怡云的墓前伫立良久,这是妻子去世一周年的祭日。他回想从前,心潮起伏。临近中午时才孤独地离开。下午他陆续卖出了一些玉龙医药的股票。从那天玉龙医药因为收购劳伦斯基因科技公司涨停开始,他就渐渐地卖出。玉龙医药已经涨到了200块,他觉得是时候可以收网了。收盘以后他早早地去接了玲玲和菲菲放学,来到孩子的外公外婆家。他给自己的父母换了房,搬到他同一个小区,方便照看孩子。玲玲上初中了,平时住校,每周五和周一左彬都亲自接送,周中还去学校看望女儿。菲菲还在读小学,平时放学由保姆接到爷爷奶奶家,做作业、吃晚饭,晚上再和左彬回自己家。左彬只要能早下班就自己去接菲菲。周末左彬必定会带两个孩子去看望外公外婆,让孩子在外公外婆家住上一天或两天。他尽可能地推掉应酬,尽可能地不去出差。今天是个特别的日子,他想带着孩子陪伴顾怡云的父母。

两个孩子的到来总是老人最开心的时刻。在这个日子里，顾母不可避免地想起自己的女儿，又伤心地流下泪来。老伴努力地安慰她。吃过晚饭，外公提议孩子们留下来过夜，孩子们很高兴，外公外婆不会逼着他们做作业。左彬告辞。顾母送他到门口，说："左彬，你这样又工作又照顾家庭，又当爹又当妈，辛苦啦。怡云走了有一年了，你还年轻……"说到这里，语塞了。两位老教授都是通情达理的人。

　　左彬说了声："谢谢妈，像怡云那样的好妻子、好母亲很难找，不能委屈了孩子们。"这一年，也不是没有异性向他表达过好感，但他不想接过那些目光。他回到家，偌大的房子只有他一个人，他感到无比的孤单。他一转身又出了门。他开着车，在城市里漫无目的地游荡着，开着开着，又来到他熟悉的陆家嘴。他想到了一个地方可以去。上海中心118层的观景平台，这是他和顾怡云又爱上彼此的地方。这里有高度，也有回忆。

　　他站在这个被称为"上海之巅"的观景平台上，双手扶着栏杆，俯瞰着陆家嘴，俯瞰着黄浦江，俯瞰着整个上海，心中的孤独消散了很多。栏杆的那一头是许湘，她也喜欢这里，喜欢这里的高度，喜欢这里的开阔。今晚的能见度出奇地清晰，夜空中繁星点点，他们被这美丽的星空所吸引，极目远眺。这时他们看到了彼此，在目光的交织中，他们看到了懂得、信任和余生。

　　夜已深。夜色中的黄浦江两岸格外美丽，震旦大屏幕上的广告已经变成五五购物节，陆家嘴灯火通明。在这座永不熄灯的金融城里，金钱和爱情永远都不停歇。

致　谢

首先感谢我的母亲杨早元，在我的公众号创作陷入瓶颈时说，"你这么爱写，怎么不写小说呢？"于是我在2017年秋天动笔，用《左手股票，右手爱情》在我的公众号"北北看剧"上连载，2018年夏天有了这部小说的雏形。

感谢青年作家王辉城，他看了我的小说雏形后鼓励我把它写成长篇，并给了我关于人物设置和故事架构的宝贵建议；感谢学者沈骑，在和他的学术探讨中我对小说的立意有了新的思考；感谢资深出版人朱文秋，给了我很多关于出版的指导意见；感谢本书的责编徐曙蕾和美编董红红，让本书有了如此精致的呈现。

感谢上海境坦资产管理有限公司、上海牧神文化传媒有限公司和上海浩林文化传播股份有限公司在本书成书全过程给予的大力支持。

最后感谢看完本书的你。

图书在版编目(CIP)数据

涨跌之间 / 北北著 . —上海：文汇出版社，
2021.4
ISBN 978-7-5496-3387-6

Ⅰ. ①涨… Ⅱ. ①北… Ⅲ. ①长篇小说 – 中国 – 当代
Ⅳ. ① I247.5

中国版本图书馆 CIP 数据核字（2020）第 272333 号

涨跌之间

著　　者　北　北
责任编辑　徐曙蕾
装帧设计　董红红

出版发行　文匯出版社
　　　　　上海市威海路 755 号
　　　　　（邮政编码 200041）

照　　排　南京理工出版信息技术有限公司
印刷装订　启东市人民印刷有限公司
版　　次　2021 年 4 月第 1 版
印　　次　2021 年 4 月第 1 次印刷
开　　本　890×1240　1/32
字　　数　200 千
印　　张　10.5

ISBN 978-7-5496-3387-6
定　　价　48.00 元